中国航空工业史丛书·人物·史料资料

修 史 撷 英

中国航空工业史编修办公室 编

航空工业出版社
北 京

内 容 提 要

《修史撷英》是继《修史略要》之后的第二本修史简明实用手册，是各单位编写专业史、专题史的工作指南。本书还精选了习近平总书记近期关于修史和学史方面的重要讲话和文章，编选了中国航空工业集团公司党组的文章和对航空工业史研究的署名文章。本书可以作为航史培训班上的讲课材料，更是我们第二阶段修史工作必不可少的教材。

图书在版编目（CIP）数据

修史撷英／中国航空工业史编修办公室编．－－北京：航空工业出版社，2014.12（2019.1重印）

（中国航空工业史丛书）

ISBN 978－7－5165－0615－8

Ⅰ．①修… Ⅱ．①中… Ⅲ．①航空工业－工业史－历史编纂－中国－文集 Ⅳ．①F426.5－53②K062－53

中国版本图书馆 CIP 数据核字（2014）第 279286 号

修史撷英

Xiushi Xieying

航空工业出版社出版发行

（北京市朝阳区北苑2号院　100012）

发行部电话：010－84936597　010－84936343

三河市金轩印务有限公司印刷	全国各地新华书店经售
2014年12月第1版	2019年1月第2次印刷
开本：787×1092　1/16	印张：18　　字数：377千字
印数：1501—2000	定价：68.00元

总　　序

1951年4月17日，中央军委、政务院颁发了《关于航空工业建设的决定》，新中国航空工业走过了整整60年的发展历程。

自1910年清政府在北京南苑设厂试造飞机到1949年新中国成立前，中国的航空工业整整40年没有建立起可称为独立产业的工业门类，基本限于简单的修理和机体制造，在国家的贫弱与动荡中艰难苟延。

建立一个完整强大并能与发达国家比肩的航空工业，一直是中国近代无数仁人志士、黎民百姓的呼号与夙愿。新中国成立不久，在抗美援朝的连天烽火与神州大地的百废待兴中，国家即决定建设和发展民族航空工业，并为此集中全国的优势力量支持。60年的历程，中国航空工业大体经历了四个阶段：从20世纪50年代到60年代前期的初创与快速发展时期；从60年代中后期到70年代的波折与缓慢发展时期；从80年代到20世纪末的恢复与振兴发展时期；21世纪前10年的崛起与跨越式发展时期。

2008年，中国航空工业集团公司重组整合不久即做出决定，在20世纪80年代航空工业部组织撰修新中国航空工业史的基础上，全面续修中国航空工业史。这个具有历史性、前瞻性的决定，开启了大规模续修中国航空工业史的序幕。

面对这项历史性工程，林左鸣总经理强调这是航空工业的要事、盛举，要做到无出其右！在高建设副总经理的领导下，一批长期在航空工业工作、具有较强写作能力的同志参与了撰写。

这次续修中国航空工业史，是中国航空工业史上的一项浩繁的史料收集整理工程、重大的文字工程和系统的文化工程，其规模将远远超过上一次的修史。作为一套系列丛书，总编撰与出版量将达百余部书籍，约千万字的容量。

这套丛书本着"尊重历史、史从实出、存真弃虚、功过俱修"的原则，力争留下经得起当代人推敲与后人检验的专史与信史。丛书将分为五个系列。

修史撷英

一、总史部分：将在上次撰修 1949—1988 年新中国航空工业史的基础上，续修其后 20 多年的行业史，包括航空航天工业部（1988—1993 年航空工业部分），中国航空工业总公司（1993—1999 年），中国航空工业第一集团公司、中国航空工业第二集团公司（1999—2008 年，分修）的行业史。为完整反映中国航空工业发展历程，对从 1910 年中国航空工业萌芽时期起到 1949 年这一段的中国航空工业史补充编修。

与此同时，分别撰修这几个历史阶段的大事记和总纂中国航空工业 60 年大事记。

二、专业史部分：在上次撰修部分专业史的基础上，续修航空工业各专业史，补修上次尚未撰修的一些专业史。

三、专题史部分：全面撰修以各历史时期航空工业重点型号为主要内容的专题史。

四、企事业单位史部分：在上次组织撰修部分企事业单位史的基础上，续修后 20 多年企事业单位史，同时组织上次未修史的单位进行补修。

五、人物·史料资料部分：作为修史工程的一项重要内容，续修航空工业人物传和回忆录，以及航空工业的各种史料资料，如《中国航空工业老照片》《百年航空史话》等。

以上五个系列既各有侧重，独立成书，从不同方面反映航空工业的发展历程，同时又互相衔接，互为印证，形成《中国航空工业史丛书》。

编修航空工业历史中所揭示出的规律和规律性认识，可以使我们看到中国航空工业前进的身影，听到它"咚咚"作响的脚步声，更会使我们善用前人留下的财富，增长推动新发展的智慧。当然，在更新的历史环境与更重大的历史使命下，我们也不可能从既往的历史中找到全部答案，这就需要我们奋力去进行新的开拓，在建设航空强国的征途中去创造新的历史。

中国航空工业史编修领导小组
2011 年 4 月

《修史撷英》序

一个民族的历史深刻影响着一个民族的现在和未来，一个国家的航空工业史也是如此。中华民族素有修史、学史的优秀传统。但传统意义上的"史"，更多的是指政治史，像航空工业史这样的专业史研究，在我国还是相对薄弱的领域。

随着时代发展和科技进步，社会分工越来越细化。特别是与国计民生息息相关的各个专业领域形成了各具特点、各有所长的历史轨迹。研究这些领域发展规律的普遍性和特殊性，从历史图景中挖掘出能够指导现实工作的智慧，对于振兴我国航空工业具有十分重要的意义。《论语》《大学》《中庸》和《孟子》等儒家经典其实也是史料的摘编，它们影响了中国几千年，成为了民族文化的重要基因。古人以史治国，如今我们要通过研究航空史，以史为镜，鉴史兴企。

2008年年底中国航空工业集团公司组建不久，我们就开始筹划编修中国航空工业史这项工作。2010年3月，集团公司党组决定，在20世纪80年代组织的大规模修史基础上，全面续修中国航空工业史，并专门设立了航史办，具体组织修史工作。在中航工业航史办的组织下，经过4年多的努力，中航工业所属近200家成员单位先后完成了各自企事业单位史的撰修，圆满完成第一阶段修史任务，也为即将启动的"型号史"编写奠定了坚实的史料基础。

参与修史的同志们绝大多数是各单位精挑细选、长期从事文字工作的"笔杆子"，做文章对于他们来讲不应该算作难事。然而在实际工作中，他们却普遍反映"修史太难了，无从下笔"。我想这也是正常的，"史学"毕竟是一门专业，否则也不会有"史学家"这个称谓。为此，航史办的同志们跑遍了北京的书店和图书馆，试图找到一本能够指导具体工作的书。然而这些书要么缺乏针对性，要么过于专业，对于航史修撰工作缺乏实用性。

修史撷英

　　为了能使这些"笔杆子"们尽快找到"感觉",从擅长写工作报告、宣传报道,顺利地转换到修撰企业史这个层次,航史办的同志们想了不少办法,如开展了培训、座谈、优秀文章点评等工作,取得了很好的效果。后来,他们把历次培训课件、企事业单位史中的优秀章节、各单位好的经验等进行了收集整理,汇编成这本《修史撷英》,并将其作为2012年出版的《修史略要》的姊妹篇。《修史略要》的内容侧重于修史规范等方面,而《修史撷英》的内容则更加侧重于修史实务,对于"笔杆子"们顺利转换角色,更好地完成航空史修撰工作,无疑具有更加现实的指导意义。

　　感谢中航工业广大修史工作者做了一件非常有意义的工作。同志们能够把自己工作中的经验毫无保留地与人分享,这本身就是富有历史责任感的体现。希望同志们继续努力,推出更多的航空工业精品史书,留下更多的宝贵历史财富。

二〇一四年九月三日

目　　录

第一编　习近平重要讲话

习近平总书记在中央党校2011年秋季开学典礼上的讲话（摘要） ……… 3
习近平总书记在中央党校建校80周年庆祝大会上强调各级领导干部都要
　　学习党史国史 ………………………………………………………………… 5
习近平在中共中央政治局第七次集体学习时强调在对历史的深入思考中更
　　好走向未来交出发展中国特色社会主义合格答卷 …………………………… 6
习近平在纪念毛泽东诞辰120周年座谈会上的讲话（摘要） ……………… 8

第二编　学习与研究

光辉照耀航空　奋斗成就伟业 ………… 中共中国航空工业集团公司党组　13
立信史　存真史
　　——习近平总书记系列重要讲话中体现的历史观是党史研究中应掌握
　　的科学方法 ………………… 中共中央党史研究室主任　曲青山　21
发端于航空工业的我国导弹工业 ……………………………………… 文　安　24
关于国防工业历史上的飞机与导弹之争 ……………………………… 文　安　34

第三编　修史体会（一）

要对自己的历史有发言权 ………………………………………………… 文　安　43
以史鉴今　资政育人 ……………………………………………………… 李雨农　48
写史回眸 ………………………………………………………………… 归永嘉　51
推荐几本修史入门的教科书 ……………………………………………… 李长江　55
史料收集的"三落实"和"八字方针" ………………………………… 杨　源　57
修史体会 ………………………………………………………………… 孟鹊鸣　60
认真做好出版工作　把好《航史丛书》质量关 ……………………… 龙明灵　66

第四编　修史体会（二）

让历史说话　扬航空文化 ……………………… 中航工业上电所　陆苏平　73

1

修史五重奏 …………………………………… 中航工业直升机所　77
　　编纂厂史重在反映企业发展规律 ……………… 中航工业沈飞党委　82
　　发挥整体优势　共修一部史 ………………… 中航工业新航航史办　88

第五编　修史讲义
　　打好修史三个基础 ………………………………………… 董平分　95
　　浅谈叙史 ……………………………………………………… 康　凯　133
　　浅谈航空工业大事记的编撰 ……………………………… 刘朝晖　140
　　留下创业光影　重现精彩瞬间 …………………………… 廉　洁　153
　　《中国航空工业人物传》的编纂 ………………………… 邓莉华　161
　　《中国航空工业史丛书》行文规定（修订稿） ……… 中航工业航史办　169

第六编　企事业史大纲
　　中航工业金城史大纲（节选） ……………………………………… 181
　　中航工业西航史大纲（节选） ……………………………………… 188
　　中航工业成发史大纲（节选） ……………………………………… 198

第七编　企事业史稿
　　中航工业襄阳医院史（1972—2012）（节选） …………………… 205
　　中航工业贵航史（节选） …………………………………………… 210
　　中航工业陕西华燕航空仪表有限公司史（1985—2010）（节选） … 224
　　中航工业动控所史（节选） ………………………………………… 233
　　中航工业东安史（节选） …………………………………………… 241

第八编　企事业大事记
　　中航工业陕西航空工业管理局大事记（1973—2012） …………… 249
　　中航工业洪都大事记（1984—2010）（节选） …………………… 253
　　中航工业哈飞大事记（节选） ……………………………………… 261
　　中国一航安徽江淮航空供氧制冷设备有限公司大事记 …………… 272

后记 ………………………………………………………………………… 280

第一编
习近平重要讲话

习近平总书记在中央党校 2011 年秋季开学典礼上的讲话（摘要）

中共中央政治局常委、中央书记处书记、中央党校校长习近平 9 月 1 日出席中央党校 2011 年秋季学期开学典礼并讲话。他强调，学习和总结历史文化，借鉴和运用历史经验，是我们党一贯重视并倡导的做好领导工作一个重要的思想和方法。领导干部不管处在哪个层次和岗位，都应该读点历史，从中汲取有益于加强修养、做好工作的智慧和营养，不断提高认识能力和精神境界，不断提升领导工作水平。

习近平指出，历史是一个民族、一个国家形成、发展及其盛衰兴亡的真实记录，是前人各种知识、经验和智慧的总汇。重视对历史的学习和对历史经验的总结与运用，善于从不断认识和把握历史规律中找到前进的正确方向和道路，这是我们党 90 年来之所以能够领导中国革命、建设、改革不断取得胜利的一个重要原因。

习近平指出，领导干部学习历史，要学习中国历史，了解和懂得自古以来中国人民创造的灿烂历史文化，继承中华民族在漫长历史发展进程中形成的优良传统，从中汲取思想精华，结合新的实践不断发扬光大。中国历史是中国人民、中华民族坚持不懈的创业史和发展史，蕴涵着十分丰富的治国理政的历史经验和宝贵的思想文化遗产，其中包含着许多涉及对国家、社会、民族及个人的成与败、兴与衰、安与危、正与邪、荣与辱、义与利、廉与贪等方面的经验与教训。要善于借鉴历史上治理国家和社会的各种有益经验，学习中华民族优秀的传统文化和高尚的精神追求，从中获得精神鼓舞，升华思想境界，陶冶道德情操，完善优良品格，培养浩然正气，做到自重、自省、自警、自励，认真践行全心全意为人民服务的根本宗旨，经受住"四个考验"，防止"四个危险"，为党和人民事业不断做出自己的贡献。

习近平强调，领导干部学习历史，要注重学习鸦片战争以来的中国近现代历史，深入了解我们伟大祖国经历的刻骨铭心磨难、我们伟大民族进行的感天动地奋斗、我们伟大人民创造的彪炳史册伟业，深刻认识近现代中国国情和中国社会发展规律，深刻认识历史和人民选择中国共产党、选择马克思主义、选择社会主义道路、选择改革开放的历史必然性，增强励精图治、奋发图强的历史使命感和责任感，更好地继承和发扬近代以来中国人民的爱国主义精神，继承和发扬前辈共产党人建树的优良革命传统，为实现社会主义现代化和中华民族伟大复兴持续奋斗。

修史撷英

习近平指出，中国共产党的历史是中国近现代以来历史最为可歌可泣的篇章，学习中国近现代史要特别注意学习中国共产党的历史。中国共产党 90 年的历史，是党带领人民不断把中国革命、建设、改革事业推向前进的历史，所取得的成就与进步伟大辉煌，所经历的困难与风险也世所罕见。认识党的光荣伟大，不仅要充分认识我们党带领人民取得了光荣伟大的业绩，而且要充分认识我们党带领人民在应对各种困难和风险的考验中披荆斩棘、不断开辟胜利道路所展示出来的巨大勇气、巨大智慧和巨大力量，进一步增强建设中国特色社会主义事业的信心。

习近平总书记在中央党校建校80周年庆祝大会上强调
各级领导干部都要学习党史国史

2013年3月1日，习近平总书记在中央党校建校80周年庆祝大会暨2013年春季学期开学典礼上发表了重要讲话，同时强调各级领导干部要学习党史、国史。

习近平指出，学习党的路线方针政策和国家法律法规，这是领导干部开展工作要做的基本准备，也是很重要的政治素养。不掌握这些，你根据什么制定决策、解决问题呀？就很可能会在工作中出这样那样的毛病。各级领导干部还要认真学习党史、国史，知史爱党，知史爱国。要了解我们党和国家事业的来龙去脉，汲取我们党和国家的历史经验，正确了解党和国家历史上的重大事件和重要人物。这对正确认识党情、国情十分必要，对开创未来也十分必要，因为历史是最好的教科书。

习近平强调，经济、政治、历史、文化、社会、科技、军事、外交等方面的知识，领导干部要结合工作需要来学习，不断提高自己的知识化、专业化水平。要坚持干什么学什么、缺什么补什么，有针对性地学习掌握做好领导工作、履行岗位职责所必备的各种知识，努力使自己真正成为行家里手、内行领导。各种文史知识，中国优秀传统文化，领导干部也要学习，以学益智，以学修身。中国传统文化博大精深，学习和掌握其中的各种思想精华，对树立正确的世界观、人生观、价值观很有益处。古人所说的"先天下之忧而忧，后天下之乐而乐"的政治抱负，"位卑未敢忘忧国"和"苟利国家生死以，岂因祸福避趋之"的报国情怀，"富贵不能淫，贫贱不能移，威武不能屈"的浩然正气，"人生自古谁无死，留取丹心照汗青"和"鞠躬尽瘁，死而后已"的献身精神等，都体现了中华民族的优秀传统文化和民族精神，我们都应该继承和发扬。领导干部还应该了解一些文学知识，通过提高文学鉴赏能力和审美能力，陶冶情操，培养高尚的生活情趣。许多老一辈革命家都有很深厚的文学素养，在诗词歌赋方面有很高的造诣。总之，学史可以看成败、鉴得失、知兴替；学诗可以情飞扬、志高昂、人灵秀；学伦理可以知廉耻、懂荣辱、辨是非。我们不仅要了解中国的历史文化，还要睁眼看世界，了解世界上不同民族的历史文化，去其糟粕，取其精华，从中获得启发，为我所用。

习近平在中共中央政治局第七次集体学习时强调
在对历史的深入思考中更好走向未来 交出发展中国特色社会主义合格答卷

（2013年6月26日）

在中国共产党成立92周年前夕，中共中央政治局2013年6月25日下午就中国特色社会主义理论和实践进行第七次集体学习。中共中央总书记习近平在主持学习时强调，历史是最好的教科书。学习党史、国史，是坚持和发展中国特色社会主义、把党和国家各项事业继续推向前进的必修课。这门功课不仅必修，而且必须修好。要继续加强对党史、国史的学习，在对历史的深入思考中做好现实工作、更好走向未来，不断交出坚持和发展中国特色社会主义的合格答卷。

习近平在主持学习时发表了讲话。他表示，这次中央政治局集体学习以中国特色社会主义理论和实践为题，主要目的是通过回顾我们党走过的光辉历程，特别是通过重温我们党领导人民在我国建设社会主义的历史进程，提高我们对坚持和发展中国特色社会主义的认识，增强做好改革发展稳定各项工作的自觉性。这对贯彻落实党的十八大精神很有意义，也是对我们党成立92周年的最好庆祝。

习近平指出，我们党已经走过了92年的光辉历程，我们的人民共和国已经走过了64年的光辉历程。92年来，党团结带领全国各族人民进行了持续不断的伟大奋斗，创造了一个又一个人间奇迹，完成了新民主主义革命，完成了社会主义革命、进行了社会主义建设，进行了改革开放新的伟大革命，这三件大事从根本上改变了中国人民和中华民族的前途命运，全党全国正在向全面建成小康社会、实现中华民族伟大复兴的目标奋力前进。

习近平强调，面对党和国家事业发展新要求，重温党和人民共同走过的光辉历程，在新的历史条件下坚持和发展中国特色社会主义，必须坚持走自己的路，必须顺应世界大势，必须代表最广大人民根本利益，必须加强党的自身建设，必须坚定中国特色社会主义自信。

习近平指出，无论搞革命、搞建设、搞改革，道路问题都是最根本的问题。30多年来，我们能够创造出人类历史上前无古人的发展成就，走出了正确道路是根本原因。现在，最关键的是坚定不移走这条道路、与时俱进拓展这条道路，推动中国特色社会主义道路越走越宽广。同时，在当今世界深刻复杂变化、中国同世界的联系和互动空前紧密的情况下，我们更要密切关注国际形势发展变化，把握世界大势，统筹好国内国际两个大局，在时代前进潮流中把握主动、赢得发展。

习近平强调，我们党之所以得到人民拥护和支持，从根本上说，就是因为能始终代表中国最广大人民根本利益。我们要始终坚持人民利益高于一切，紧紧依靠人民，全心全意为人民服务，尊重人民首创精神，最广泛动员和组织人民投身到党领导的伟大事业中来。要把党要管党、从严治党落到实处，坚持以改革创新精神推进党的建设，使我们党更好担负起团结带领全国各族人民全面建成小康社会、实现中华民族伟大复兴的重任。

习近平指出，我们说的道路自信、理论自信、制度自信，来源于实践、来源于人民、来源于真理。中国特色社会主义这条道路来之不易，它是在改革开放30多年的伟大实践中走出来的，是在中华人民共和国成立60多年的持续探索中走出来的，是在对近代以来170多年中华民族发展历程的深刻总结中走出来的，是在对中华民族5000多年悠久文明的传承中走出来的，具有深厚的历史渊源和广泛的现实基础。我们要在深入把握中国特色社会主义的科学性和真理性的基础上增强自信，在领导人民推进改革开放和社会主义现代化建设的进程中继续开拓，按照党的十八大提出的坚持和发展中国特色社会主义的基本要求，不断开创中国特色社会主义事业新局面。

习近平在纪念毛泽东诞辰120周年座谈会上的讲话（摘要）

人世间没有一帆风顺的事业。综观世界历史，任何一个国家、一个民族的发展，都会跌宕起伏甚至充满曲折。"艰难困苦，玉汝于成。""多难兴邦，殷忧启圣。""失败为成功之母。"毛泽东同志也常说，前途是光明的，道路是曲折的。这是一切正义事业发展的历史逻辑。我们的事业之所以伟大，就在于经历世所罕见的艰难而不断取得成功。

不能否认，毛泽东同志在社会主义建设道路的探索中走过弯路，他在晚年特别是在"文化大革命"中犯了严重错误。对毛泽东同志的历史功过，党的十一届六中全会做出的《关于建国以来党的若干历史问题的决议》进行了全面评价。邓小平同志说，毛泽东同志的功绩是第一位的，他的错误是第二位的，他的错误在于违反了他自己正确的东西，是一个伟大的革命家、伟大的马克思主义者所犯的错误。

在中国这样的社会历史条件下建设社会主义，没有先例，犹如攀登一座人迹未至的高山，一切攀登者都要披荆斩棘、开通道路。毛泽东同志晚年的错误有其主观因素和个人责任，还在于复杂的国内国际的社会历史原因，应该全面、历史、辩证地看待和分析。

对历史人物的评价，应该放在其所处时代和社会的历史条件下去分析，不能离开对历史条件、历史过程的全面认识和对历史规律的科学把握，不能忽略历史必然性和历史偶然性的关系。不能把历史顺境中的成功简单归功于个人，也不能把历史逆境中的挫折简单归咎于个人。不能用今天的时代条件、发展水平、认识水平去衡量和要求前人，不能苛求前人干出只有后人才能干出的业绩来。

革命领袖是人不是神。尽管他们拥有很高的理论水平、丰富的斗争经验、卓越的领导才能，但这并不意味着他们的认识和行动可以不受时代条件限制。不能因为他们伟大就把他们像神那样顶礼膜拜，不容许提出并纠正他们的失误和错误；也不能因为他们有失误和错误就全盘否定，抹杀他们的历史功绩，陷入虚无主义的泥潭。

前事不忘，后事之师。一个马克思主义政党对自己的错误所抱的态度，是衡量这个党是否真正履行对人民群众所负责任的一个最重要最可靠的尺度。我们党对自己包括领袖人物的失误和错误历来采取郑重的态度，一是敢于承认，二是正确分析，三是坚决纠正，从而使失误和错误连同党的成功经验一起成为宝贵的历史教材。

　　历史就是历史，历史不能任意选择，一个民族的历史是一个民族安身立命的基础。不论发生过什么波折和曲折，不论出现过什么苦难和困难，中华民族5000多年的文明史，中国人民近代以来170多年的斗争史，中国共产党90多年的奋斗史，中华人民共和国60多年的发展史，都是人民书写的历史。历史总是向前发展的，我们总结和吸取历史教训，目的是以史为鉴、更好前进。

第二编
学习与研究

光辉照耀航空　奋斗成就伟业

中共中国航空工业集团公司党组

与强军同行，与富民同步，60年航空工业一路走来，沧桑巨变，伟业初成，从根本上得益于中国共产党的伟大领导和坚强意志，也使我们更加深刻认识到，在中国这样一个社会主义大国，只有毫不动摇地坚持党的领导，中华民族才能阔步实现航空强国的抱负与理想。

一、运筹帷幄奠基业

新中国航空工业是在以毛泽东同志为核心的党的第一代中央领导集体关怀下，经过20多年的努力，建立起门类齐全的航空工业体系。

"我们将不但有一个强大的陆军，而且有一个强大的空军和强大的海军。"

——毛泽东

我们党很早就认识到发展航空工业的重要性。1924年，中国共产党与孙中山先生联合创办了广东航空学校。在战争年代极其困苦条件下，分别于1941年、1945年先后创办机械工程学校、东北民主联军航空队，为新中国航空事业筹建进行了积极准备。

新中国建立伊始，在抗美援朝烽火中，党中央高瞻远瞩，果断做出创建新中国航空工业重大决策。1950年年底，遵照毛泽东主席的指示，周恩来总理召集会议，指出："我国拥有960万平方公里国土和五六亿人口的国家，靠买人家飞机，搞搞修理、仿制是不行的。""因此，中国航空工业的建设道路，是先修理后制造。"1951年4月17日，中央军委和政务院颁布《关于航空工业建设的决定》。国家颁发专门文件成立航空工业，这在我国工业部门中是罕有的。此后，周恩来总理又亲自组织制订了航空工业3~5年发展规划，为新中国航空工业早期发展确定了基本方针。

党中央把航空工业摆在突出位置。中央财经委陈云主任多次强调"在建设上把航空工业放在优先地位！"苏联援助建设的156个重点项目中，航空工业就占了13个。在国家财政相当困难的情况下，动员全国力量支援航空工业，拨给大量资金和精密设备，调集大批优秀干部职工，确保了在最短时间内建立起我国第一批航空骨干企业。

党中央的高度重视，使新中国航空工业在创立初期取得丰硕成果。1954年，当我国试制成功第一批航空发动机、第一架国产初教5飞机首飞成功的捷报传到北京，毛泽东主席分别给国营第331厂、国营第320厂的全体职工亲笔签署了嘉勉信，盛赞"这在建立我国的飞机制造业和增强国防力量上都是一个良好的开端。"在随后发表的著作中，他又豪情万丈地写道："自从盘古开天辟地以来，我们不晓得造飞机，造汽车，现在开始能造了。"

1964年5月，党中央做出建设"大三线"战略决策。1969年，毛泽东主席亲自签发了调工程兵入黔支援贵州歼击机基地施工的命令。数年鏖战，终于在我国中南、西南、西北的崇山峻岭中，建设起成套的飞机、发动机和机载设备生产基地，航空工业布局发生重大变化。

"中国要自己设计飞机，要有自己的'图波列夫'。"

——毛泽东

初创时期的新中国航空工业，虽然开始掌握飞机制造技术，但还不能真正设计自己的飞机。1956年，周恩来总理指出："只有掌握了最先进的科学，我们才能有巩固的国防。"这一年国家把"掌握和发展喷气技术"作为迎头赶上世界先进水平的五大措施之一。1955年，我国第一型喷气式歼击机歼5问世。刘少奇同志在观看试飞时兴奋地说："当我们有了自己优秀的战斗机，反侵略战争胜利就更有把握了。"

1958年，毛泽东主席在中南海参观航空工业展览时，仔细询问航空工业设计力量的成长情况，在谈到自行设计飞机时指出："刚开始设计经验不足，免不了要抄别人的，照葫芦画瓢，然后再逐步提高。"并深情地说："中国要自己设计飞机，要有自己的'图波列夫'。"

在不断加强航空科研力量的同时，党中央对航空工业科研体制进行了积极探索。1960年，中央决定将分散的航空科研力量集中起来，成立航空研究院。1964年，毛泽东主席批准同意实行科研、生产部门合并（即三机部、航空研究院合并）。1972年经周恩来总理批准，确定了航空工业科研、生产相结合的管理体制。

作为高科技产业，航空科研对人才有着特殊而迫切的需求。周恩来总理在1951年指出"办航空大学是应当的"，并指示："凡有条件的工厂都要举办培训班，培养急需人才。"据此，航空工业相继成立了北京航空学院、南京航空工业专科学校、华东航空学院以及一大批航空技工学校。新中国航空教育事业的迅猛发展，培养了一大批科技领军人才，为航空工业源源不断地输送了新鲜血液。

长达 10 年的"文化大革命"给航空工业造成严重破坏。期间，周恩来、叶剑英、邓小平等党和国家领导人深切关怀航空工业，使广大干部职工备受鼓舞，克服难以预料的困难，把自行研制的歼 8 飞机送上蓝天。

二、整顿开拓展宏图

党的十一届三中全会以后，以邓小平同志为核心的党的第二代中央领导集体，在新的历史条件下，领导中国航空工业开展全面整顿，在军民结合等方面进行了诸多探索和实践，中国航空工业也开始从封闭型向开放型的产业转变。

"我国的军工体制要改革，否则也要吃亏！"

——邓小平

在建设社会主义强国的战略中，邓小平同志一直思考经济建设与国防建设的关系。在中央《关于经济体制改革的决定》指引下，1985 年，中央军委做出国防建设服从经济建设大局的决定。1986 年，邓小平同志在接见航空工业部莫文祥部长时指出："我国的军工体制还是同苏联的一样。苏联的体制证明是吃了亏的，主要是不能带动民用工业，不能带动整个经济。因此，我国的军工体制要改革，否则也要吃亏！"这一重大决策使航空工业的调整改革逐步深化，明确了航空工业由过去的"军民结合、以军为主"向"军民结合、以民为主"的战略调整。

国产民用飞机的发展始终牵动着党中央的心。针对我国航空工业长期以军机为主、民机发展滞后的"一腿长、一腿短"状况，邓小平同志在 1978 年指示："国内已有的飞机就可以不再买了。"1981 年他在政治局扩大会议上强调："国内航线的飞机，要考虑国内自己制造。"后来又再一次强调："关于国内航线使用民用飞机，由国内自己制造要作为国策定下来。"

党的十一届三中全会以后，中国航空工业结束了长期与外界隔绝的封闭状态，开始与世界航空产业的交流与合作。针对军工企业参与国际合作与竞争问题，邓小平同志指出："军援问题要研究，不做军火商看来不行，军工产品要出口。要给各部更多的自主权。""不仅三机部如此，各部都应该如此。"随即，国务院批准成立我国国防工业系统第一家外贸公司——中国航空技术进出口公司。邓小平、王震、杨尚昆等一批领导同志相继前往视察，对航空工业大力发展外贸给予充分肯定，进而对航空工业对外合作与交流产生深远影响。

"科学技术就是巨大的生产力，这在航空工业表现特别明显。"

——邓小平

20世纪60—70年代，世界航空技术突飞猛进，由于"文化大革命"的破坏，中国航空工业科研落后，航空装备"青黄不接"，引起党中央高度重视。

1978年4月和6月，邓小平同志先后两次听取三机部吕东部长的汇报，指出："科学技术就是巨大的生产力，这在航空工业表现特别明显。"邓小平同志对航空工业科研工作非常了解，认为飞机是一个复杂的大型系统，并高度重视航空发动机、机载设备的配套研制，做到成套发展。他多次强调，航空"要搞好配套，不配套怎么行！"1979年1月，他在听取三机部汇报时强调："机载设备，飞机上的电子、雷达、火力控制系统，你们要自己搞，这个方针对！""搞飞机不搞电子、雷达是不行的！没有好的电子火控系统，飞机等于没用！"1986年1月，邓小平同志在吴大观等9位航空专家呈报的《关于加速航空发动机发展的建议书》上批示："我认为所提建议很重要。""拟可同意。"1987年，该发动机正式立项，这就是今天的"太行"发动机。

从1977年10月到1981年10月这4年的时间里，邓小平同志在整个国防科技工业中，比较集中、系统地针对航空科技工作做出了一系列重要指示，包括：科研发展要一步一步走上台阶；抓技术工作要集中兵力打歼灭战；技术方面要有岗位责任制；打破常规，抓紧选拔年轻的技术人才等。针对当时航空科技人才短缺问题，邓小平同志心急如焚："现在你们还不着手培养技术干部、技术工人就来不及了！"他甚至提出要从数学竞赛好的人中选一部分充实航空工业。

根据党中央的一系列指示精神，1978年召开的航空工业科学技术工作会议，明确提出科研先行、加强预研和加快飞机更新的方针。自此，航空工业有计划、有步骤地开展了预先研究和科研试验条件建设，并开始了从突出抓成批生产向重点抓科研和新机的转变。

"如果我们能有一定数量的更高级的飞机，那我们国家的形势就不一样了。"

——邓小平

加强科研的目的是为了加快飞机更新换代。1983年，杨尚昆同志在国防科技工业会议上提出："要多花点力量把航空工业搞上去。"邓小平同志强调："今后重点放在发展空军，没有制空权，敌人的飞机横行无阻。我倾向把投资重点放在航空工业和发展空军上，要取得制空权。"之后又进一步指出："装备有个轻重缓急，搞什么？在我脑子里恐怕还是空军。""如果我们能有一定数量的更高级的飞机，那我们国家的形势就不一样了。"在当时财政很不宽裕的情况下，邓小平同志特别向航空工业表明："钱不成问题，关键是你们能否搞出来。"1982年，邓小平同志做出搞一个性能好的歼击机的指示，这型飞机就是后来被誉为"大国名片"的歼10战斗机。

经过不懈努力，中国航空工业在军机领域初步形成了更新一代、研制一代、预研一代的健康发展局面。新型飞机的陆续投入使用，对增强国防实力、支持国民经济建设起到了积极作用。

三、奋发图强兴伟业

从十三届四中全会到十六大，以江泽民同志为核心的党的第三代中央领导集体，高举邓小平理论伟大旗帜，沉着应对国内外政治风波和经济风险，与时俱进，领导航空工业开创了改革和发展的新局面。

"这个飞机是个宝，在一定意义上说比原子弹还重要。"

——江泽民

进入20世纪90年代，一场新军事变革在全世界蓬勃兴起。特别是1991年的海湾战争，使世界开始对航空武器装备在战争中的作用有了新的认识。1993年，江泽民总书记主持制定了新时期军事战略方针，提出把我国军事斗争准备基点由应付一般条件下的局部战争转移到打赢现代技术特别是高技术条件下的局部战争上来。这一军事思想的提出，为我国航空武器装备发展赋予了新的内涵。

1994年，江泽民总书记在视察成都飞机设计研究所时，指着歼10飞机样机说："这个飞机是个宝，在一定意义上说比原子弹还重要。""你们把它搞出来，我说话就更硬了。"1999年，他来到中国一航成都飞机工业（集团）有限责任公司，为航空工业题词：铸国防利剑，扬中华国威。

党中央高度重视航空武器装备的跨代发展。1995年6月，江泽民总书记视察沈阳飞机工业（集团）有限公司，指着公司总经理对一批在场的领导讲："对军工企业就要支持，我们国家要靠这样的企业！"1999年8月15日，江泽民总书记一天两次视察沈阳飞机工业（集团）有限公司：上午现场调研，离开工厂后仍然放心不下，下午又风尘仆仆地再次返回。这在中央主要领导现场视察中是绝无仅有的。党中央的关切之情，此情此景凸显！

1999年5月，我驻南联盟大使馆遭到了美国轰炸机的野蛮轰炸。党中央、中央军委做出对中国航空工业未来发展影响深远的一系列重大决策，中国航空工业进入又一个发展高潮。

"我们要有志气，就是要搞自己的东西。"

——江泽民

随着西方发达国家高新技术特别是信息技术在航空武器装备的广泛应用，给中国航空工业带来新的挑战。但为阻止中国快速提升科技和军事实力，以美国为首的一批西方发达国家，长期对华实行高科技出口管制。

  对此，党中央提出正确处理好对外开放与独立自主发展的关系。江泽民总书记在一次会议上表示："我们这么大的国家，买几架飞机解决不了问题，还是自力更生，靠我们自己。"1994年，他在视察成都飞机设计研究所时指出："我们要有志气，就是要搞自己的东西。"1996年，江泽民总书记为航空工业题词：依靠科技进步，振兴航空工业。李鹏总理为中国航空工业总公司第606研究所题词：振兴航空，动力先行。2000年，江泽民总书记对航空工业科技工作做出批示："研究部门也要争口气，否则总要给人卡脖子。"

  每当看到航空工业自主创新取得新成绩，党中央都给予高度赞扬。2004年，江泽民总书记视察中国空空导弹研究院，当他看到航空产品取得重大突破时，喜不自禁，称赞道："了不起，真是了不起！我始终认为先进技术可以从国外引进，但不应亦步亦趋，必须要自主创新，在此基础上更上一层楼，这方面工作你们做得很好。"在党中央的领导下，航空工业攻克了一大批关键技术与核心技术，在较短时间内形成了以飞机为龙头，航空发动机、机载系统和航空武器配套齐全的高科技工业体系，初步奠定了自主创新的产业基础。

  "体制不顺，浪费了资金，延误了时间，这是我们长期以来想解决的老问题。"

——江泽民

  20世纪90年代初开始，在国防科技领域，体制不顺、职责不清、渠道不畅等问题日益突出。1996年，江泽民总书记在军委扩大会议上一针见血地指出："迎接世界军事发展的挑战，千方百计把我国军事武器装备搞上去，一个重要的问题，就是要理顺装备科研、生产、购置、维修等方面的体制。"1997年，党的十五大做出了加快推进国有企业改革，建立和完善与社会主义市场经济相适应的国防工业运行机制的战略部署。

  党中央对航空工业企业改革脱困始终给予关怀和支持。1997年，朱镕基同志组织召开辽宁地区10个困难国有企业改革座谈会，中国航空工业总公司朱育理总经理紧急从莫斯科返回沈阳。在这次会议上，朱镕基同志亲自决策为航空工业黎明公司提供1.9亿元呆坏账准备金，这一数额相当于沈阳市当时全年的呆坏账准备金。

  在党中央的高度重视与亲切关怀下，航空工业一方面积极应对激烈的国际竞争，狠抓航空武器装备研制，一方面不断加快推进国有企业改革步伐，经济规模实现较快增长，为后来的发展打下了坚实的经济基础。

四、科学发展铸辉煌

十六大以来,以胡锦涛同志为总书记的党中央,顺应国内外形势发展变化,在几次航空工业发展的关键时刻,及时做出正确决策,推动航空工业进入跨越式发展新阶段。

"发展航空工业,对于维护国家安全、推动经济建设和提高国家科技整体水平具有重大战略意义。"

——胡锦涛

以胡锦涛同志为总书记的党中央,继承和发展了前三代党中央集体关于航空工业发展的重要指导方针,既一脉相承又与时俱进。2004 年,胡锦涛总书记在中国航空工业第一集团公司飞行试验研究院调研时指出:"现在我们国家整个航空工业面临着一个新的发展时期,任务既光荣又繁重。无论从加强国防建设的角度,还是从适应经济建设需要的角度,都必须加快航空工业发展。同志们肩负的任务非常繁重,希望大家进一步努力……为生产出水平更高的飞机,逐步缩小与世界飞机工业的差距做出更大的贡献!"

2006 年,在中国航空工业创立 55 周年之际,胡锦涛、吴邦国、温家宝等党和国家领导人为航空工业发来贺信。胡锦涛总书记在贺信中指出:"发展航空工业,对于维护国家安全、推动经济建设和提高国家科技整体水平具有重大战略意义。"

2008 年,为进一步加快我国航空工业发展,党中央做出了调整航空工业体制的重大决策。新组建的中国航空工业集团公司,坚决贯彻国务院关于航空工业改革的有关批复,开启了加速推进航空工业市场化改革的新篇章。

"组织好科技力量,奋力攻关,争取早出成果。"

——胡锦涛

党中央建设航空工业强国的决心,赋予了航空工业自主创新神圣而光荣的历史使命。2005 年,胡锦涛总书记在视察昌河飞机工业(集团)有限责任公司时强调:"要大力提高科技创新能力,特别是原始性创新能力;大力提高集成创新能力和引进、消化、吸收再创新能力。要瞄准世界科技发展的前沿,坚持有所为、有所不为,明确自主创新的战略目标,努力实现关键技术和核心技术的突破。"2007 年,在时任上海市委书记习近平等领导陪同下,胡锦涛总书记视察中国航空工业第一集团公司第 615 研究所,他紧紧握住中国一航林左鸣总经理的手,语重心长地说:"左鸣,国防建设和航空工业的发展,你们的担子很重,要组织好科技力量,奋力攻关,争取早出成果,早出产品。"

修史撷英

2007年12月，温家宝总理视察中国一航西安飞机工业（集团）有限责任公司，在职工餐厅与职工共进午餐。2009年6月，他在中国南方航空工业（集团）有限公司动情地讲道："高新科学技术是用钱买不来的，要靠我们自己！"2009年9月，当胡锦涛总书记得知我国自主研制的某型飞机取得阶段性成果时，欣喜做出批示，向航空工业表示祝贺，并勉励大家再接再厉，攻坚克难，出色完成研制任务。

在这一时期，党中央领导同志几十次到航空工业调研、视察，做了上百次的指示、批示和讲话。

新时期新征程，在党中央的坚强领导下，中航工业按照建设创新型国家的总体要求，把自主创新放在战略和全局的重要位置，向世界航空工业制高点发起挑战。

"着力加强自主创新，着力深化企业改革，着力推进军民结合，着力抓好队伍建设。"

——胡锦涛

军民结合是发展航空工业的战略基点和必然选择。在前不久刚举行的纪念新中国航空工业创建60周年大会上，张德江副总理要求："认真落实中央关于推进军民融合式发展的战略部署，坚持统筹规划和管理军民用航空产业，建立军民结合、寓军于民的科研生产格局，统筹好'富国'与'强军'的双重使命。"

2009年以来，胡锦涛总书记等党和国家领导同志亲自部署以国产直升机为核心装备的航空应急救援体系建设。为加快航空工业国际合作步伐，胡锦涛总书记还亲自出席包括6吨级通用直升机、中航复合材料中心在内的多个项目签字仪式。

党中央高度重视航空工业非航空民品产业发展。2010年，胡锦涛总书记视察中航锂电研发基地时专门指出："目前我国新能源产业正在加快发展，希望抓住机遇，占领技术制高点，努力突破核心关键技术，加快产业化发展，加大投资规模。"

实践不断证明，加快推进航空工业军民融合式发展，实现军民产业良性互动，不仅是新军事变革条件下提升国防装备发展能力的迫切需要，更是加快转变发展方式的迫切需要。

抚今追昔，航空工业的成长无时不伴随着党的亲切关怀；沧桑巨变，党带领航空工业走在奋勇攀登的征程上。听党指挥，善打硬仗，胸有大志的40万航空人，将紧密团结在以胡锦涛同志为总书记的党中央周围，以邓小平理论和"三个代表"重要思想为指导，深入贯彻落实科学发展观，以更扎实的步伐，更大力度的创新，承担起振兴中国航空工业的历史责任。

（本文刊登于2011年7月2日《中国航空报》）

立信史 存真史

——习近平总书记系列重要讲话中体现的历史观
是党史研究中应掌握的科学方法
中共中央党史研究室主任 曲青山

党的十八大以来,习近平总书记发表了一系列重要讲话。其中,关于党史工作的重要论述,为我们立信史、存真史提供了新的基本遵循。

党的历史是党的生命,党的历史关系到党的形象,关系到党和国家的长治久安,关系到中国人民和中华民族的前途命运。习近平总书记系列重要讲话阐述了认真总结党的历史,科学对待党的历史,重视学习党的历史,善于运用党的历史等一系列重要问题。例如,关于认真总结党的历史问题,习近平总书记着眼于实现中华民族伟大复兴的中国梦,对近代中国历史特别是党的90多年奋斗历史进行了新总结;着眼于确保党的先进性、纯洁性,对党90多年的自身建设历史进行了新总结;着眼于推动经济社会科学发展,对我国改革开放30多年的历史进行了新总结;着眼于坚持和发展中国特色社会主义,对世界社会主义500年历史特别是我国建设社会主义的历史进行了新总结。关于科学对待党的历史问题,习近平总书记提出要准确把握党的历史发展的主题和主线、主流和本质;要正确对待党在前进道路上经历的失误和曲折;要旗帜鲜明地反对历史虚无主义。关于重视学习党的历史问题,习近平总书记强调,我们的广大党员干部必须修好党史这门必修课,党史学习必须要抓好领导干部和青少年这两个重点,必须创新党史学习教育的方式方法和手段。关于善于运用党的历史问题,习近平总书记要求,要通过对党的历史的深入思考,正确认识我们党所处的历史方位,主动顺应世界发展大势,自觉代表最广大人民的根本利益,加强党的自身建设,坚定中国特色社会主义的道路自信、理论自信、制度自信。

认真学习党的十八大前后习近平同志关于党的历史的一系列重要论述,深刻思考我们应该怎样认真总结、科学对待、重视学习和善于运用党的历史等一系列问题,对于推动全党从对党的历史的坚定自信中进一步坚定中国特色社会主义道路自信、理论自信、制度自信，具有重大的现实意义和深远的历史意义。我们要通过学习，坚定历史自信，反对历史虚无主义，反对歪曲和丑化党的历史和领袖人物的错误观点和错误倾向，自觉地担当起党史工作者的历史责任，努力尽职尽责、尽心尽力搞好党史研究，做好党史工作。党史部门是为党修史立传的，用有的同志的话说是修党的"红色家谱"的。党史工作的根本任务是以史鉴今、资政育人。党史工作者如何立信史、存真史？党史部门如何按照中央和各级党委的要求编写好党史，发挥好党史工作以史鉴今、资政育人的作用？这就需要解决好几个相关的重大政治问题，比如理想信念问题、政治立场问题、发展思路问题、目标任务问题、前进方向问题等。习近平总书记系列重要讲话提出的一系列新思想新观点新论断，给这些问题以全面系统、科学正确的回答。

习近平总书记系列重要讲话中体现的历史观，是我们党史工作者研究党史所要学习和掌握的科学方法。我们经常比喻说，马克思主义哲学是我们认识事物、分析问题的"放大镜""显微镜""望远镜"，这是因为它是科学，是真理，是"人类认识世界的伟大工具"。从世界历史的发展进程来看，只有马克思主义创立的历史唯物主义第一次对人类社会历史发展规律做出了科学的揭示和回答。如何研究党史？世界观的问题、方法论的问题，至关重要。用马克思主义去指导研究历史形成的基本观点，就是科学的历史观。学习习近平总书记系列重要讲话，我们可以感受到，他首先坚持了科学的思维方法，比如战略思维、辩证思维、系统思维、创新思维、底线思维等，并运用这些科学的思维方法去认识和分析问题，去评价历史事件及历史人物。他在阐述许多重大理论和实际问题时，始终坚持辩证唯物主义和历史唯物主义的基本观点，将历史事件和历史人物放在当时历史背景及其历史条件下去对待去把握。他的讲话打通了过去、现在和未来，连贯了历史、现实和将来，以坚定的信仰看历史，以人民的情怀看历史，以历史的发展看历史，以责任的担当看历史，以民族的使命看历史，以未来的前景看历史，这就是为什么他讲历史时，是那么自然，那么契合，那么举例恰当，那么联系实际紧密，那么有说服力，那么有冲击力，那么发人深省、令人深思。学习掌握了科学的方法，研究党史就会事半功倍。研究方法不当，就会事倍功半，甚至会得出与历史事实大相径庭、完全错误的判断和结论。

习近平总书记系列重要讲话中对党史重大问题、重要历史人物所做出的结论、所提出的新的科学论断，为我们进一步深入研究党史提供了新的基本遵循。在当今时代，要发挥好党史工作的以史鉴今、资政育人作用，要及时跟进历史步伐，真实、客观、准确地记载历史，接通好中国历史文化的发展文脉，接续接力好党的伟大事业，党史部门和党史工作者有着义不容辞的崇高职责和使命担当。我们研究编写党史，有党的两个历史决议作基本遵循，还有历次党的全国代表大会的报告、中央全会的决定、党的其他重要会议的决议以及中央主要领导同志的重要讲话，等等。随着社会的前进，历史的发展，形势的变化，研究的深入，对党史问题以及历史人物的评价，也在不断深入和不断发生变化。

习近平总书记系列重要讲话中对现实和历史上许多重大理论和实践问题有很多新评价、新结论、新论断。比如，他在纪念毛泽东同志诞辰120周年座谈会上的讲话中对毛泽东同志的评价就有新表述、新评价，其中讲到了毛泽东同志是"马克思主义中国化的伟大开拓者"。这个说法以前在中央的文件和中央主要领导人的讲话中是从来没有出现过的。这些新表述、新评价、新结论、新论断，为我们研究、编写、修订党史提供了新的基本遵循。

(本文刊登于2014年3月10日《北京日报》)

发端于航空工业的我国导弹工业

文 安

航天工业最大的主体是导弹工业，在我国国防建设中居于重要位置。自 20 世纪 50 年代以来，经过 50 多年的发展，取得重大成就，成为我国战略威慑与我军战役打击能力的重要标志之一。

我国导弹工业的发端，始于航空工业。一直到 20 世纪 60 年代中期，导弹工业基本属于航空工业的一个组成部分，并且在这一期间，得到了迅速发展，取得一系列重大成就。其后，又经历了十多年的从航空工业分出，再整合进航空工业，而后又再次分离的过程。导弹工业之所以与航空工业产生这种复杂关系，根本原因是缘于我国的国情，以及航空工业和航天工业之间的紧密关系。

在西方发达国家，早年导弹研发生产基本都是从航空工业开始的，至今绝大多数国家的导弹工业仍为航空工业的一个组成部分，因此被统称为航宇工业（AEROSPACE INDUSTRY）。

一、我国导弹事业的发端

早在新中国成立初期，党中央就决定大力发展航空工业。1951 年 4 月 17 日，中央人民政府政务院和中央军委颁布了《关于航空工业建设的决定》（简称《决定》），在国家重工业部设立第四局，即航空工业局，下大的决心来发展航空工业。为此决定拿出 60 亿斤[①]小米，在 3~5 年内建设航空工业。当时确定"军工的重点是航空工业"和"优先发展航空工业"的国防工业发展方针。在第一个国民经济五年建设计划确定的 154 项（重点项目几经调整，最后确定的是 154 项，但《人民日报》此前发表的是 156 项，此说法一直沿用下来）重点项目中，航空工业就占了 13 项，其中包括建立 4 个飞机、发动机制造厂，4 个飞机、发动机修理厂，5 个机载设备厂，总投资占军工的 30% 多。

按《决定》要求，国家于当年 4 月即成立航空工业管理委员会，统筹领导飞

---

① 1 [市] 斤 = 500 克。

机、火箭和导弹的发展，主任为聂荣臻，副主任为黄克诚（解放军副总参谋长）、赵尔陆（重工业部部长）。航空工业管理委员会第一次会议明确："所谓航空工业，主要是指飞机、火箭和导弹的生产。"

到了"一五"中期的1955年，钱学森同志回国后向中央提出，飞机比导弹要复杂得多，根据我国科技不发达与经济落后的实际情况，应当走先发展导弹，再发展飞机的路子，也就是"先导弹后飞机"，被毛泽东誉为"仙人指路"。于是中央决定，在积极发展飞机工业的同时，大力发展我国的导弹事业，并于1956年10月成立了"国防部第五研究院"，专门负责导弹的研发，这是我国导弹事业的发端。为此，在1957年，航空工业以非常积极的态度，派出一批科技人员支援五院建设，承担"最早的火箭设计、工艺等工作"。

对如何建立一个导弹工业，当时中央做出了科学分析。考虑到当时航空工业技术水平在军工中是高的，航空的气动力技术、发动机技术、主要制造工艺等与导弹是相通的，可以胜任导弹的生产，只需单独建设一些特种工艺、部总装和试验条件。同时，当年的导弹发展主要是由苏联直接引进后进行仿制，于是确定了由五院主要负责导弹科研，由航空工业负责导弹生产这样一个架构与格局。

1956年春，在中央制订的《1956—1967科学技术发展远景规划纲要（草案）》中，明确了以原子能、火箭和喷气技术为主的57项重点任务。同时在《关于十二年内我国科学对国防需求的研究项目的初步意见》中指出："导弹方面的研究和制造，首先要研究制造短中程的火箭与导弹。在用途上要有：防空的导弹（地空导弹）射程100公里；地对地或地对海的导弹，射程500～600公里；空对空或空对地的导弹，射程15公里。"

1957年9月，以聂荣臻为团长，陈赓、宋任穷为副团长的中国工业代表团赴苏，10月与苏联签订《国防新技术协定》，敲定苏方向中国提供5种导弹全套技术资料和样弹，即近程地地导弹、地空导弹、空空导弹和岸舰导弹、舰舰导弹。1958年1月，苏联专家加里宁、齐琴科夫等12人来到航空工业和五院，帮助建设导弹的研究，试制生产和试验基地。

为搞好导弹的试制，在一机部（重工业部）的统一领导和五院的协助下，航空工业即安排沈阳松陵机械厂（现中航工业沈飞）、111厂（现沈阳新光机械厂）、沈阳黎明机械厂（现中航工业黎明）、南昌洪都机械厂（现中航工业洪都）、株洲湘江机器厂（现中航工业南方）和宝成航空仪表厂（现中航工业宝成）、庆安机器厂（现中航工业庆安）、陕西航空电器厂（现中航工业电源）、天津航空机电厂（现中航工业津电）等一批企业，增建新品车间或改建原有车间，用于导弹发展。后来，

111厂在沈阳黎明机械厂的帮助下，还改建为火箭发动机制造厂，专门建设了液体火箭发动机试车台。这样，除了地地导弹的主制外，其他4种导弹，各种导弹的导弹火箭发动机，包括地地导弹的火箭发动机等，全部由航空工业试制生产，主要配套产品也大多在航空工业内生产。

出于保密需要与工作方便，国家将引进的5种导弹分别确定了代号，即近程地地导弹为1059号；地海导弹（包括岸舰导弹与舰舰导弹）为5097号；空空导弹为7089号；地空导弹为3069号。

总的安排是：地地导弹由原来的飞机厂主制，其液体推进剂发动机由黎明机械厂（此时111厂与黎明厂合一）仿制，33项成件分别安排在航空及兵器行业的10个企业；岸舰和舰舰导弹，由洪都机械厂主制，其发动机由成都航空发动机制造厂（现中航工业成发）试制，75项成件安排在3个厂；空空导弹，由湘江机器厂主制，6项成件安排在宝成航空仪表厂等3个厂；地空导弹，由松陵机械厂主制，其液体推进剂发动机由黎明机械厂制造，40项成件安排在太原航空仪表厂（现中航工业太航）等4个厂。

二、全国人民支援航空工业

为建设一个强大的航空工业，国家采取了一系列重大措施。从1951年开始，就集中建设航空工业六大厂。当时航空工业局将80%以上的人员、70%以上的设备和97%的资金，集中用于六大厂的建设。这六大厂中，洪都机械厂、松陵机械厂和湘江机器厂直接承担了导弹的主体试制与生产，111厂承担火箭发动机试制与生产，其余两厂等也分别承担了配套任务。

到了"一五"期间，航空工业开始大规模建设，1952年政务院发出调令，调全国各部、各地区上千名优秀人才支援航空工业；1952年全国工矿交院校毕业800多人，中央财委在分配中重点照顾航空工业；军委从部队一下子就抽调了100名翻译充实航空工业，"翻译几乎都被航空工业调走了！"

"一五"期间航空工业的13个重点项目，国家分三个梯队建设。第一个梯队主要是江西、湖南的洪都机械厂和湘江机器厂，江西省主席邵式平亲自担任洪都厂建委会主任，他向党中央、毛主席立下军令状："要像南昌起义打响中国革命第一枪一样，打响建设航空工业的第一枪！"第二梯队主要是沈阳的松陵机械厂和黎明机械厂，辽宁省委书记黄欧东亲自在现场指挥，为保证沈飞建设，沈阳市削减了三分之一的市政建设。第三梯队主要是哈尔滨的伟建机器厂（现中航工业哈飞）和东安机械厂（现中航工业东安）。航空工业"一五"重点项目，到1957年底全部完成。

当时还出现了"打开国库支援航空"的事。由于黎明厂的建厂进度提前，而订货的苏联设备还未到，当时带领驻厂工作组的航空工业局副局长油江（后为航空工业部副部长）向李富春副总理汇报。李富春当即决定打开国家天津储备仓库，黎明机械厂一下子就挑了786台关键设备。

有了这个基础，不仅为飞机与航空发动机、机载设备的发展创造了条件，而且为导弹工业的开端奠定了必要基础。

到了1959年4月，航空工业局决定投资近800万元，在改建一批厂房、设备的基础上，在十几家企业中再新建4万多米^{2}的导弹研发生产面积和一个火箭发动机试车台。这样，成功地依靠老厂，航空工业建立了一批封闭性质的导弹生产线和火箭发动机生产线。对当时形成的这种飞机与导弹并行发展的格局，航空工业称为"一宅两院、有分有合"。

三、壮志凌云搞导弹

航空工业发展导弹，正是当时我国飞机工业蓬勃发展，科研生产能力极为紧张时期，要腾出一部分精力来发展导弹，势必面临着资源条件与人员上的一系列困难。但当时就是有那么一种劲头。在当时的航空工业局里，挂有一幅醒目的标语："脱了裤子也要把航空工业搞上去！"那时领导常讲的是：当年孙中山先生为航空题过两句话，一句话是"航空救国"，一句是"志在冲天"，再大的困难，也要把飞机和导弹都搞上去。

为了保证导弹的试制生产，航空工业局（部）把导弹与飞机并列为行业的重点任务，实行严格的计划管理和重点物资保证，从而基本保证了多种型号导弹的试制批产。1965年，当时的三机部部长孙志远代表部党组提出，两年内完成"5机3弹"任务，即歼6、直5、运5、歼5甲、初教6和地空导弹、空空导弹、海防导弹的小配套。当年全面完成了飞机和导弹科研生产任务。其中，地空导弹实际生产超额完成了计划。

洪都机械厂负责发展"上游"系列海防导弹。这是仿制从苏联引进的"冥河"舰舰式飞航导弹。开始由五院承担总体设计，洪都机械厂负责生产，后来整个研发生产工作全部由该厂承担。

洪都机械厂制造了新中国第一架飞机——初教5，为此，毛泽东亲自向该厂写了嘉勉信，并讲"自从盘古开天地，我们不能造飞机、造汽车，现在我们能造了"。

这个厂导弹发展经历了仿制期与自行研发期。1960—1966年是仿制期，成功搞出"上游"1号导弹。1965年国家确定洪都机械厂作为海防导弹总负责单位，负责系统抓总、总体设计与生产，厂的导弹设计所负责技术抓总。从1966年开始，工厂开始进入到自行研发期。根据"上游"1号导弹此前存在的高度控制误差较大的问题，后来开始研发"上游"1号甲导弹，到1983年完成。为提高导弹抗干扰能力，1981年开始，到1985年完成"上游"1号乙导弹的研制。

在1966年，根据当时形势特别是越战要求，海军提出"上游"1号导弹要上岸，为此完成岸用"海鹰"1号导弹的试制。后来又将"海鹰"1号改为舰用，装备了当时我国最先进的051舰。还从1970年开始动手完成"上游"2号（固体）的研制。

为了承担导弹任务，洪都机械厂成立了专责导弹发展的四〇办公室。其中的导弹设计所，到1965年共发展到几百人，负责从导弹的设计到测试全过程，而零件生产则分散到全厂。到1973年，导弹设计所并入该厂的飞机设计所，工厂分别成立了导弹初装、总装和机械加工三个车间。1977年，第三机械工业部（航空工业部）又批准成立工厂领导下的导弹总体设计所。

在洪都机械厂导弹发展初创阶段，他们因陋就简，展开轰轰烈烈的试制。突破了固体火箭发动机助推器、自动驾驶仪、舵机和弹头罩等8项新技术、新工艺，并成功地协调了全国40多家厂所协作配套。

湘江机器厂负责发展空空导弹。该厂先后研制了4种型号的空空导弹。1958年我国从苏联引进了K-5M雷达波束制导空空导弹。当时这个厂的厂长叫郭固邦，他作为党的八大代表，在京开会期间听说这件事，就积极争取导弹试制任务，最后他还亲自把样弹押运回株洲。该厂承担总体试制，国内命名为"霹雳"1号，1963年试制成功，1964年通过鉴定、定型并投产。叶剑英同志为此题词"远大前程，奋飞万里，迈向尖端，日进不已"。

从1962年开始试制"霹雳"2号，这是一种被动式红外寻航导弹，与"响尾蛇"导弹类似，马赫数2.2，最大发射距离8千米。1967年试制成功，共生产5000多枚。

从1964年开始，湘江机器厂进入了导弹自行研发阶段，开始研制"霹雳"2甲。1966年开始接着研制"霹雳"3号导弹，1968年出样弹，经试验全弹总体性能良好。1977年开始研发"霹雳"7号并取得成功。"霹雳"7号属第三代空空弹。这个弹是以近距格斗为主，红外寻的，自动捕获、自动跟踪，最大发射距离14千米，弹重90千克。

为了导弹发展，由航空工业设计院设计后，工厂从1959年8月开始建设导弹生产线。共占地338亩①，建设了37项建筑工程，23575米² 厂房，配备了400多台

---

① 1［市］亩 = 666.7米²。

设备，工程到 1965 年 11 月建设完成。之后为适应"霹雳"2 号导弹的生产，1969 年开始进一步扩建，到 1973 年完工。

为了搞好"霹雳"1 号导弹的研发生产，一机部任命厂综合实验室主任朱传千担任型号总设计师。厂最早设立了五〇科，下面成立了总体、发动机等 4 个组。1959 年开始有 20 多人搞科研，他们组织自制了 4305 种工装，零件主要是与飞机零件一起干，而专业性强、易于暴露外形的约 40% 的零件则在导弹专业车间干。

当时的情况是，生产线边基建，导弹试制边启动。到 1959 年又成立导弹专业生产车间——50 车间，建设了综合实验室、总体及气候、动力环境、无线电、专用测试设备等实验室和固体火箭发动机地面点火试验台，并自制了大批导弹试制专用设备，"霹雳"1 号固体火箭发动机就是在自己设计的 5 吨级简易试车台上点火成功的。后来又建成推力为 50 吨级的固体火箭发动机试车台等。

试制任务位于株洲人迹罕至的北山沟。科研人员每天步行几里地上班，晚上干到 10 点多。吃在露天，睡在工房。每天干十几个小时。这些人都没有搞过导弹，但很快成为导弹发展的骨干技术力量。为提高焊接水平，工厂当时还买了 30 台收音机，利用元器件进行练兵。1960 年 3 月 15 日，当我国第一枚空空导弹试制成功，国防工委贺龙主任、方强副主任和一机部（此时成立了国防工业性质的一机部）赵尔陆部长、张连奎副部长，航空工业局油江副局长赶来，大加赞扬。同时，看到工厂用不到一年时间，又试制成功导弹的火箭发动机，贺龙高兴地讲："现在导弹又在调试了，发展这么快，很不简单！""你们在技术上抓了尖端，为航空工业做了贡献！"

1963 年 3 月，"霹雳"1 号导弹打靶，共发射 12 枚导弹，试验情况良好。当年 11 月再次发射 24 枚，完全达到了设计要求。12 月份，由空军副司令员曹里怀、航空研究院院长唐延杰、航空工业局副局长油江等组成的国家航空产品定型委员会进行了鉴定："试制的'霹雳'1 号空空导弹发射离梁安全，进入波束正常，全部受控，引导准确，主要战术性能良好，可供战斗使用。证明试制是成功的，同意定型并投入小批生产。"

发展到 1966 年，湘江机器厂成立"部属厂管"的空空导弹设计所——49 所，到 20 世纪 80 年代中期，设计所发展到 160 多人。50 车间后来又发展扩大到导弹分厂（二分厂）。

1979 年开始，工厂自行研发火箭发动机，经过一年的努力，终于取得地面点火成功，并通过 9 大项目的例行试验，证明性能安全可靠。于是工厂分先锋批、试制批、鉴定批进行投产，到 1983 年共制造发动机上百台，1986 年通过鉴定，转入批生产。

"霹雳"系列导弹的发展，是全国性配套，其中主要是与兵工企业建立了战斗部、火药柱、引火药盒等协作关系，与电子工厂建立了无线电控制仪和无线电引信的协作关系。在兄弟行业的大力支持下，"霹雳"导弹发展成一个兴旺的家族。同时，随着"霹雳"导弹的研发，也培养了一批宝贵的导弹人才。到20世纪70年代，这个厂共向外，包括向航天工业，输送了近300名导弹方面的技术人才。

为加强导弹科研，1961年秋，国家决定在航空工业中组建航空兵器设计研究所，这个所后来扩建为现在的中国航空工业空空导弹研究院。

松陵机械厂负责地空导弹的研发生产。1958年松陵机械厂开始引进"543武器系统"，包括导弹、发射站、地面设备三大部分，仿制苏联B-750地空导弹（工厂代号"73号机"）。当时苏联派来11名专家到工厂指导，但到了1960年7月，由于中苏关系恶化，苏援华专家全部撤走，仿制工作暂时中断。工厂积压成品900多万元，试制进度推迟两年。到1961年开始重新试制，至1964年我国第一代地空导弹——"红旗"1号试制成功。

为了搞好地空导弹的试制，工厂新建了导弹部件与总装车间和高压空气站。随着地空导弹的逐步系列化，松陵机械厂形成了比较完备的地空导弹科研生产体系，建立了相对独立于飞机系统之外的第二设计、工艺、特设、生产调度、检验共五个科室，科技人员达到1436人。1960年即建成3个导弹试制车间，后来又投资700多万元，扩建成了第82号、83号、85号、86号、87号等5个导弹生产车间，共有4座厂房，重要设备762台。为了搞出中国第一代地空导弹，松陵机械厂决定由一名副总工艺师和一名副生产长专门负责导弹的研发生产，并挑选了一批技术人员和工人投入导弹试制，其间攻克了大量新工艺、新材料的关键。由于国产材料无法满足导弹试制需要，大大增加了导弹试制难度，当时我们是用75吨小麦向苏联换一吨镍。为此工厂的新材料攻关异常紧张，最后仅材料就攻克了10多项技术关键。"红旗"1号导弹共攻克20项重大技术关键，改进设计260多项。1963年总装出12枚战斗弹，1964年打靶成功，达到设计要求，当年底通过国家定型鉴定。

在"红旗"1号试制的同时，空军提出，我们虽打掉了美制高空侦察机，但敌机正在不断改进，如果再高一点，我们就打不着了。于是开始新的"红旗"2号导弹的研制。松陵机械厂第二设计科用不到一年时间，就改型设计出新型导弹，1965年6月研制成功，试射2枚，达到设计要求，命名为"红旗"2号。这型导弹杀伤区高度提高了2.5千米，最大射程增大了3千米，很快投入了成批生产。

地空导弹共有10多家航空工厂配套，部外配套单位以兵器工业为主达到了40

多家，他们为我国导弹工业的发展，做出了不可或缺的贡献。

到1966年，这些人员和土地、厂房、设备连同一栋职工宿舍，共22611米^{2}建筑，一起划给了新成立的七机部。

111厂负责制造地空和地地导弹的火箭发动机。1958年，我国开始发展5种导弹，为此，航空工业在当年4月，划出一个飞机工厂归属五院，作为地地导弹的主制厂，承担导弹弹体的总装。但是全部的导弹火箭发动机，包括地地导弹、地空导弹的火箭发动机试制生产，由航空工业承担。

为了保证火箭发动机的试制，航空工业局决定将沈阳111厂改建为导弹火箭发动机制造厂。

111厂是航空发动机的老厂，早在1951年7月就按航空工业局安排，改建为航空发动机修理厂，是我国航空工业早期著名的六大厂之一，曾为支持抗美援朝战争做出过重要贡献。工厂当时有职工5169人，36000米^{2}厂房，近600台设备。1952年曾达到日修理航空发动机5台份，到当年底共修理飞机发动机上千台，有力地满足了抗美援朝战争需要。

1953年开始的第一个五年建设计划，航空工业开始曾计划把111厂作为航空发动机厂进行重点建设，但因厂区狭小，发展空间有限，遂更改了计划。在该厂附近新建了一个航空发动机厂——沈阳黎明机械厂，而把111厂仍作为重点的航空发动机修理厂，主要是承担航空发动机的修理。在此期间，这个厂在进行发动机修理的同时，还试制成功了BK-1A型喷气航空发动机等。为了加快建设发动机厂，国家决定由111厂包建黎明厂，也就是老厂包建新厂，由此出现了历史上老厂支持新厂的"一长双跨"的模式，即由当时的111厂厂长莫文祥兼任黎明厂厂长，负责两厂工作并承担黎明厂的建设。黎明厂建成后两厂曾经合并，111厂一度成为黎明厂的火箭发动机分厂（五分厂）。

111厂边改建，边试制，开始同时试制地空导弹和地地导弹两种火箭发动机。111厂负责部分零件制造和总装，另有宝鸡航空仪表厂等一批航空机载设备厂承担自动驾驶仪、电动-液压舵机等主要配套任务。

我国第一代地空导弹的火箭发动机，是由两级火箭组成，第一级是固体助推器，第二级是液体燃料发动机。该厂于1960年8月开始试制，到1963年火箭发动机完成了模拟弹和战斗弹试制，累计生产6批。1964年开始打靶试验，情况良好，从而保证了顺利配装导弹，年底"红旗"1号导弹定型并投入批生产。

我国第一代地地导弹——"东风"1号，是按照苏联P-2导弹仿制的，其火箭发动机于1959年10月在111厂开始轰轰烈烈的试制。工厂对此非常重视，专门抽调一名副总工程师齐克非领导组织试制。配套的各厂在1958年到1960年的上半年，陆续完成全部的工装和零件制造，其间突破了大量技术关键。1960年7月正当开始总装试验的关键时刻，苏联专家全部撤走，工厂广大科技人员和工人自力更生，日夜奋战，终于在9月装出首批火箭发动机，10月通过了90秒的典型试车，其性能完全符合要求，当月总装出导弹。11月5日，我国第一枚"东风"1号地地导弹发射成功。

接着，这个厂的"东风"2号火箭发动机又改进成功。其后，至20世纪60年代中期，该厂又自行研制了新型地地导弹的大型火箭发动机，并投入了生产。

在此期间，为发展导弹工业，航空工业还专门拿出一个工厂改建了一个导弹测试设备厂，并组织所属的南京航空学院和西北工业大学无人机研究所，成功地研制生产了供导弹试验鉴定用的几型靶机。

我国早年导弹事业的发展，对我军装备建设做出重要贡献，有力地保卫了国家安全。利用国产导弹，我军打掉了一批美蒋飞机与军舰。特别是美国U-2间谍侦察机当时曾横行于世界，一共被打掉7架，其中被我军地空导弹打掉5架，此后美蒋被迫停止了U-2飞机对大陆的间谍侦察飞行。

四、航空与航天不断分合调整的关系

一直到1965年，上述的导弹工业一直是我国航空工业的一个组成部分，其后，导弹工业出现了从航空中分离，进而又合入航空，其后再分离的过程，经历了一段不断分合、持续变动的时期。

1966年年初，国家成立第七机械工业部（航天工业部），这时的航天工业开始作为一个独立的国防工业部门出现。

为此，三机部与七机部联合发文，明确从1966年1月起，航空工业所属的111厂，飞机厂中的地空导弹科研生产部分和一个航空仪表厂以及上海的一部分企业划归七机部。从沈阳松陵机械厂划出的一批科研机构、5个生产车间以及有关科研试验设施，还组建了一个新的地空导弹总装厂。

1970年，经当时的中央军委办事组决定，承担战术导弹的全部科研生产单位，包括承担航天任务的贵州061基地企事业单位、沈阳的全部企事业单位和上海基地的部分企业，从七机部划出，重新划归三机部管理。

从1976年开始，这部分企业陆续又划给新成立的第八机械工业总局，到1980年，最后一批上海基地的企业划出三机部，这次调整才告结束。

到1988年，国务院在新一轮机构改革中，又将航空工业部与航天工业部合并，成立航空航天工业部，当时国务院领导强调的说法，一是航空与航天更复杂一些，所以暂不成立全国性行业总公司（此前军工行业开始陆续改组为总公司）；二是国外航空与航天大多是一体的，同时我国航空生产能力强一些，航天科研能力强一些，合并后可以做到优势互补。

到1993年，国家决定分别成立中国航空工业总公司和中国航天工业总公司，至此，两个行业真正开始各自独立发展。

我国的航空工业和航天工业取得巨大成就，为国人所尊重，为世界所瞩目，但我们在不断发展、有所成就的同时，不应忘却前人们所做出的奉献和他们当时取得的为世界所高度赞扬的业绩。我们是站在他们的肩膀上跃起的，是走在他们以身铺路所形成的大道上。但事实上，这一段历史现在鲜少有人提及，在相关工业部门的历史描述中也仅是较淡的一笔，这一点是我们应当纠正的。

（本文刊登于 2013 年 12 月 7 日《中国航空报》）

关于国防工业历史上的
飞机与导弹之争

文 安

在我国国防工业发展史上，曾有过一段较长时间的争论，是关于飞机与导弹的关系，并相应地由此带来了关于尖端武器与常规武器关系的争论。这段争论时强时弱，延续近30年，最终也没有比较明确的结论，处于不了了之的状态。这个争论，曾对航空工业发展产生了一些重要影响。同时，我们还要值得警惕的是，在新的军事变革和空天一体化战争理论不断发展的情况下，要防止有些人未深入研究军事战争规律而片面地老调重弹或故伎重演。

当第二次世界大战中出现了导弹及其技术迅速发展后，当时西方国家一批专家和军事工业决策者，感到可能出现新的军事技术变革，带有想象性地不断扩展导弹技术的发展前景，高估了导弹技术的发展进程，认为"不久的将来只要有导弹，战争将唾手可得！"特别是在未经战争实践检验的情况下，就贸然提出了一些结论性意见。早在20世纪40年代，英国国防白皮书就提出过要导弹不要超声速飞机；50年代苏联也提出过导弹可以取代飞机；70年代美国还辩论过航空工业是不是夕阳工业的问题。当然，后来的实践完全否定了这些观点。

早在新中国成立前，党中央政治局就提出"我们应当争取组成一支能够使用的空军！"1951年政务院和中央军委做出了《关于航空工业建设的决定》，1952年又颁发了《中央军委对航空工业建设的决议案》。1950年刘亚楼、何长工等空军与工业部门领导在《开始建设航空工业的意见》中提出"航空工业建设第一年内需要投资2亿~8亿斤小米"，1951年周恩来总理听取聂荣臻、李富春等关于航空工业3~5年计划汇报时讲："实现这个计划看采需要折合56亿斤小米，国家准备拿出60亿斤。"1953—1955年的三年，国家调给航空工业老干部300名。同时，中央领导几次提出"要把航空工业职工的工资提高一些"，甚至提出"航空工业工人工资可比其他部门高25%"等，可见，当时国家对发展航空工业是高度和充分重视的。

航空工业开始大规模建设不久，有些争论就出来了。根据查找的资料分析，这个争论一方面是受国际上的影响,即当时苏联的导弹技术迅速发展,而美国卫星发射屡次失败,苏联已掌握了推力空前大的火箭技术的新型燃料,卫星也比美国先进得多,重量大得多,于是赫鲁晓夫提出了一个有影响的说法:导弹技术将决定美苏竞争成败。这对西方产生了震慑,另一方面,国内主要是受钱学森同志的观点影响。

钱学森同志作为我国最著名的火箭专家,回国后向中央提出了一系列发展国防事业的建议,得到了中央的尊重和采纳。特别是 20 世纪 50 年代中期后,担任了国防部导弹研究局第一副局长兼导弹研究院院长,不断对我国国防工业发展提出新的意见与建议。钱学森发表的意见中,关于航空航天方面的较多,也得到了中央的认可。开始时钱学森的基本观点是,飞机要比导弹复杂得多,根据我国的经济情况和防空的需要,应当走先发展导弹,再发展飞机的路子,也就是所谓"先导弹后飞机",这是我们大家所熟知的。他的这种观点并没有否定飞机发展的重要性,只是有个根据国情明确发展顺序问题,其观点是可以理解的。但是不太为人所知的是,随着时间的推移和钱学森认识的变化,他的这种观点出现了大的改变。到了 20 世纪 50 年代中后期,钱学森同志提出了一个"空间时代的军事航空问题",也就是飞机与导弹在"空间时代"的关系问题。为此,他做了许多研究工作,进行了具体分析。

钱学森认为,"苏联人造卫星发射成功标志着空间时代的开始。"而空间时代,"我们面临着一个要不要走在发展飞机的基础上发展导弹的老路子的问题。"

他对发展飞机与发展导弹所做的具体分析是:

一是飞行距离(应为速度,原文如此)上,导弹可以达到马赫数 20,飞机只能到马赫数 3~5,与导弹远无法比。

二是作战效能上,飞机载弹量大,但有了氢弹以后,重量不大的弹能产生很大的威力,此方面不能再成为飞机的优点。

三是二战期间,飞机平均使用次数(不被击落)约 10 次,而随着防空技术进步,现在飞机平均使用寿命至多不过 4~5 次,飞机不见得合算。

四是机动性上,飞机要有机场,导弹则不需要。

对比结果是:"无论从哪一方面来看,导弹都比轰炸机优越。""飞机的强击任务可用中程导弹来代替,侦察任务可用飞航式导弹通过电视摄影取代,而在运输方面,苏联科学家说也有可能用跳跃式飞行的火箭飞机。"

最后结论是:"在军用上,飞机的效能已接近了它的末期。""飞机最后必然让位于速度更快的新事物——导弹。""我认为不能再走别的国家的老路,由飞机到导弹，而应该直接研究导弹！"

钱学森同志的观点，当时是有相当大的影响的，而且很快由一种专家观点上升为决策主张。根据查找到的史料来看，当时中央主管国防事业的领导和有关机构是接受和认可他的观点的。就在他这个观点提出后的次年，时任军委副主席和国防委员会副主席的聂荣臻同志在《关于几年内我国科学对国防需要的研究项目的初步意见》中首次提出："现在使用的喷气式飞机似已是最后一代，喷气轰炸机当其达到超声速时，亦是最后一代，因此，在我国科学技术人才极缺，水平亦低的情况下，不宜以大力对飞机的改进进行研究工作，而应采取依照苏联图样进行生产的办法解决军队今后的装备需要。""今后空中斗争的研究方向应首先集中仅有的技术力量于火箭、导弹方面的研究和制造。"

受这个思想影响，当时的军委总参谋部装备计划部部长完全赞成这一主张，认为"飞机可以停止发展"。而主管航空工业的当时重工业部领导也曾就国防科研问题，向中央报送过含有此类观点的正式文件，万毅部长曾坚决表示要导弹不要飞机。他指示航空科技情报所写材料说明飞机已到了消亡的时代。

这个观点对当时航空工业的发展产生了不小的影响。后来的航空工业部副部长徐昌裕同志回忆讲："当时的领导认为，将来导弹可以代替飞机，现在中国不应花大量钱财和人力去研究和发展飞机，不论是歼击机还是轰炸机，都没有用了，直接搞导弹就可以了。所以只重视发展导弹，不重视飞机，把航空科研排除在尖端之外，实际上很长一段时间摆在可有可无的位置，对航空工业的发展产生了很大的消极影响。""可有可无"，应当说这个影响是不小的。

此后有一二十年时间，中央军委针对国防事业提出了一系列相关的指导方针，如"发展导弹是整个军事工业的重点""两弹为主，导弹第一"，等等，并由此开始出现尖端武器与常规武器的划分。

对钱学森同志的观点，当时是有些争论的，特别是重工业部四局（航空工业局）的一些同志提出过不同观点，也在有关确定科研计划等许多会议上争论过。事情到了1958年4月，刘少奇同志参观国防工业展览会的航空馆时，听取一机部刘鼎副部长和四局段子俊副局长汇报讲道："焦点在于飞机的研究和设计刚刚开始，是否应该停止，把技术力量全部并入导弹的设计研究部门，还是应该继续下去？"刘少奇同志说："你谈的是技术方向问题，不要怕争论，应该争论，要百家争鸣，也许你们（航空工业局）反对的意见是对的。""这个问题争论归争论，我看飞机的设计研究还是可以进行，因为飞机还是需要的，民航方面用途亦很多。"

但事实上，这些同志的观点显然并没有完全被采纳。

飞机导弹之争不断扩大，后来又衍生出了尖端与常规之争。

到20世纪50年代末，林彪主持中央军委工作后，开始出现"尖端"与"常规"的划分，抑制航空科技发展的主张客观上逐步成为工作的一个指针。把导弹列为"尖端"产品，把飞机列为"常规"产品，从而把航空技术人为排除在高科技领域之外。接着，又提出了"科研以尖端为主，生产以常规为主"的方针，到1960年中央军委广州会议又提出了新的国防建设十条原则，其中"两弹为主，导弹第一"被列为首条，而对常规武器则提出"改进"的原则。这样，航空科技的重要地位被否定。1961年，国防尖端5人小组讨论国防科委系统建设计划调整时，就确定不属尖端范围的国防部六院（航空研究院）"主要靠现有条件建设，没有条件的一律停建"。

在当年7月贺龙、聂荣臻、罗瑞卿参加的国防工委工作会议，提出"今明两年计划进行调整安排，尖端武器先搞两种：自行设计的'东风'2号地地导弹和仿制3069地空导弹"。而在常规武器方面，提出首先是切实搞好零备件生产，米格-19C的试制工作暂停半年，集中力量搞零备件生产和米格-19Ⅱ型飞机返修，试制米格-21以及自行设计强5飞机，观察半年之后再定。

查找资料感到，这个争论比我们后来人想象的要大，以至于当时几乎每一次国防工业大型会议上都要谈到这个问题，特别是周恩来总理也几次出面来讲。1962年他在东北地区军工干部会上讲："先把主席在各地视察工作中，曾引用孟子的一段话讲讲：'动心忍性，增益其所不能——'就是要总结经验嘛！这几年搞尖端，务虚多了一些，常规减弱了，影响了了库存！""常规是尖端的基础，逐步升到尖端，也是循序而进，首先要把常规搞得像样子嘛！""尖端主要是指原子弹、核子、导弹、超声速飞机等，其他都是常规，是现代技术水平上的常规。""所谓科研以尖端为主，是指那些专门的科研部门，生产部门的科研机构，当然要以常规为主。""这个经验还在总结，不是一两句话能讲清楚的。"

不久，时任军委副主席的叶剑英同志提出："突破尖端，加强常规。"

到此时这个问题有所缓和，但争论并没有完结。到20世纪70年代，小平同志主持军委工作后，还专门就尖端与常规武器的关系讲过两者之间的平衡协调关系。1977年小平同志在军委座谈会上讲："军委要有个小组（研究一下）。包括战略的，常规的，划分并不准确，区分得那么清楚？""空军是战略武器还是常规武器？又是战略，又是常规！"自此以后，基本没有再出现尖端与常规武器的提法。

这个争论对当时的航空工业影响是相当大的。

一是航空工业的领导与技术人员思想产生了很大波动。1958年一机部四局分党组向部党组的报告称:"自从中央提出鼓足干劲、力争上游和技术革命的号召后,我局领导同志和广大技术人员欢欣鼓舞。但目前存在着一种主张,松弛了我们的干劲,阻碍了我们的进程。这种主张是:为了优先发展导弹,5年内停止航空工业的产品设计与科学研究工作。""我们不能不尖锐地提出这个问题!"

二是对航空科研实际上已产生障碍。航空工业1951年创建后,主要是以修理和仿制为主,真正开始筹划航空科研是50年代中期,恰是此时出现了争论,对航空科研的影响甚为关键。1956年军委成立以聂荣臻为主任,黄克诚、赵尔陆为副主任的"航空工业委员会"来取代原有的"航空工业管理委员会"。这个航空工业委员会还专设了一个"导弹工业局"。委员会第一次会议,定义"所谓航空工业,主要是飞机、火箭和导弹的生产"。但实际上后来只管火箭和导弹,成为了"导弹工业委员会"了。而我们大家所熟知的1956年中央提出的把"发展和掌握喷气技术"列为国家12年科技发展五大措施之一,在执行中已变为主要抓火箭喷气技术了,这与我们后来人认为的是体现中央对航空技术的重视已不是一回事了。段子俊同志1962年向中央领导同志汇报曾讲道:"关于飞机和导弹的问题,现在有争论,已使飞机的研究设计工作裹足不前!"就是证明。

到了20世纪90年代,有的军委领导同志还提出:"当前的国际竞争主要是空间技术的竞争!"

从历史上看,提出尖端与常规武器的分类,有其客观的历史环境,但引发了很多不同的理解与无谓的争论,实际效果很不理想。

到了1988年,李鹏代总理听取林宗棠部长汇报时传达了聂荣臻同志最近的谈话:"中国的技术精华大部分集中在航空航天这两个部。"同年航空航天两部合并,成立航空航天工业部,国家将"航空航天技术"列入"高技术产业"范畴。到了1995年,在《中共中央关于制订国民经济和社会发展九五计划和2010年远景目标的建议》中,又将航空列为高新技术。此后,国家对航空工业更加重视,不断将航空工业一些重大项目列为国家重点工程或国家重大专项。

实践是最无情的检验。半个多世纪后的现实,证明了当初持续不短时间的飞机与导弹之争不仅没有意义,而且对国防事业发展带来不良影响的事件,也与钱学森同志的分析与预言大相径庭。

我国航空工业的发展,取得了巨大成就,这是我们党高度重视、正确领导和航空工业几代人不懈努力的结果。从历史上看,在探索发展中间出现波折也是必然的。

首先,对钱学森同志的观点,某种程度上也是可以理解的。当时我国的军工形势有几个特点：一是我们面对帝国主义的包围，急需拿出能顶用、有威慑的武器。二是国民经济落后，国家财政非常吃紧，投入少见效快是对的。我们的科技更落后，从技术上讲，先易后难也是不错的。三是飞机的复杂程度要超过导弹，配套难度更大，因而见效周期要比导弹长，特别是对飞机的投资要明显高于导弹，先导弹后飞机，是对的，但不能只导弹无飞机。四是在国家资源有限的情况下，钱学森同志作为火箭专家和导弹研究院的领导，积极为导弹争取资源加快发展，也可理解。

同时，我们从中也要获取一些必要的教益。

一是如何对待一些专家特别是著名专家与技术权威的意见，钱学森同志为我国国防事业特别是"两弹一星"发展做出了巨大贡献，他担任的学术和领导职务无数，提出了很多有影响的观点，但这仍不能代表他在其他领域同样具有高度的权威性和正确性。

二是要努力加快建设航空工业权威性专家队伍。徐昌裕同志谈到我国航空科研时曾讲："中国的造船有历史上李鸿章的江南造船厂作为班底，航天工业有钱学森等一班人。航空工业就没有把徐舜寿、黄志千等一批专家集中起来，这是一个很大的失策。"历史上国家对航空工业做出很多重大决策，其中一些决策就没有或认真听取航空工业专家的意见，以致后来酿成不理想的结果，这就需要我们进一步加强航空工业权威性专家队伍的建设，在关键时刻能从专家角度反映出航空工业的本质性意见。

三是要防止类似事件的重演。1995年，全国政协委员、航空情报所研究员王道荫同志曾接受《中国航空报》采访，当时提出一个严肃问题："警惕要导弹不要飞机旧调重弹。"他讲道："现在有一种看法，认为飞机、坦克、航母这些工业时代有代表性的作战武器，可能会失去重要作用，取而代之的信息时代的高毁伤力、远射程的精确制导武器。""新形势下有人重弹要导弹不要飞机的旧调，会直接威胁航空工业的地位。"

进入21世纪后，现代军事战争理论出现了一些明显变化，信息化条件下的战争，特别是美国提出的空天一体化战争理论，是我们必须应对和研究的新课题，这其中，也可能出现新的变化了的飞机与导弹或其他类似的争论，我们要认真做相应的研究工作。所幸，中国航空工业集团公司董事长林左鸣提出要求并已在中航工业经济技术研究院展开了新战法的研究，从历史角度看，这是很有必要的。

（本文刊登于2014年1月14日《中国航空报》）

第三编
修史体会（一）

要对自己的历史有发言权

文　安

　　文章的这个标题是毛泽东说的话。

　　也许因为中国是一个文明古国，而这个文明古国又不同于印度等国，始终有一个几千年传承下来的、以文字记述为依据的儒家文化作主线，所以中国人做事追求名正言顺，讲究"本源"，这个"本源"其实主要指的就是历史。

　　在组织和参与中国航空工业第二次大规模修史中，自己有了一些较为深刻的体会，愿意把它写下来，看看是不是对别人和后人略有些用处。

一、撰修中国航空工业史，是当代航空人对历史的一个贡献

　　为了组织修史，中航工业航史办做了不少资料收集工作，我也立刻阅读了一些能找到的兄弟行业史，给我的感觉是，中国的工业部门史不仅是零散的，还是较原始与初级的，主要还是用传统的党史写法，较多地描述了上层的一些事件与变动，政治上的变化与叙述较多一些，而对行业内最重要的生产力变化往往是粗略与线条式的。另外，现有的行业史在很多地方是可疑的，如有的工业部门史，原来是从属于其他行业的，但竟然能置历史于不顾，对长达10年的历史做到只字不提，可见其对当代人与后人的误导会到什么程度。

　　中国的近现代史学，不缺上层的历史，如中共党史、国史等，都是几十年投了大力量来不间断研究的，而由于种种原因，特别是历史环境的屡次重大变化，工业部门史往往是非常薄弱的环节。从另一方面来说，上层史是建立在下层史基础上的，没有中国工业部门行业史的支撑，党史、国史的质量是要受影响的，甚至可能是悬空的，特别是在当代史学界，尽管是上层史也更多要求从基层、人物和微观讲起，这个问题可能就更突出了。

　　毛泽东在《改造我们的学习》中指出，对中共历史，中国的百年史，"党内真正懂得的很少"，甚至"在许多党员心目中还是漆黑一团"！由此推及到行业史，真正能够有个基本了解的人可能更少，所以出现了一种大家讲起党史、国史滔滔不绝，讲起行业史则不甚了了的反常情况。我在给中航大学讲课后，有许多人谈到，

没想到中国航空工业史还有这么多是过去所不了解的！

我的讲课有时有感而发，说："我们现在所犯的错误，历史上基本都曾犯过，现在我们所犯的创新性错误还极少。"不了解自己的历史，我们就不知道历史上所取得的成就的原因是什么，一般地说些套话还不如不讲。同时，遇到的挫折与失误到底是什么主因造成的也不清楚，后面必然还要再犯，这就像毛泽东说的，对自己的历史没有发言权。你没有发言权，那只有别人替你说，说的对错你都得忍着，不接受也得接受。

通过修史，我们开始触及到航空工业历史上一些重大问题的原因。比如，如何正确看待苏联对中国航空工业的援助？我们不应出于一时的政治目的低估这种援助的巨大作用。同时还可分析出，当年周恩来提出航空工业两个过渡，第一个由修理制造的过渡用了几年就完成了，而从制造向自行设计的过渡，用了几十年，引起了很多争论，这反证了我们也不应对苏联援助做出过高估计，我们当时拿到的只是制造技术，而更为关键的设计技术是拿不到的，因而这种援助的副作用还是有的。还如，航空科研体制几十年屡经变动，始终未有成型的体制，其中确有我们对航空科研这种既不同于一般工业部门，也不同于航天这种以科研为主行业的规律认识不够的问题。再比如，对航空工业体制问题，几十年不断调整，经常是下一届政府变动上一届政府的做法，对航空工业发展总体上产生了不利影响，对这个重大问题，近些年来才开始能够讨论，要基本取得共识需要做大量深入研究。还有就是中国民机发展问题，四大争论绵延不绝，就是国产大型军用运输机首飞后，还有人借当年运10之事来贬低这个成就，可见，历史上有些问题搞不清楚，摸不到底，对今后的发展是不利的。

"事非经过不知难。"2014年年初，按照领导的要求，我和康凯与顾惠忠副总经理的同学——中粮集团副总经理王金昌一同到了潘家园，准备买下原航空工业部崔光炜副部长的近百本工作笔记，没想到对方竟开价80万元，后来再去问已经不卖了，此事只好作罢。为此，中航工业集团还做出决定，建立航空工业文物收集基金，下决心拿出点钱来，收集一批在航空工业发展中有意义的文物。对于历史的价值与重要性，不管我们认识不认识，社会上是自有其规律的，不要说超前，就是我们如果跟不上这种潮流，肯定是要吃亏的。

二、如何处理好撰写当代史的几个问题

按照史学界传统观点，"一百年以内的历史是不能碰的"，反映了撰修当代史的困难与困境。

在实际组织企事业单位修史过程中，当代人修当代史，甚至当朝人修当朝史所遇到的特殊情况是反映最多的问题之一，也是比较难以处理好的问题，主要是两个方面：领导对历史事件、重要人物的看法，决定了史稿的基本走向，因为史稿的大纲需要领导审查，史稿最后需要领导通过；对历史事件的评价与议论难以下笔，因为可能牵涉到在世领导甚至在职领导的不同看法和对其的间接评价等。

中国人修史是很谦虚的，一些史学大家的著作，也常是"史纲""史稿"和"初探"之类的标题，说明对史论是极慎重的，是需要相当功力的。上述讲的问题很客观，也很现实。对这些问题，我们只能依据实际情况来做些处理，而不能因为有问题而使修史工作无法进行。

（一）当代人修当代史，评史、论史确有先天不足之处。对历史的评价，是需要时间积淀的。当代人可能对当代事件、人物做出评价，但不得不承认，往往当代人的评价，很多是经不起历史检验的，起码这个评价是没有历史纵深的。而随着时间的推移，史料的不断发掘，特别是历史事件长期后果的暴露，后人的评价相对客观。

（二）当代人修当代史，最重要的价值是存史功能。对这种说法，可能有的人不会同意，但事实就是如此。在修史之初，一些航空工业老领导提出，应抓紧进行近年来航空工业史料的征集与整理，因为这批人大都还健在，这是一个非常好的时机。事实证明，人亡政息，如果当事人不在了，很多宝贵的史实也就带走了。同时，随着时间的流失，大量的史料也会散失，这个损失是很可惜的。

存史，一个是对历史资料更好地保留下来，这里包括对史料的抢救、发掘、整理、编辑四个阶段，实质上也是修史工作一个重要组成部分。再一个是把史料整理成文，按史的要求形成史稿，这样就为后人存留下宝贵的历史，特别是经整理规范成文的史料。同时也为后人研史创造了最重要的条件。

当然，如果条件允许，我们还是要努力写成一部完整规范的历史，评史的要素当然要有。

（三）当代人修当代史，客观上必然要有评史的成分。我们应当这么理解，无论用什么样的写法来修史，只要有人对史料进行了整理、编辑，事实上必然有评史的成分在里边，尽管有些看起来貌似客观，但真正的公正是没有的。举个极端的例子，就是谈到"文化大革命"时期，讲到研制歼8飞机与研制歼6Ⅲ的效果是不一样的，而即使讲歼8研制，讲到歼8诞生的意义与讲用了十几年才搞出来，效果也是截然不同的。而即使两者都讲，其着墨程度也能看出作者的倾向。

就是单纯地记述历史，对史料的选取利用，着墨的重点，实际上都有一种隐晦的评价在里边。我们即使对一个历史阶段、历史事件没有评价，但必然要有归纳、总结和分析，这些其实也是评价的一部分，因此我们不能死守住修史的一些原则而不变通。

三、关于处理当代史中的材料问题

在修史中遇到的另一个较大问题，就是史料的利用问题，这是在几次讨论中基层单位反复提及的一个重要方面。

一方面所需的史料明显不足，撑不起一部史来，作者很为难。这个没有别的办法，只能尽量去发掘，尽可能地把能利用的材料都用上。如集团航史办就通过不同渠道，收集了一些航空工业老领导，包括从网上买来的当年徐昌裕副部长的一些书信等，对了解这段历史，特别是一些有争论问题是有帮助的。其实，发掘史料是很有学问的，近年来不少学者都是从底层的档案资料，从民间收集来的资料中做出大学问的。人物研究的著名学者李辉，就是从潘家园选到的杜高专案材料中写出了有影响的《一叶知秋》的。

更多的我看是史料过多的问题。写当代史，当代史料存世多，有的方面甚至看不过来，这就需要技巧了，也看出作者的功力了。面对这种营养丰富的情况，最重要的是修史者事先在心中一定要有一个比较完整的大纲，对整个史的谋篇布局心中有数，对总的文字容量心中有底，这样才能有针对性地选取、整理和利用其中的部分材料。

中国人的修史，历来是以上层为主，所谓帝王将相、才子佳人是也。这是一种传统，自有它的道理在里边。而现在史学界的潮流，越来越是往下走，就是大题材，也要有小内容，也强调基层、人物和微观。这一方面是越往上层资料越难利用，有保密问题，有讲政治问题，有为尊者讳的问题等，总之容易出事遇麻烦。更重要的是另一方面，不往下走，历史容易"出现悬空"，同时大事件也不容易出情、出景，修近20年的航空工业史更是这样。因为这20年是航空工业经历过最困难，也是出大成果最多的时期。所以有"没有作过微观研究的人写的史是不能看的"说法。胡绳同志曾批评过一些写党史的同志，因为主要写的是政治、精英、高层，没往下走，认为他们写的是"会议史"，就是"上层活动"。

最后还有一点，就是史实的选取利用要严肃。中国早就有"以文乱史"的作法与说法。现在出版界相对宽松多了，几个人商量一下就可以出一本书，多是歌功颂德，质量参差不齐。我们选取史料，特别要注意具有报告文学形式、带有戏说性质的一些资料，要多验证、旁证，否则宁可不用。

四、关于历史视角问题

我特别想说一下这个问题，因为这牵涉到史评问题。

现在很多历史著作，就是讲大事件，也是不只简单地从上层角度来分析，而更多的从社会、从大众角度来分析，也就是历史视角有所变化。

我是经历过人民公社大食堂的，当时极兴奋，一个大院三座楼的人一起在地下室吃饭，其壮观前所未有，但吃着吃着就吃不下去了，因为粮食越吃越少，肚子越来越瘪。但从上层看，"一大二公"多么接近共产主义呀！历史证明，还是老百姓的视角是对的。

评价历史，最忌讳的是先入为主，有了一个观点，再找些事实去套，"套好套坏看技巧"，与真正的历史研究方法反着来。最怕的是不冷静，用干热线上事的办法去搞历史。我曾写过一篇文章：《关于国防工业历史上的飞机与导弹之争》，主要说的是钱学森同志曾提出导弹可以取代飞机，中国可以不走发达国家走过的老路，先飞机再导弹，而直接研究导弹就可以了，这个观点被中央一度所接受，并且对航空工业发展产生了不小的影响，后来讲了一下应如何对专家甚至权威意见的想法。同志们告诉我，网上评论达4000多条。这篇文章基本统一了网民的认识，就是飞机技术比导弹要复杂得多，认可"穷国玩导弹、富国玩飞机"的道理，但同时很多人骂我：说钱学森不对就是美国走狗。质问中央决定先发展导弹后发展飞机有什么不对？问题是文中讲的是先发展导弹后发展飞机是对的，而光有导弹没有飞机是错的。只有几个人与我真正探讨，看来钱学森不是所有的观点一律正确，但他的这个观点是否对航空工业产生了大的影响？

这件事使我认识到，对历史问题的探讨，视角是非常重要的。一是要冷静，要明确历史观点的焦点在哪里。二是决不能用非黑即白的一分法看历史，只要毛泽东、钱学森同志是领袖、是专家，就不会有不对的，就是伤害自己的感情。

以史鉴今　资政育人

——关于航空工业史宣传教育的报告

李雨农

遵照"秉笔直书、折理居正、以史鉴今、资政育人"的航空工业史的修史理念,在全行业开展大规模编修航空工业史和各企事业单位史及大事记的同时,中航工业集团公司航史办和企事业单位开展多种形式的航空工业史宣传教育活动,不仅有效地推动了全行业的修史工作,而且还有助于广大干部职工认识航空、知晓航空,真正达到了"以史鉴今、资政育人"的目的。

从2010年3月18日中航工业正式启动航空工业史续修工作至今,已走过了四个年头。这四年里,成员单位响应集团公司党组关于开展"以史鉴今、资政育人"的号召,在努力完成企事业史和大事记的基础上,开展了形式多样的航空工业史宣传教育活动。纵观一些宣传教育活动开展得较好的单位,他们的做法呈现航空工业特色。

航史教育与传统的企事业文化建设相结合,是中航工业史宣传教育的第一个特点。中航工业成员单位向来就有建设企业文化的传统,这一传统不仅传达了集团公司"航空报国、强军富民"的宗旨理念,还有本单位企业文化的特色。在结合航空工业史教育过程中,有一些单位把航空工业史和本单位史中特别有意义的部分史料,放到航史最突出的地方,做成文化墙来彰显航空特色。中航工业西飞在西飞大道上建设了一个文萃园,文萃园的主创人员在策划艺术长廊时,很多创作灵感来源于厂史。艺术长廊展示了西飞成长之路、奠基阎良、东方惊雷、首期工程竣工、雄鹰展翅、民机问世、大鹏高飞、多种经营、走出国门、民航新星、飞豹冲天、企业晋级、三项制度改革、盛世受阅、飞向世界、文化宣言、整体上市、新西飞、新起点等50年的发展历程,每一个里程碑事件和照片,全部出自《厂史》档案和照片档案。在中航工业沈阳所,也有一堵文化墙。这堵文化墙建在靠近科技人员最集中的设计大楼必经之路上。墙上一架架曾经由几代飞机设计师设计并飞上蓝天的战斗机历历在目,不仅反映了沈阳所航空人的研究成果,也成了激励一代又一代飞机设计师的图腾。

利用现代化宣传手段普及航空工业史,是近几年来航空工业史宣传教育的又一特点。中航工业动控所航史办 2010 年 5 月在研究所网门户页面内建立了航史主题,员工们可以在工作之余随时进入平台查询相关史料。员工们在网页上能够了解动控所以往的历史,了解老一辈航空人创建初期的艰难和成就,有效地提高员工们的工作积极性。中航工业成发建立了航空兰台档案资源综合管理系统,在公司专项编研模块里上传了成发 50 年、成发纪事和成发人物志等史料,供广大职工点读,使厂史在员工中得到进一步扩散和宣传。中航工业沈飞和哈飞利用厂庆的机会,重新布置了展馆,把新近在修史过程中挖掘出来的史料,以声、光、电的形式形象地展示企业几十年的发展历程。这些现代化的宣传教育形式,不仅员工们喜闻乐见、易于接受,而且沈飞博览园还吸引了众多社会人士的参观,宣传了中国航空工业成就。中航工业黎阳利用原山洞车间建设三线文化园,并在职工中开展选拔三线文化解说员大赛,现在三线文化园已成为职工爱国主义教育基地。中航工业涡轮院是沿着当年红军进川路线进入江油工地的,现在他们在这里建立了红军战斗遗址碑和"5·12"地震纪念碑,形成了独特的三线文化园,成为职工学习"航空报国"宗旨理念的园地。

充分运用新闻媒体对航空工业史开展宣传教育,也是航空工业史教育的普遍做法。航空工业的新闻媒体形式多样,不仅有网络,还有电视、广播、报纸、杂志等,充分利用这些媒体,也成为修史工作者的重要任务之一。中航工业沈飞将《沈飞史》加工成小故事,组织成《功炳无疆》宣传品牌,在沈飞电视台、广播电台播出,同时将《沈飞大事记》加工成"历史上的本周",在《沈飞报》连载了 3 个月。中航工业哈飞编写了《厂史宣传教育提纲》下发,基层单位组织了抢答赛、宣讲会等多种形式向职工开展厂史教育,有的单位还做了电子屏幕滚动播出厂史内容。中航工业新航开展了"新航 60 年"图片展,从在职工中收集来的 500 多幅老照片中精选了 18 幅历史照片,全景式地展示了新航不同时期的厂容厂貌、重大事件、型号研制、员工生活等,受到职工欢迎。

充分应用身边英雄模范的示范动作,是近年来在修史过程中兴起的一种航空工业史宣传教育的形式。在中航工业南方树立着吴运铎的塑像、中航工业一飞院树立着徐舜寿的塑像,还有陆孝彭、吴大观、于辉、董秉印、罗阳等许多为航空工业做出过杰出贡献人物的塑像都屹立在他们曾经工作过的地方,成为广大职工瞻仰、学习的榜样。中航工业动力所还恢复了吴大观在该所工作时办公室的原样,林左鸣同志亲临现场揭牌,使之成为动力所和航空人永久的学习教育基地,让吴大观精神在

修史撷英

研究所生根、开花、结果。

从 2014 年 6 月开始，中航工业航史办在中航传媒配合下开展了"中航工业史走进成员单位暨赠书仪式"试点活动，目前已经在新航集团、沈阳航空航天大学和上电所进行了试讲活动，受到了广大干部职工的热烈欢迎。为此，林左鸣董事长、谭瑞松总经理和高建设副总经理都对这一活动做出批示，肯定了这种做法，并要求在各单位推广。林左鸣在批示中指出："此事很好，也很具创意。修史学史很重要，对于振兴我国航空工业具有十分重要的意义。航史办开创了航空工业史宣讲活动，无疑是一件开创性的事，特别对一些年轻一代航空人，做好这样的教育，也是结合实际进行爱国主义和革命传统教育的好形式。建议创造条件，予以全力支持。"林左鸣在同一个文件上还批示："中华民族素有修史、学史传统，论语、大学、中庸、孟子等经典，其实也是史料的摘编，这些经典影响了中国几千年。过去以史治国，现在我们也要通过研究航空史，以史治企。"集团领导的支持，无疑将对即将开展的第二阶段修史工作和各成员单位结合本单位史宣讲航空工业史注入活力，开创"以史治企"新局面。

写 史 回 眸

归永嘉

2010年3月，新中国航空工业史的再续编修工作正式启动，这是继1982年第一次修史之后的第二次修史活动，是要在20世纪80年代航空工业部组织撰修新中国航空工业史的基础上，全面续修中国航空工业史。

这次修史工作的主要任务是在上次撰修1949—1988年新中国航空工业史的基础上，续修其后20多年的行业史，包括航空航天工业部（1988—1993年航空工业部分），中国航空工业总公司（1993—1999年），中国航空工业集团公司（1999—2008年）的行业史。

我在退休之年有幸参加这项工作，既感到领导信任，又深感责任重大。经过近3年的努力，1988—2008年这一时期航空工业史的初稿渐将形成，这是大家共同努力的结果。

重任在肩，奋力一搏为修史

这次修史我主要参与航空航天工业部（航空工业部分）史和中国航空工业集团公司史的撰写。虽然我1978年就调到航空工业部机关工作，亲身经历了几个时期的重大事件，对这一段历史有所了解，但由于业务面宽，资料繁杂，涉及范围广，再加上水平有限，要从浩瀚的史料中攫取有价值的东西，确实难度很大。

航空工业历来重视修史工作，这次修史工作与上次修史相同之处是，领导和各级组织都很重视。但也有不同之处：

一是上次修史是先有航空工业基层史，航空工业专业史，大事记，后有航空工业史。第一部《中国航空工业史》是在航空工业厂、所、院校等企事业单位基层史，航空工业各专项专业（专题）史和《航空工业大事记》的基础上，编纂而成的。当时编辑出版了各专业史，包括：飞机、导弹、发动机、机载设备、科研、教育、基本建设、生产调度、技安、机动、质量、计划、物资供应、外事、财会、档案等专业史。而这次修史是编写航空航天工业部（航空工业部分）史、中国航空工业总公司史和中国航空工业集团公司史，与此同时对民机史、试飞史等产业史、专题史进行编撰，并启动人物传、老照片等编辑工作。比较之下，修史的基础工作没有第一次扎实。这也是无奈的做法，不然等各项专业史完成后再启动总史编写，势必把时间拖得很长。

二是这次修史人员的个人资料相对比较贫乏。修史需要大量的资料和素材，而这次修史人员大多从机关抽调，还聘请了一部分离退休的老同志，本来各人都积累和保存了许多珍贵的资料，但由于严格的保密制度，这些资料大多毁于一炬，等真正需要用时方觉十分可惜，却悔之已晚。这无疑给这次修史带来很多困难。

当然这次修史最大的好处是，所写的史料离当代的时间较近，很多事情记忆犹新，特别是许多当事人还健在，这无疑为修史提供了许多方便之处。

突出重点，重笔浓墨写大事

我在撰写航空航天工业部时期军用飞机、发动机、机载设备和民用飞机的发展史时，碰到的首要问题是写什么？航空航天工业部时期大小产品上百种，写什么不写什么，这要有一个说法。我们知道，航空产品研究和发展的周期比较长。一个性能先进的新产品，从开始研制到投入生产、使用，一般需要五六年、七八年，甚至十多年的时间。如果算上所需关键技术的预先研究，还要增加几年以至十几年时间。这些工作，不是一届政府而往往要经历几届政府的任期才能完成。因此，在一届政府的任期内，航空产品的研究和发展大致有四种情形：一是有头有尾，从立项到研制成功走完了全过程，如空中加油工程，全都发生在航空航天工业部时期；二是有头无尾，在航空航天工业部时期立项并开始研制，但在后几届政府的任期内完成，如10号工程；三是无头有尾，事情发生在上一届政府，却在航空航天工业部时期结束，如8号工程；四是无头无尾，有一些大型号，如歼8、强5等，在航空航天工业部时期属于批生产，研制和改型大多在以前和以后进行。

根据分析，我认为前三种情形的产品发展史应重点写，所以，我在撰写航空航天工业部时期军用飞机时重点选择了10号工程、空中加油工程、82工程、歼7E和歼轰7飞机等5个型号；发动机选了10A发动机、中推核心机和涡喷14发动机等3个型号；机载设备选了8号工程和"神鹰"雷达；民用飞机选了干线飞机、运7和运12飞机。其他型号也不要漏掉，可以放在每一章的引言里概括地写一下。

把握方寸，实事求是忌片面

实事求是是史料编写工作必须遵循的基本原则，必须坚持实事求是的科学态度，客观、完整、准确、概括地记述历史，必须写清历史背景、起因和来龙去脉。

尤其是当代人写当代史，一定要科学、公正，力求准确，切忌片面。

前面说过，一个型号往往是几代航空人心血凝成的，在某一时期尽管做了大量工作，但评价要恰当：有头有尾的，成绩要充分肯定。如空中加油工程，从1988年确定研制，到1992年完成全部研制任务，这一过程可以下结论，要全面写。有头无尾的，要留有余地。我在10号工程这一节里，最后写了这样一段话："新歼击机技术新、关键技术多，是我国航空发展史上规模最大、技术难度最高、协作面最广的复杂系统工程。航空航天工业部时期虽然做的只是前期工作，但为新歼击机的成功研制奠定了扎实的基础。"

在干线飞机这一节里，阐述了航空航天工业部时期，从干线支线之争，到干线飞机选型，再到与麦道公司合作生产和改装四轮起落架的过程，但波音公司并购麦道公司导致合作破产，这一结果发生在后一届政府，所以就没有把发生在后面的史实移到前面来写，这也是尊重历史。还有一些事情，有争议或一时说不清的，只讲事实，把历史事实讲清楚，不作结论。

以事带人，功过是非有评说

历史是人类创造的，航空工业每一时期都涌现出大批的先进人物，正是他们的努力，推动了航空工业的发展。航空史的撰写，当然侧重于论述历史发展的规律，但对历史事件中的人物也要恰当地给予评价。

因此，在撰写航空产品发展史时，要充分肯定型号总设计师、试飞员、领导干部以及广大干部职工和科技人员的作用，能点名的要点名。比如，在10号工程前期工作中，国防科工委副主任谢光和中航工业成都所成志明、张叔群以及中航工业成飞杨宝树、部机关型号主管晏翔等起了重要作用。在空中加油工程的研制中，王昂副部长的努力功不可没。

歼轰7研制有许多动人的故事。在歼轰7研制这一节里，既肯定了陈一坚总设计师和郑作棣、吴克明、任长松、钟定逴副总设计师的作用，也写到了试飞员黄炳新、邢彦才。还描述了黄炳新驾驶歼轰7飞机在5000米高空进行科研试飞，突然飞机失去方向操纵，他凭着丰富的试飞经验，操纵飞机飞回机场。着陆后，只见飞机飞掉了方向舵。驾驶飞掉方向舵的飞机而安全返航，这在世界航空史上也是奇迹。同时，强调了高镇宁的作用，1978年高镇宁调任603所所长兼总设计师，他经过深入调查研究、反复论证，对歼轰7飞机设计方案作全面调整改进，使飞机设计方案进一步优化、完善，为歼轰7飞机的成功研制打下了坚实的基础。

运7单发试飞是航空工业民用飞机走向市场的一件大事。何文治副部长兼任运

7试飞组长,成功地组织完成了运7飞机单发起降试飞工作,使运7飞机尽快设计定型,投入市场,这在运7发展史上是值得一书的。

讲究文风,文字表述要朴实

修史是一件严肃的事情,要把握好叙史文体的写作方法和要求。语言要力求准确、朴实、精练、流畅,有特色,不使用夸张、比喻、抒情、拟人等修辞手段,不做过分修饰。既不要用讲故事的手法来叙事,更不要穿靴戴帽,讲空话、套话。

当然,有一些能够突出主题,对修史有帮助的情节和语言,用进去不仅不会显得庸俗,还能够起到事半功倍的作用。比如,当上级部门将研制PD雷达型号的任务定点在电子部14所后,607所面临着今后的路怎么走,又该如何发展的问题。这不仅令607所领导担忧,也牵挂着部领导和部机关的心。1991年1月20日,林宗棠在机载公司第一次工作会议闭幕式上动情地说:"六〇七所在高庙子山沟里,条件艰苦,他们发扬自力更生艰苦奋斗的精神,用很少的钱和很短的时间,研制出我们部的也是我们国家的第一部全波型PD雷达,经过试飞,出乎意料地好!80公里发现了目标,非常喜人。我们一定要把这项工作搞下去,要在逆境中前进。"当JL-10A PD雷达研制成功后,他建议将它命名为"神鹰工程"。他说:"这项工程之所以命名为'神鹰工程',是因为鹰飞得高,看得远,是千里眼,而且具有下视能力,能分辨、能跟踪目标,一旦发现目标,跟踪非常准确,非常紧,直到捕获目标为止。"他特别强调,要把军贸出口型的雷达作为部的一个特殊重要的工作来抓,下决心,排万难,千方百计把"神鹰工程"搞上去。

我觉得这两段话,既体现了林宗棠部长敢作敢为的性格,也起到了鼓舞和推动作用。

推荐几本修史入门的教科书

李长江

史学是一门科学,修史也是一门学问。为了做好航史编修工作,参与修史的同志必须掌握史志编修方面的专业知识。我们很多同志都是半路出家,如何尽快转变角色,熟悉、了解、掌握航史编修的门道,我的体会是除了向身边的同志学习以外,向书本学习也很重要。结合我修史入门的经历向大家推荐几本"入门书"或"必读书"。

第一本书是《中华人民共和国航空工业史(1951—1988)》。这本史书出版已经16年了。20世纪80年代初开始,在以段子俊同志为首的一批航空工业领导的组织下,经过以徐汉生同志为首的一批写作人员的努力,历经十余年的辛勤工作,撰修成功了一批新中国航空工业史籍,为我们留下了一笔极为宝贵的历史财富。

这本史书基本上载述了中华人民共和国成立后直到80年代末航空工业38年发展的足迹。把38年的历史,分为四章进行编纂。第一章,主要载述航空工业的创建过程以及由修理过渡到制造,提前完成"一五"计划的重大成就和经验;第二章,主要载述了航空工业在"大跃进"年代遭到的挫折和经过调整、整顿后继续前进,再度赢得全行业欣欣向荣的可喜局面;第三章,主要载述了10年"文化大革命"中林彪、"四人帮"反革命集团给航空工业造成的空前浩劫和广大干部职工在周恩来等老一辈无产阶级革命家的直接关怀指引下,努力奋斗,艰难前进的史实;第四章,主要载述了粉碎"四人帮"后,航空工业通过"拨乱反正",整顿调整,改革开放,步入健康发展新时期,在军品任务剧减、国内外竞争激烈的形势下,坚持科研先行和军民结合方针,开展国际科技交流合作,促进军机、民机和非航空民品发展,开拓进出口贸易等所取得的成绩与存在的问题;结束语部分,试图从历史和全局的角度以及与外部世界的相比较中,初步地、系统地总结探讨航空工业发展进程中一些带规律性的基本经验和教训。读来令人感慨万千,受益颇深,可为我们这次编修航空工业史提供非常好的指导与借鉴。

《中华人民共和国航空工业史(1951—1988)》这本书也是非常典范的修史教科书,它是采用标准的编年体的史书文体,以年代为线索编排有关历史事件。对修史初期在修史的文体上什么是史、什么是志、史志的区别等做了很好的说明。

第二本书是《当代中国的航空工业》，也是在以段子俊同志为首的一批航空工业老领导的组织下，经过以徐汉生同志为首的一批写作人员的努力，于1988年正式出版。

这本书分五编二十三章叙述了中华人民共和国成立以后中国航空工业的创建和发展。第一编记述新中国航空工业的发展历程；第二编记述飞机的发展；第三编记述航空发动机、机载设备和导弹的发展；第四编记述航空科学技术研究的发展；第五编记述航空教育事业、基本建设、管理体制、质量管理、职工队伍的思想作风建设、经济贸易和科学技术交流，以及中国航空学会。

这本书的文体结构与《中华人民共和国航空工业史（1951—1988）》不同，是一本典型的史志结合体，也很值得借鉴。第一编记述新中国航空工业的发展历程，采用的是标准的史书编年体纵写的方式，按时间顺序分三章三个历史阶段记述新中国航空工业的发展历程。而第二编到第五编，采用的是标准的志书的方式横排竖写，分四编分门别类叙述了航空工业方方面面的发展。它按照横门分类、纵述史实的方式，每一编的章节是按照横门分类，在叙述发展时又是按照史书的文体以时间为顺序展开。

第三本书是中国航空工业史编修办公室编制的《修史略要》，林左鸣为这本书作了序，我把这本书当作修史入门的"速成教材"。这本书分为三编，还有一个附录。第一编是重要文献，主要讲为什么要修史，修史工作的重要意义；第二编是修史知识，主要讲什么是史，如何修史；第三编是修史体会，讲的是各单位如何开展修史工作的。

特别是第二编"修史知识"的内容是很实用的。我在撰写集团公司总史过程中曾经走过一些弯路，很多单位和我一样也走过一些弯路。例如"体例问题，史志不分"把握不住修史的文体；再有不重视修史规范，导致写出的书稿五花八门，体例不一、风格多样。由于一开始不重视修史的规范和标准，在编写中普遍存在单位名称、简称、代号混用，武器装备型号名称与代号混用，第一人称与第三人称混用，阿拉伯数字与汉字混用，还有时态、符号、计量单位、人员称谓、注释等不够规范统一，事后要花很多时间重新返工纠正。《修史略要》就是航空工业史编修的规范和标准，一定要认真学习。在修史过程中还会遇到各种各样的具体问题，为了统一标准，还要及时组织参加编修的人员就遇到的具体问题进行研究，使规范要求更具体、更完善、更好操作。最近，中国航空工业史编修办公室又陆续编写了《中国航空工业名称沿革（1951—2012）》和《中国航空工业史丛书行文规定（修订）》，这两本书都是对《修史略要》的补充，是很重要的工具书。

史料收集的"三落实"和"八字方针"

杨 源

在本次续修航史的过程中,在各单位共同努力下,集团航史办续修了《中国航空工业人物传》及回忆录和《中国航空工业老照片》等大量的史料"抢救"性挖掘工作。如何改变这种"抢救"性挖掘史料的状态,使史料收集纳入现实工作流程而常态化,为后人留下鲜活、真实的史料,成为后人修史的重要基础,确是当代人一个现实而紧迫的历史责任。我以为,史料收集应抓好"三落实",坚持"八字方针"。

一、抓好史料收集的"三落实"

一是组织落实。撰修史工作是一个单位的"一把手工程",既是一场攻坚战,又是一场持久战,必须强化组织领导;而史料收集的细水长流,首先要落实领导责任。各单位中共各级组织应树立大局意识、责任意识、历史厚重意识,勇于作为,敢于担当。例如,本次撰修航史,中共中航工业党组高度重视,林左鸣董事长,谭瑞松总经理,顾惠忠、高建设副总经理等都给予了全力支持;航史办按照中共中航工业党组的要求,既要撰修1988—2008年航空工业总史,又要组织100多家成员单位撰修单位史,工程浩大,任务艰巨;在实际工作中,航史办制定了《修史略要》等制度规范,对遍布各地的企事业单位划分成6个片区管理,形成了本次撰修航史的工作体系,各级的修史积极性得到了充分发挥。其次是应把史料收集作为常态化工作纳入各单位中共各级组织的日常工作流程中,作为单位文化建设的重要组成部分,定规划,立规则(制度),建机制,建队伍,成体系,构建史料收集网络。再就是应明确史料收集的日常主管职能部门和史料研究应用工作站(室),如综合办公部(或办公室)或党群工作部(或宣传部),落实史料"颗粒归仓"的收管部门,如档案馆(室)。

二是人员落实。首先是在各单位中共各级组织的工作体系框架中设立史料收集、归档工作的职能部门,定岗、定人、定责,担任史料收集工作的人员既要尽心尽责,更要一如既往地坚守。例如,中航工业沈飞从1984年起,就设有修史工作机构,有专人负责史料的收集、整理、归档、应用;还有中航工业动控所等单位把修史工作纳入工作流程，做到了修史工作不断、人员不散。其次是在各单位的工作流程各环节上设立兼职史料收集员，形成既有史料收集的职能机构，又有遍及单位各工作环节上的兼职人员而组成的史料收集细胞，形成一个网络。再就是修史工作取得阶段性成果后，应设立诸如航史研究会机构，开展航史研究，让史料润物细无声。

三是保障落实。首先是经费保障，在年度预算中列支、专款专用。其次是按史料收集流程设计史料收集规划、创新流程上各环节协调管理，为史料的记录、收集、整理、保存、应用等各个环节的条件建设提供保障。再就是实施史料收集的激励政策，鼓励更多的人把参与单位的大事、要事、难事、新事的有关史料"上交"至"颗粒归仓"的职能部门整理、保存。

二、坚持史料收集"八字方针"

一是提倡一个"早"字。一个单位每天都有可圈可点的大事、要事、新事、难事，应按"时间、地点、人物、事由、过程、结果"六要素同步记录这些事件，体现史料记录、征集、整理、鉴别、保存各环节上的即时性、真实性。

二是贵在一个"自"字。史料是一个单位历史轨迹的真实记录，做好史料收集的细水长流，则是一个单位的历史责任。而史料收集是要靠"我要书史"的内动力驱动而为，从思想上和行动上解决"我要干"还是"要我干"的史料收集问题。

三是坚持一个"恒"字。史料记录着企业的生存发展，而史料收集则是一个长期而繁杂的企业文化工程，不可能一蹴而就，也不可能一劳永逸，需要常抓不懈，做到常流水不断线，持之以恒地干下去。应把修史作为单位发展战略不可或缺的重要组成部分，在各单位中共各级组织领导下，坚持"一张蓝图干到底"，做到机构不撤，队伍不散，工作不断地做好史料的收集、整理、归档、应用、研究。

四是体现一个"帮"字。史料收集尽管有职能部门、主管岗位及收管部门，但它涉及单位的各个角落，需要各方面的密切配合才能体现史料的整体性。

五是讲究一个"勤"字。史料产生于单位发展进程中的全过程、体现在工作流程的各环节，需要勤观察、勤思考、勤动笔、勤走动，善于、勤于捕捉蕴藏于各个环节中的史料，并及时记录、收集、梳理、保存、归档。"最淡的墨水也胜过最强的记忆。"从事史料收集的人员首先要以锲而不舍的精神，不辱使命敢于担当，树立史料收集不能在我这儿误点的意识，做到工作不懈怠，避免或减少因自己不及时记录而留给后人无法弥补的历史缺憾。其次是不厌其烦地、年复一年、天天重复地真实记录所经历的各种事件，以责任和坚守不让记载在我这儿晚点。例如，原中国航空工业第一集团公司民机部部长王启明，在平时的工作中善于思考、勤于观察，注重收集中国民机发展进程中的有关资料，记录了很多重大事项，在其退休时，把多年积攒的有关中国民机发展进程中的资料刻录成光盘转交航空工业档案馆，作为航空史料留存，也为其完成《中国民用飞机重大项目纪实》著作奠定了基础。再就是执着地从单位各环节（部门）收集史料，不辞辛劳地走出去收集与本单位相关的资料，如离退休人员保存的各类资料。

六是突出一个"防"字。一要减少或防止史料收集的过期补录或"抢救性"挖掘，多一些细水长流润物细无声的具体实践或许更实际、更有利于史料收集的完整性、连续性。二要按《档案法》及时将史料归档，防止史料流落街头（当下，航史办按照中共中航工业党组的要求，筹建航史资料收集基金，以支持和鼓励分散民间富有价值的史料尽早"回家"）。三要防止泄密和损毁，避免或减少由此造成无法弥补的历史性缺憾。

七是重在一个"用"字。首先要有"让史说话"的意识，坚持用历史成就激励人，用优良传统教育人，用成功经验启迪人，用历史教训警示人。例如，航史办在王荣阳主任的带领下，相继完成新中国航空工业各个历史时期的"老照片"、"人物传"、《中国航空工业大事记（1951—2011）》、《中国近代航空工业史（1909—1949）》，再版了《中国航空工业史（1951—1988）》，《中国航空工业史（1988—2008）》将于年内完成，组成了航史宣讲团，在中航工业新航、沈阳航空航天大学、中航工业上电所、中国航空报社等单位开展了航史宣讲活动，反响强烈。其次是为史料应用提供软硬件支持，形成尊重历史、以史鉴今、把握现在、创造未来的文化氛围，起到"以史为鉴、资政育人"的价值。再就是在互联网经济时代，各单位应加快传统纸质史料收集工作的转型升级，在"收、管、藏"基础上，把脱密后的史料借助电子信息网络转变为"让史料说话"的重要途径，在"用"上下足功夫。

八是落实一个"责"字。每个单位以及每位员工所记录、收集的每一份史料都记载着一个单位的精神血脉，是企业价值观、人生观的凝合，是企业文化的体现，既需要薪火相传、代代守护，也需要与时俱进、创新转型；尤其是在我国全面深化改革、实现伟大中国梦的征程中，应根据时代进步，重视史料收集的创新性，把具有时代价值特征的实践史实真实记载下来，为后人"以史为鉴、资政育人"留下珍贵史料。这里的关键是要落实一个"责"字。史料收集的细水长流及润物细无声工作，关键在中共各级组织，责任在各级主要领导，应层层抓落实、一级督一级，直到各环节，形成史料收集工作薪火相传的良好环境。

修 史 体 会

孟鹊鸣

在中国航空工业集团公司领导和航史编修办领导的支持和指导下，经过近两年时间，我终于完成了《中国近代航空工业史（1909—1949）》（简称《史稿》）的编写，并于 2013 年 11 月正式出版发行。这项工作的完成让我备感欣慰，一是通过此项工作，为自己一生挚爱的航空事业尽了一点绵薄之力，二是了却了我多年来一直想写一本有关中国近代航空工业史的心愿。

1982 年，航空工业部成立了中国航空工业史编辑办公室，我参与了创建初期《航空工业史料》的编辑工作。随着稿件不断丰富，尤其是当时还健在的航空老前辈们写的近代史稿件的增加，领导决定把近代史的内容集中起来，另编辑出版一套《航空工业史料》（近代史专辑，也称"黄皮书"）。就是从那时起，我开始接触中国近代航空工业方面的史料，边工作边学习，让我受益匪浅，同时也对中国近代航空工业史产生了浓厚的兴趣。之后虽然工作有过变动，但是搜集资料的工作可以说一直没有断过。此次受命承担《史稿》工作的信心和底气便是来自于多年的积累。下面就谈谈我对《史稿》编写的一些体会。

一、对编写中国近代航空工业史意义的认识

近代史是沟通古代和现代的重要环节。研究中国近代史，能使我们正确地认识历史，把握当下，谋划未来。林左鸣董事长在《史稿》序言中对中国航空工业近代史及其意义有如下精辟的总结："中国是世界航空工业先驱国家之一，起步很早，颇有建树，并为世界航空工业早期发展做出了贡献。那个时代的一批仁人志士，为在中国建立一个强大的航空工业，矢志不渝、前赴后继。特别是在中华民族饱受外敌入侵的年代，中国仍然坚持研制、生产飞机，这不得不说是一种奇迹。遗憾的是，由于战争频仍、政权更迭、资料散失等原因，导致许多国人对于这段往事无从了解。作为他们的继任者，我们有责任亲手拂去历史的尘埃，使前人的功绩不被埋没。中国航空工业百年史，是一个螺旋上升、接力奋斗的过程。近代中国航空工业所建立的技术基础固然薄弱，但对新中国航空工业还是起到了奠基的作用。特别是

孙中山先生,他敏锐地看到飞机在军事领域的作用,提出'航空救国'主张,培养了一大批航空人才,努力提高国民航空情怀等,这些宝贵遗产至今仍然使我们充分受益。"

的确,我们的祖先很早就有飞向蓝天遨游太空的愿望和理想,留下了嫦娥奔月、列子御风、奇肱飞车、乘凤乘鹤乘龙飞行等神话和传说。中国人探索制作飞行器和尝试飞行的历史至少可以追溯到两千年前。诸如:木鸢(春秋、战国)、风筝(秦汉)、竹蜻蜓(东晋)、孔明灯(五代)和走马灯(宋代),可以分别认为是飞机的远祖,螺旋桨和直升机的雏形,热气球和气轮机的嚆矢。古代中国在航空探索方面的这些光辉成就,同其他文明古国在航空方面的创造一起,给予现代航空器的研究发明以重大影响和启迪。

中国在唐、宋和明朝前期,经济、文化的发展水平居世界前列。到了明朝后期以及清朝,西欧各国相继进入文艺复兴时期,生产力和科学技术均获得快速进步,而中国此时仍滞留在封建社会中,采取了闭关锁国政策。本来处于领先地位的经济、社会生产力和科学技术越来越落后。

清末民初,中国派遣留学生到海外学习,一些华侨子弟和留学生开始学习飞机制造和飞行,冯如和王助便是这批人的典型代表。1931年,日本发动"九一八"事变,侵略我国东北,翌年又发动"一·二八"事变,轰炸并进攻上海。全国人民义愤填膺,航空救国的思潮席卷全国,公费自费出国学习航空的人数日益增多。在抗日战争期间,仅国民党航空委员会派往美、英进行航空实习或进入学校学习航空的就近1000人。国内从20世纪30年代中期开始,除空军系统创办的培养飞行员和航空机械人员的学校外,先后有10所大学设置了航空工程系,为我国培养了不少的航空科技人才。

在抗日战争前后的二三十年里,先后创办过20余所航空修理厂,五六所飞机制造厂和一所航空发动机制造厂。虽然这些工厂主要是修理和仿制外国的飞机,但也自行设计制造过好几种型号的教练机、驱逐机和运输机,尽管生产的批量都很小。初期,由于中国的基础工业非常薄弱,航空发动机、螺旋桨、仪表、机轮、钢、铝等重要部件、成品和原材料不能自给,不得不依赖从国外进口。在此种条件下,航空工业的发展必然困难重重。在抗日战争开始后,由于日本侵略军的大举进攻,国土大量沦陷,工厂和学校一再搬迁,元气大伤,国际海陆交通线又被敌寇切断,工作条件、生活条件十分艰苦,航空工业的生存危机重重。

尽管如此,当时中国的许多仁人志士,为建设祖国的航空事业,呕心沥血,不怕牺牲,做出了许多可歌可泣的贡献和成绩。新中国成立前建立的技术基础虽然薄弱,但对新中国的航空工业的建设还是起到了顺利起步的作用。特别是新中国成立前培养的一批航空人才,在新中国航空工业的厂所院校的建立中发挥了重要作用。如著名飞机设计师陆孝彭、黄志千、徐舜寿,著名发动机设计师吴大观,著名航空教育家姜长英、季文美、陆士嘉等。如果没有这个基础,我国从1951年以后在不到10年时间能相继成立许多航空厂、所和院、校,光靠外援是难以实现的。因此,追溯历史,回顾近百年来中国航空事业的进展,正确估价历史经验和教训,可以起到"前事不忘,后事之师"的作用。

二、始终坚持中国近代航空工业史的编写原则

中国近代航空工业史,主要反映1909—1949年中国航空工业的发展历程,跨越了清朝、北洋政府和国民政府等历史时期,共产党的内容不多。如何真实地反映历史,是一个编史工作者需要认真对待的问题。在编写过程中,我始终坚持如下原则。

1. 尊重历史、实事求是

修史首先要树立历史唯物史观,做到尊重历史原貌,坚持实事求是,既不因人废事,也不因事废人。具体的事件、人物、地点、年代、数据等要素,要脉络清楚,出处有据,准确可靠。不能搞"差不多""想当然""大概"甚至弄虚作假。

在这次编写《史稿》的过程中,我自己有这样一段经历。1983年,我与陈应明老师在航空工业部航史办工作期间,曾根据乐士文飞机的2张照片考证绘制过该飞机的三面图。1990年中国航空博物馆按此图制作了一架1:1的复制品飞机,引起国内外航空史学家关注,并被国内外刊物广为介绍。在这之后,我看到很多有关介绍乐士文的文章,其中有人写到,宋庆龄在乐士文号命名典礼上驾驶乐士文飞机在天空飞行了2圈,成为中国第一位女飞行员。有人还由此推论宋庆龄还是中国第一位女航天员。甚至航史界也有些人认同此种说法。

为了搞清楚这段历史,我曾四处寻找有关史料。首先是查找当时的报纸。因为宋庆龄驾驶飞机在天空飞行是件很大的新闻,当时的报纸应该会有报道。结果几经努力没有找到。后来了解到当年试飞乐士文飞机驾驶员哈里·韦恩·阿博特的儿子还健在,我利用去美国出差的机会,前往洛杉矶他家里拜访了他。他的名字叫大山·阿博特,在中国出生,名字是孙中山给起的。当年他父亲受孙中山的邀请,来中国帮助培养中国飞行员,并参与了乐士文飞机的生产和试飞的全过程,乐士文命名典礼的当天,他父亲、母亲就在现场。他父亲当时还拍摄了一些珍贵照片。我向他问起是否有宋庆龄驾驶飞机飞行的事,他的回答是没有听他母亲说过。之后,我

仍不死心，跑到上海宋庆龄故居，找到了宋庆龄研究会的一位研究员，他向我提供了《宋庆龄年谱》一书，在此书的第217页印有他们研究的结论："宋庆龄只是在各机试飞成功返回地面后，才坐上飞机在机舱内留影，并未随机上天参加试飞表演。"

正因为有过这样的追根寻底，在本《史稿》中，我才能把这个史实呈现给读者。我深切感受到，修史是件很不容易的事情，需要有严谨细致的工作态度，兢兢业业、一丝不苟的敬业精神。

2. 史从实出、严格把关

历史史实是根据历史事件、历史人物、发生时间及史书上对其的记载所形成的依据。史实是史书中记载的历史事实。但是，史书中的记载也偶与真实的历史事件有出入。因此，后人读史书也在不断考证、修正、补充，还历史以真实面目。

修史一定要抱着对历史负责的态度，勤勉地工作。无论是一处引文，还是一个人名；无论是历史事件发生的时间、地点，还是一条史料的出处；乃至一个标点符号、一个词语的表达……只要发现不妥当、不准确的地方，就要反复核查比对，再三推敲斟酌。

在这方面曾经有过一次对我影响深刻的经历。1998年，我受姜长英教授的委托，帮助他出版《中国航空史》（史话、史料、史稿）。在与清华大学出版社蔡鸿程总编讨论出版事宜时，他向我提出了一个要求：希望我对此书中的历史事实，包括人物、事件、时间、地点、名称做一次核实。从出版质量角度提出这样的要求是正常的，但从实际操作层面来说，那是难度很大的工作。姜老用了近60年完成的这部著作，史料内容之丰富，时间跨度之大，花费了他毕生的心血。最后我决定为了不辜负姜老的信任，承担起这项工作，用了两年的时间完成了审核查对，保证了这部著作的高质量出版，得到了姜老的首肯。

上述经历使我在编写《史稿》的过程中尤其注重史料的原始性、可靠性，严格遵从史从实出的编写原则，力争把《史稿》编写成严谨的、准确的、系统的、经得起时间考验的史书。

3. 存真弃虚、严谨考证

编写近代航空工业史会遇到很多飞机研制、生产及型号等技术问题，尤其是历史久远的飞机经常被误写误传。例如，我们都知道，美国波音公司第一任总工程师是中国人王助。有的文章在介绍王助制造的飞机时，表述的名称是B&W型飞机，并解释B是代表波音第一个字母，W代表的是王助的英文第一个字母。从表面看，似乎很合乎逻辑，但是真的是这样吗？为此我去查找波音公司历史文献，最后我了解到 B&W 型飞机的真实含义：B 是代表波音第一个字母，而 W 代表的是与波音合作创业的韦斯特维尔特（Westervelt）的名字首写字母。B&W 是表示两人的共同产品。而王助为波音制造的第一架飞机的名字是 C 型水上飞机。这是比较典型的通过考证"存真弃虚"的例子。

4. 功过俱修、客观记录

历史研究，需要从历史事实出发，对历史上发生过的既有的事件、人物的表现、历史进程做出客观描述，供后人研究和作为历史借鉴。因此，功过俱修、客观记录历史就显得尤为重要。例如，中国最早一批留学归国的高级航空工程人员中的王孝丰，他与巴玉藻、王助、曾贻经是从事中国航空事业的先驱，他们共同创办了中国首家正规的飞机制造厂——马尾海军飞机工程处，造出了第一架国内自行设计的飞机"甲型一号"，获北洋政府嘉奖，被誉为中国近代航空工业的奠基人，在中国近代航空工业历史上有着重要的历史地位。尽管王孝丰后来脱离航空界转向为军阀卖力，没有继续从事航空工程工作，但作为史书，应该客观地把他的航空经历记录下来。在近代航空历史上此类人物还有不少，我均按"功过俱修、客观记录"的原则保留了下来。

三、中国近代航空工业史资料的搜集方法

中国近代航空工业史的资料搜集、整理和编写过程是一项非常具有挑战性的工程，对其艰难程度外国航空史学者有过如此评论："在世界上的大国中，没有一个国家的航空历史资料像中国这样难搜集。"究其原因，主要有以下两点：

1. 朝代更迭和战乱。在 20 世纪前 50 年的时间里，中国经历了数次朝代更迭，战乱不断，致使航空历史资料和设备或散落各处，也有不少散落在国外，或被丢失或被损毁。特别是日本侵华期间，对中国航空工业造成极大破坏。航空工业发展过程中一些重要里程碑事件的有关资料挖掘和收集一直是项艰巨的任务。

2. 现有资料的真实性和完整性欠缺。在现有已找到的资料中，很多因为被反复多次引用，互相抄袭，演绎夸张，造成对一些事件的叙述版本众多，而且不完整，因此需要下大力气追本溯源，从查找原始资料着手，还历史以真实原貌。

拥有史料是编史的基础和前提。俗话说，巧妇难为无米之炊，说的是做饭无米不成。编史不占有资料，也是不成的。在确定修史主题以后，我就开始广泛收集史料。史料包括三个方面：一是死材料，即文献资料；二是活材料，即口述资料；三是实物，即文物资料。在搜集资料工作中，坚持"广收博采、宁多勿漏和重点突出"的原则。

为编写此部《史稿》，我投入的时间和精力是巨大的。我利用半年多时间搜集资料，足迹遍及华北、华东、华南7省市。前往查阅资料的图书馆、档案馆、博物馆有：航空工业档案馆、中国国家图书馆、首都图书馆、北京大学图书馆、清华大学图书馆、北京航空航天大学图书馆、中国科学院国家科学图书馆、上海图书馆、上海档案馆、浙江图书馆、西北工业大学图书馆、南京第二历史档案馆、南京图书馆、南京海军指挥学院纪念馆、南京航空航天大学图书馆、广州图书馆、广州中山大学图书馆、广州档案馆、福建中国船政文化博物馆和福建马尾造船历史陈列馆等。

我工作路径是，首先要重点搜集原始资料，如航空历史人物的手稿、文章及著作。

其次是尽可能地搜集离事件近的资料，如报纸、杂志、报告等。

再次是搜集与中国航空历史有关的外文资料，其中包括：报告、年鉴、文章、回忆录等。这是因为中国近代航空工业的发展与国外人员和技术有着密切关联，因此要充分收集外文资料，互相印证，这是中国近代航空工业史资料搜集的特点之一。我的工作实践证明，外文资料常常能够起到事半功倍的作用。《史稿》中的附录3~5部分，就是得益于这些外文资料编写的。

四、中国近代航空工业史编写的体会

谈到修史体会，最想说的是，这整个过程对我来说是一次历练，所经历的酸甜苦辣现在却回味无穷。《史稿》是中国航空工业史丛书总史的其中一部，编史办领导把《史稿》编写任务交给我，是对我的信任，我深感责任重大，不敢有丝毫懈怠。回想一路走来的风风雨雨，真是感慨万千。在写作的紧张时期，我几乎每天工作长达15小时，每天几乎都要工作到晚上12点以后。修史期间，我几乎放弃了所有的其他工作，全身心地投入到《史稿》的编写。搜集资料、整理资料（包括翻译）、考证史料以及写作的难度之大，耗费时间之多更是远远超出我自己的想象。由于常年从事写作和编辑工作，我养成了对文字高度敏感的职业习惯，致使每推进一步都要付出比常规写作更多的时间和精力，这的确让我备受煎熬。修史是件寂寞的工作，研究中国近代航空工业的历史既要严谨求实，耐心细致，又要有持之以恒的坚强毅力。修史同时又是件很辛苦的事情，需要时间和精力。修史最重要的是要经得起时间检验，修史人要有严谨的态度和科学精神。因为修史人要对人民负责，对历史负责。尽管经历了千辛万苦，但是能为中国航空工业的盛世修史做点工作，心里还是非常高兴的。

认真做好出版工作
把好《航史丛书》质量关

龙明灵

《中国航空工业史丛书》（简称《航史丛书》）出版以来，因其系统、权威及较好的可读性获得了读者的一致好评。《航史丛书》出版至今，已在航空工业系统引起较大反响。这套丛书的出版，让航空工业系统的广大职工干部能够更好地了解航空史，发现历史留给我们的宝贵财富，从而能够从历史的经验教训中吸取养分，更好地掌握历史发展规律，创造性地推动航空工业的快速发展，为航空工业的新发展提供强大精神动力；同时也向全国人民讲述航空史，普及航空工业史知识，推广航空文化，增强中航工业软实力。航空工业出版社作为本套丛书的出版单位，深感这项任务的重要及肩负责任的重大。

在《航史丛书》出版的过程中，出版社就是要把好质量关，为修史工作提供强有力的出版保障。图书质量包括内容、编校、设计、印制4项，所有4项均合格的图书，其质量才是合格的。如果4项中有1项不合格的图书，其质量便是不合格的。为此，航空工业出版社要做好出版工作的各环节的工作，确保航史出好书，出精品。

一、关于图书内容——作者要交什么样的书稿

史学是一门科学。历史资料的征集、史料丛书的编纂是一项系统工程，需要以科学的态度、系统的方法，加强统筹、周密部署，认真筹划好、精心设计好、周密组织好。修史的书稿可以说均是集体劳动的成果，书稿的不同部分分别由不同的作者完成，由于不同作者的思想认识水平不同，分析能力以及文字表达能力不同，反映到书稿上，各部分之间就会形成较大的差别，包括执行的规范不一致，语言风格的差别等，甚至书稿前后还会出现矛盾的地方，这就需要做好统稿工作，需要一位能够把握书稿全局，熟悉史料，文字能力又较强的人来把关。在编辑编校过程中，尽量通过查证解决发现的疑问，对于不能解决的问题，需要与统稿人相互沟通，共

同处理解决。

1. 关于内容

航空工业史不同于自传或其他文章，它是某一个单位对某一时期工作和生活的总结，带有一定的评价。虽然航空史由各个不同的作者编写，但是代表一个单位，是一个单位的观点，因此作者在交稿前，还要重点考虑书稿内容和图稿有否政治问题，涉及到的人和事，是否得到单位的认可，这些问题应彻底解决。对内容的审定集团公司航史办不再做统一审定，一般由各单位决定。一般而言各个单位的航空史内容需召开审定会后决定。

2. 关于保密

中国航空工业集团公司规定，系统内部所有图书公开出版时均需通过保密部门的审查，交稿时须附上作者单位保密部门的保密证明。不公开出版的，保密证明须标明稿件密级。即，图书交稿前必须经过各单位保密委员会审查，交稿时向出版社出具盖有本单位保密委员会公章（无保密委员会公章可用单位公章代替，但须在文中做出说明）的保密证明。可公开出版的，保密证明上须有"经保密审查，未发现涉密和政治问题，可公开出版发行"字样；书稿内容涉密的，保密证明须注明其密级，接收书稿时必须办理交接手续。注：航空工业型号一般由多家单位参与研制，在编写书稿时需涉及到其他单位的，尽量得到相关单位的证实，特别是在保密方面不要泄露其他单位的秘密。

3. 关于"齐、清、定"

交付的书稿必须做到"齐、清、定"。

"齐"，指文稿、图稿和附录材料等应一次性交齐。内容没有遗漏之处。作者不应只注意文稿齐全，忽视图稿的收集和整理。如果没有做到文稿与图稿一致，将影响编辑出版周期。很多作者交稿的时候，经常会遗漏辅文，甚至作者和署名都未确定，从出版社的经验来判断，一般交稿不齐的，特别容易出问题。

"清"，指作者交出的书稿（包括文稿和图稿）要清楚、整齐，删划改要清晰。图表编好序号并与书稿中图表的顺序号对应。书稿统一标题层次。现代书稿基本都是电子书稿，一般不会出现删改不清的地方，但是在标题层次方面特别容易出问题，因此各级标题要在字体字号上面有明显区别。

"定"，指作者交稿后，其内容已确定无疑，不能有待定内容，也无须再作增删和修改。不能将编、校、审者有矛盾的书稿交到出版社。打印稿与电子稿要完全对应。现在作者一般用 word 文档编写书稿，这样编辑、修改等均很方便，但是每次修改需做好标记，确保交出版社是最后的定稿。常常有作者交出版社稿件不是终稿的情况，造成重复和反复，既增加成本，又浪费时间。

在出版程序中"齐、清、定"交稿是基本要求。尽管随着时代的发展，现代印刷技术的更新，电脑及照排技术已被广泛应用，随时增删内容已成为可能，但这种做法，很容易形成管理真空，造成部分稿件审读失控，轻则导致编校质量下降（如在排完版再增加内容，则造成窜版，有可能导致后面标题的背题，或忽视了与目录对应的页码，等等，增加了出错的概率），重则出现政治性问题（如增加的内容未经审查）。

二、保证图书的编校质量

1. 严格执行三审制

稿件交到出版社，一个最重要的环节就是审读工作，审读工作是搞好图书出版的极其重要的环节。按照新闻出版广电总局的要求，一般正式出版的图书的差错率在万分之一（即10000字只能有一个错误）以内，超过这个比率为不合格出版物。为保证图书的出版质量，各出版单位目前采用的是三审制。三审制是"三级审稿责任制度"的简称，有时也称"三审责任制度"，指由初审、复审和终审三个审级组成的审稿制度。初审，由具有编辑职称或具备一定条件的助理编辑人员担任；复审，由具有正、副编审职称的编辑室主任一级的人员担任；终审，由具有正、副编审职称的社长、总编辑（副社长、副总编辑）或由社长、总编辑指定的具有正、副编审职称的人员担任（非社长、总编辑终审的书稿意见，要经过社长、总编辑审核）。三个环节缺一不可。三审环节中，任何两个环节的审稿工作不能同时由一个人担任。

以上所讲的"三审"是编辑加工前，编辑加工中同样要实行三审制，从审读规律方面来讲"三审"是保证书稿审读质量的"最低"要求。三个人各审一遍，和一个人审三遍效果是截然不同的。三级审稿的任务是各不相同的，审读的重点是有区别的；另外，从心理学角度来说，每个人的审读"盲区"是不一样的。一名老编辑可能都有过类似的经历，有时瞪着眼睛，特别明显的错误也可能看不出来，而且常常第一遍看不出的错误，很有可能第二遍还是看不出来，越是明显的地方，越是容易出错。每个人的审读盲区一般是不同的，一部书稿由不同的人来审，就能起到克服审读盲区、相互弥补的作用，可以最大程度地避免错漏的发生。

一般而言，稿件在出版之前，还会有一次作者自审环节。在作者自审环节，图书的版式、篇幅、封面设计及编辑、复审均已完成。这个时候作者基本可以了解到图书的基本情况，这是图书出版前作者最后一次审定，需作者（作者单位）认真核查稿件是否还有错误，编辑的修改是否正确，以及设计版式是否合理等。一旦确定，稿件经过终审后直接进入印刷环节。

出版一本图书是要符合出版规律的，如果急功近利，盲目追求速度，无节制地缩减审校过程，把编审程序简化到了审读规律不能容忍的程度，出现编校质量问题就是必然的了。

2. 合理做好稿件的出版进度安排

为保证图书的质量，出版社采用了三审制度，因此图书的出版必须有一定的时间周期，但随着现代出版对编辑人员的要求提高，出版周期也比以前的图书压缩很多，很多环节并行进行，但这是以牺牲编校质量换来的，同时也特别容易出现印制错误，不被各单位鼓励。

三、设计及印制保障

《航史丛书》有统一的装帧设计要求，丛书的整体设计要综合考虑丛书的整体规划，做到整齐划一，在编校过程中，这一点也要重点关注。另外在装帧设计中，有些航史书带有彩色插页，对于是一些以前的老照片，数码化后要由美术编辑进行优化处理，以达到工艺允许范围内的质量要求，使图片具有可以达到的最佳的视觉效果。

为便于图书的设计和排版，一般要求交出版社稿件要附电子文件，可不用排版，但需要标明图文顺序，为方便后期排版，图和文可分开存储，但需标明图表位置。交稿的图片需有一定精度。

在出版的最后环节是印刷，传统印刷有拼版、上版、印刷及装订等环节，这些环节都需要一定的时间，如果时间太急，图书容易出现翘起、脱胶、脱页的情况。一般而言，一个印刷周期在6~8天，特殊情况可提前到3~5天，但极易出现印制事故。

总之，《中国航空工业史丛书》是中航工业的一项大型文化工程，是航空工业对过去一定时期工作的总结，需要包括航空工业出版社在内的各单位认真把握好出版的各个环节，认真做好本套丛书的出版工作。

第四编

修史体会（二）

让历史说话 扬航空文化

中航工业上电所 陆苏平

从现职岗位退下不久,所党委书记找我谈话说安排我做修史工作。长期以来我一直从事党务宣传工作,期间免不了要与文字打交道。但撰写研究所的历史,从体裁、手法、结构等对我来讲完全是门外汉。

记得第一次参加中航工业史协作片区组长单位培训会议,集团航史办要求说:"撰写历史不同于我们平常的文字工作,写好一部历史犹如一部学术著作。要本着对历史负责、对航空工业负责的精神,客观公正、实事求是地还原历史本来面目。"担当这样一项重任无疑对我是个考验。既来之则安之,回来后,我反复消化培训教材,认真阅读《中国共产党历史》,为修史做好准备。

中航工业上电所已有近60年的历史,回首上一次修史工作,历时17年,所里已组织完成了三卷48年的修史工作,作为后来者,要续修好这部史,既要承上启下,又要以真为要,更要借史明理通今。这是修史真正的目的。

当我一头扎进浩瀚的档案资料中,当我认真聆听亲历重大事件的领导、科研人员、管理者的娓娓叙述,历史仿佛就在说话,从中反映了上电所的文化积淀,那种不畏艰难、励精图治的精神和义无反顾的报国情怀。

如果说历史是面镜子,那么以史为鉴,可以知兴替。历史是为现实服务的,总结历史是为了开辟未来。让历史说话,扬航空文化,我想这就是我们撰写史实的魂和纲。

值得庆幸的是研究所党委对此项工作十分重视,党委书记王金岩亲自担任总编,并组织召开动员会进行部署,明确科技委主任陈鸿庆直接挂帅,老书记何仁兴协助工作。所里专门成立了修史办,制订了工作计划,各部门明确了一名修史联络员。组织体系上的保证,上上下下的共同参与,为的是让历史修成正果,防止瑕疵,同时让大家共同感受上电所的文化积淀。

中航工业上电所此次修史的时间段是2006—2010年。进入21世纪,中航工业迎来了发展战略机遇期,借着这股东风,上电所两届党政领导班子精心谋划、超前思维,率领全所干部职工努力拼搏。从"十五"开始,中航工业上电所开始进入快速发展的轨道，到"十一五"全所经济发展呈现喜人局面。怎样写好这段历史，怎样呈现这段历史的轨迹和发展的脉络，我的粗浅体会如下。

一、透过发展历程描述，让事实说话

撰写历史，重点应放在史实上。由于自己长期从事宣传工作，经常写各类总结、先进事迹材料等，因而避免不了落入俗套。比如，刚开始做第一章标题时，我用了"抓住机遇，经济实现跨越式发展"，这种描述明显带有溢美之词，与秉笔直书是相违背的。通过航史办专家的培训辅导，我把其改为"把握机遇 经济发展保持两位数增长"。用两位数增长这一史实，可以客观公正地描述出历史的走向。其实，历史不是靠美化出来的，秉笔直书是编史工作的基本要求。为此，在撰写过程中，我体会到尽量少用形容词，避免定型词，透过发展历程描述，让事实说话。

二、确保历史客观真实性，史料很重要

关于这一点，通过撰写我是深有体会的。2007年10月1日，中共中央总书记、国家主席、中央军委主席胡锦涛等党和国家领导人到上电所视察。关于胡锦涛到所视察的背景，由于在此20多天前的2007年9月6日下午，中共上海市委书记习近平等市委、市政府领导刚到所里来过，所以我就凭主观推测写到，"胡锦涛总书记能到上电所视察，不能不说是与习近平等上海市领导到上电所后获得的良好印象有关。"集团航史办董平分在审阅这一章节时问我，事实是否这样？有依据吗？并明确指出：历史不能靠杜撰，凭主观想象，一定要有充分的史料依据。为此，我马上走访当时参加接待的所领导，原党委书记何仁兴告诉我，当时陪同胡锦涛视察上电所的上海市委副书记殷一璀在中央领导走后，留下来告诉上电所的领导说，这次胡锦涛到上海计划视察两个单位，一是看一个环保单位，二是看一个高新技术单位，在市委常委会上习近平提议高新技术可以去看看上电所，这个建议得到了中央办公厅同意。这个细节同时得到了其他参加接待的所领导印证。

在撰写所史的过程中，史料的收集很重要，一般我们比较注重书面史料的收集，其实有些重大事件当事人的回忆是很能说明问题的，而且比较鲜活。当然，光靠一个人的回忆肯定是不够的，一定要有佐证，唯有这样才能确保历史的客观真实性，才能还原历史本来的面目。

三、评析力求客观公正，站位要高，不要脱离当时的历史背景

编史中对我来讲最难的莫过于写评析，没有评析的所史肯定是不完整的。这里最让我纠结的是，我也是亲历这段历史过程的人，对一些历史事实难免会有自己的看法。但由于所处岗位和思想认识的局限，一些看法不一定符合实际。为了规避这一点，我开始写的一些评析难免出现空话套话，犹如总结。好在有航史办专家指点，又有所领导鼓励，我大胆实践，广泛听取意见，使之尽量符合客观实际。

作为现代人修现代史，必须跳出自己的认知局限，站在历史的高点用唯物主义的史观，尽最大努力来客观公正地描述历史事实和作历史结论，尤其是不能脱离当时的历史条件和背景，这样才能正确把握评析的尺度。

比如在"针对技术创新投入不足　强调创新和技术储备"一节中，分析当时所的创新动力不足原因时，我是这样评析的："按照上电所七届四次职代会上《所长工作报告》的分析，事实上所内还缺乏市场引导的创新机制，技术创新的顶层设计还不明朗，同时所内的薪酬分配制度对技术创新的激励和引导也不够，造成技术创新动力不足，主动创新的思想意识不强，缺乏认真的组织与有效的管理，因此新技术、新产品的研发速度缓慢。"

在整个撰写过程中，我的体会是已经有过结论的可以大胆写，从上到下基本结论较为一致的写清楚，有争议的要慎重写，而且最好留有伏笔，这样可以让后人评说。

四、成绩要写透，问题不可漏，历史要真实

由于这次我写的时间节点是整个"十一五"历史时期，恰逢这一时期是上电所发展较辉煌的一段时间。但无论其取得多少成绩，发展不可能一帆风顺，问题不可能不存在。既要把成绩写透，又不能遗漏问题，历史就是历史，要还其本来面目。

"十一五"期间，上电所的经济保持了两位数增长速度，步入了快速发展阶段。从2006年迈上10亿元收入大关，到2010年完成18亿元销售收入实现"十一五"圆满收官，全面实现并超额完成了"十一五"经济发展目标。但期间主要的资源和工作精力都投入到完成型号研制任务及产品交付中，而在预先研究、关键技术等核心能力建设方面关注程度不足，导致了在部分新研、预研项目中的占位不够理想，一定程度上影响了研究所地位的确立和发展后劲问题。期间，所党政班子如何重视这个问题，怎样解决这个问题，在这段历史中都得到体现。

历史注重的是客观事实,成绩要在叙述史实的过程中展现,不能刻意渲染,尤其是对像我这样长期从事宣传工作的同志,要防止这种写作的惯性,同时,问题千万不能漏,唯有实事求是才是历史。

五、档案资料不可废,平时积累很重要

在这次撰写所史过程中,最让人劳心的是史料收集。由于前些年的6S检查、保密检查等工作,好多有价值的史料被一些个人处理掉了,让人感到遗憾和可惜。另外,由于干部的调动和调整,一些资料在其个人手上没有及时归档也找不到了。有人说"没有资料就没有历史",这话是千真万确的。

为了保存历史,每个单位必须妥善保存有价值的资料。档案、办公室等部门要注重重要会议记录、领导讲话、各部门的年度甚至季度工作总结以及一些重大专项工作总结的收集归档。这样对后人撰写历史将有着很重要的依据和参考价值。

修史五重奏

中航工业直升机所

中航工业直升机所,是我国唯一的以直升机型号研制和技术预先研究为使命的大型综合性科研单位,秉承"航空报国、强军富民"的理念,矢志研究和发展我国直升机装备,成功研制直10等型号,有力推动我军战略转型,为国防现代化做出贡献,也使我国直升机研发水平进入国际先进行列。同时以"引领直升机技术进步、推动直升机产业发展"为己任,先后成功研制出 AC301、AC311、AC313、AC352 等技术先进、性能优良的民用直升机,为我国国民经济发展做出了积极贡献。直升机所修史工作主要基于这个定位,展开修史五重奏,既遵循修史客观规律,也有自身特色。

一、型号发展是核心主线

一直以来,研究所以型号研制成功为主战目标,大力推进研究所各项工作发展,不论在型号研制,还是在管理创新方面都获得累累硕果和可喜成绩。

型号任务的增多及井喷发展是近一时期的发展特点,研究所先后研发40多个型号,使得型号发展史的内容占整篇所史相当多的比重。这些型号发展既相互独立又有互动融合,特别需要精心编排。若完全按照时间顺序编排,会使史稿显得凌乱,结构不清晰,型号科研发展的规律难以体现。为此,在着重按时间顺序理清型号基本平台的基础上,按照"一机多型、一型多版、系列发展"的规律进行编修,既优化史稿结构,又使得发展脉络清晰。

型号任务的发展始终贯穿和推动其他方面工作的发展,是修史的主心骨,不同的是影响的程度、距离和顺序。其中最直接受影响的是科研保障条件建设的发展,为了保障型号任务的顺利完成,设计手段与验证环境经历了从无到有、从少到多、从落后到先进的发展过程,满足当前和今后一个时期型号研制的需要。典型的是设计手段的变化,从最早的人工制图到数字化的 CAD 环境,从二维到三维,从分散、自由,到科学有序的全状态管理,同时带动研究所整体现代化建设,国际先进的研发机构基本形成。修史就要体现这些变化过程及其带来的效果,抓住关键变化点,分阶段记述，使得发展主线清晰，也体现这一时期发展的主题。同样变化的还有科研项目管理、人力资源管理等方面，驱使管理方法、手段的不断跟进。科研计划管理从最原始的Word、Excel表格管理到引入项目管理信息系统，再到要素按照WBS和ATA100的优化管理；人力资源从传统的人事管理发展至基于胜任力的现代人力资源管理。此外，型号任务的发展还带动企业文化、民生工程等其他方面工作的长足进步与巨大变化。这些发展都是围绕型号发展这条主线的，型号发展的主线理清楚后，对其他工作的修史就有了框架，到此修史已成功一半，剩下就是寻找素材进行填充和梳理。

二、能力提升是主要体现

研究所的发展史，从某种意义上讲是一部能力发展史，外在表现是不断升级换代的直升机型号，内在体现实际是能力的提升，包括专业技术能力、管理能力、文化力以及综合的核心竞争力，修史要注重从能力提升方面挖掘素材、搭建框架和实施编写，体现出提升的过程与脉络。

研究所的能力提升首先是技术能力的提升，通过对型号发展的梳理，型号研制走过了从测绘仿制到国际合作，再到完全自主设计，最后到输出国际市场的完整发展过程，这种发展主要表现在技术的进步，一个个技术难关被攻克，一项项关键技术被逐渐掌握，体现出我国直升机研发技术从第一代到第三代、第四代的跨越发展。典型的如民用直升机的发展，最初能力不强，只能帮国外打打工，设计某一部件，期间能力提升了，就有了与法国对等合作研制AC352的资本，有了自主研制AC313、AC311直升机的过硬本领，现在已是蓄势待发，实现国外帮我们打工，向我们学习先进技术，这就是技术能力提升的体现。这种体现既可在修史中反映到若干关键技术点的突破，也可体现在产业发展、重要内容的概述、重大事件评价中，使得史稿整体逻辑严密、说服力强，符合真实为要的修史理念。

能力提升体现在管理中，主要涉及体制机制改革、管理体系建设、企业文化建设、管理创新工具应用等诸多方面。从计划经济到市场经济，从传统事业单位到现代企业制度的建立，从开开会、发发文，到网络信息化管理，从基础管理到企业文化管理，从单纯业务管理到管理体系建设实施，一步一个脚印，一步一个台阶，各个方面和整体都体现出管理能力和水平在不断提升的发展过程。同时不断引入先进管理工具，实施现代化管理，从6S到精益六西格玛，再到IBSC，一个工具的应用就是一个思想解放、管理发展的过程，管理水平逐步与国际先进水平接轨又本土化发展。特别是近年来，直升机所国家级管理成果的增多，无不体现管理能力在提升。

能力提升最终综合到核心竞争力的提升，形成品牌效应。直10、直19精彩亮相，引发全国轰动，还有AC系列民机旋风，惊叹的是中国直升机研发能力。此外，成果、专利、论文的数量和质量逐年提升，全国性的荣誉也在增加，从个人的"中国十大杰出青年""全国劳动模范"和"全国企业管理创新人物奖"等荣誉，到单位的"全国先进基层党组织"和"全国模范职工之家"等，研究所的知名度在提升，行业影响力在提升。这些的背后是能力提升，修史要注重体现提升。

三、严谨规范是鲜明特色

科研工作来不得半点儿马虎，铸就了直升机所人严谨规范的特点，干事要有根有据，有输入输出，依法办事，遵章守纪。抓住这些特点，对研究所修史工作大有裨益。

严谨规范体现在型号史上，很有规律性、模块性。型号研制必须按照相应规范要求，走过立项论证、方案设计、工程设计再到设计定型的全过程，民机还有符合适航条款的要求，没有特殊，每个型号都得这样，一步一个脚印按既定文件规范做，一丝一扣都必须符合科学规律要求，不论组织机构的变化，不论管理手段的升级，每一个过程都不能少。这种客观规律性，对史料收集、编排提供了便利，针对性更强。同时又因为型号研制难度不一、周期不一，给修史划分阶段带来不小困难，其他方面又与型号研制密切相关，使得研究所修史有"志"的样式，多为史志混合体。

严谨规范这个特色，对于理清事件脉络和指导修史进行都具有很好的现实意义。研究所大事的发生、过程及结果，都有相应的文件资料可查，素材比较系统、全面，从中可以研究和整理出事情背景、变化的地方以及现在实施情况等，使得事件的基本轮廓比较清晰。研究所的文件、制度包含的信息量很大，有指导思想、任务来源、制定原则、事件安排及实施举措等内容，非常详尽，从中可以获得拓展史料范围的线索，了解工作的起因，辨别出工作的重点及方向，研究其存在的不足等，对于指导和推进修史工作十分有帮助。

四、史料收集是基本前提

"巧妇难为无米之炊"，这是修史人员常有的感叹，也体现出史料收集的重要性，史必须以事实为准绳，没有这些真实的史料，修史只能是空中楼阁。

直升机所高度重视史料收集的常态化、制度化建设。首先明确史料收集的范围，建立史料收集的目录，目录既包括工作总结、文件制度、技术报告、会议记录纪要、宣传报道等文字材料,还包括图片、录像、录音等其他材料,同时兼顾所外相关有价值资料的收集,使得史料收集有了明确目标,并统一纳入史料收集、甄别的范围。其次建立史料收集工作机制,坚持定期与日常相结合,宣传报道、文件制度等进行日常收集和归类整理,工作总结、会议纪要等每季度集中收集和归类整理一次;对于重点、重要事情,采取定向、定期收集,指定相关单位或专人负责编写大事记。史志管理部门每季度对素材进行集中整理、归类及编号处理,年底进行补充收集与整理汇编一次,为年度大事记、年鉴的编写提供坚实素材基础。在此基础上,所史、专题史、大事记每五年编写初稿各一本,满十年编辑出版各一本,从建所开始就连续编修出版。

直升机所先后三次对修史管理办法进行修订完善,从工作标准、业务流程、运行机制、修史方法、稿酬奖励等方面对修史工作进行明确细致规定。制度对相关业务部门的史料收集职责进行明确,例如综合管理部门负责所务会记录、所领导报告、全所管理机关工作总结、工作调度会报告等材料的收集,人力资源部负责中干述职报告、中干变动信息表等材料的收集,拓展了史志管理部门的收集渠道。制度要求各职能部门定期记录与工作相关的大事,每季度整理汇总一次,以标准的格式报送史志管理部门,型号或项目的素材同样由其负责人或指派专人负责定期汇总与报送。通过制度化建设,贯通全所的史料收集网络基本建成,有力促进和保证修史工作开展。

五、组织健全是重要保证

直升机所具有良好的修史传统,历任领导班子高度重视这项工作,并参与其中,通过组建强有力的修史工作机构,推进修史工作发展。

直升机所建立了三级修史工作机构。第一级是所级决策、指导及审定层,成立所长为组长、党委书记为常务副组长的修史工作领导小组,全面领导编史工作,并对整体进度安排、史稿终审、重要历史问题表述等重大事项进行决策;成立党委书记为主任的编审委员会,负责提出修史编撰要求和审定编史工作计划、史料。第二级是组织实施与史稿编写层,由领导小组下设的办公室履职;办公室内设由主编领衔的编写组,负责史料征集和具体编写工作。第三级是由各基层单位组成的基础保障层,负责组织史料收集、提供、编写工作,有一名分管领导领衔,根据修史内容不同成立不同的修史工作组,配合修史办公室推进修史工作,但常设一名联络员,负责与编写组的沟通协调。三级修史工作机构的建立,为修史工作提供坚强组织保证,也带动全所重知识、重积累的良好工作习惯的养成。

从修史工作实际出发，采取多种措施，加强修史队伍建设，打造出一支新老搭配、专兼职相结合的修史队伍。经常聘请老领导、老专家担任主撰，对重大专题、重大事件进行专题编写；充分发挥有关单位的"写手"作用，将其纳入修史队伍中，兼职承担一定修史任务；充分发挥部分退居二线干部的丰富经验、文字功底与组织才干，聘请担任副主编或编辑，扎实推进编修工作。同时加强修史人员的培训，通过讲座、研讨会及发放参考资料的形式，提升编写人员的专业素养，也吸引更多职工积极参与，献计献策，贡献力量。

编纂厂史重在反映企业发展规律

中航工业沈飞党委

史志有着重要的资政与教益作用，因此，盛世讲究编史修志。集团公司于 2010 年 3 月 18 日召开了"中国航空工业史编修启动大会"，2012 年 3 月，集团党组印发《关于加强航空工业史工作的意见》，表明集团领导高度重视修史工作，这是一件具有重要现实意义和历史意义的事情。结合沈飞公司 2 年来的修史经验，我们认为：一部企业史编纂得是否成功，其标准主要是看其是否比较准确地反映了企业发展的事实，揭示了企业发展的客观规律，所以，在编纂企业史的时候，不要堆积、罗列事实，而要做到以下几个方面。

一、反映企业发展的规律特别是反映企业的变革是编纂厂史的主旨

"适者生存，优胜劣汰。"这个一般规律同样适用于企业。因为任何企业都是在其社会环境特别是在其经营环境中生存与发展的。因此，任何一家成功的企业，其发展进程必定是符合社会、经济、技术与文化发展趋势的。反映企业是如何顺应这种发展趋势的，则是编纂企业史的主旨。抓住了这一点，就把握了编纂企业史的主线与脉络。具体来说，我们在编纂企业史的过程中，必须反映企业的变革。

1. 要反映企业体制机制的变革

我国改革开放 30 多年来，经济管理体制逐步由计划经济体制转变为市场经济体制。具体说来，一是由过去的国家直接的计划控制体制，转变为国家通过市场间接控制的体制；二是由国家通过计划直接调配资金、物资、人员等资源，转变为企业基本上通过市场获得自己所需的各种资源；三是由党委领导下的厂长负责制转变为董事会领导下的总经理负责制，建立起产权清晰、责权明确、政企分开、管理科学的现代企业制度。

随着我国宏观经济管理体制及企业经济体制的变革，我国国有企业的经营方式与经营机制也发生了巨大的变革，企业逐渐成为市场的主体，通过价格机制、供求机制、竞争机制等，自觉地参与市场竞争，求得生存与发展，并按照"效率优先、

兼顾公平"的原则，打破了"大锅饭"和"铁饭碗"的分配模式。

我国的航空工业企业同样在改革开放中转变了自己的经济体制与经营机制。因此，我们编纂厂史，就必须紧紧抓住这些变革，反映这些变革。具体在编写时，就要着重写企业是怎样建立股东会、董事会、监事会的，怎样聘任高级经理人员的；股东会、董事会、监事会、高层经理人员是怎样运作和实施管理的；企业是如何"精干主体、剥离辅助"的；是如何发展合资合作企业及第三产业的；是如何实施"军转民"和"寓军于民"的；是如何打破"大锅饭"和"铁饭碗"，进行人事、分配制度及干部选拔制度改革的；是如何处理职代会、党委会、董事会等相互关系的。按照这样的思路与脉络，才能反映企业在改革开放中的变革与发展。这是我们编纂厂史的主线、要解决的主要矛盾，是我们的着眼点。我们编纂厂史，需要围绕这些问题搜集材料，梳理事实，而不是忙于其他。

2. 要反映企业产品结构与组织结构的变化

在改革开放的进程中，我国航空工业企业的产品结构发生了重大变化。主要是：

一是产品逐步实现多元化。即由单纯的军品发展为军品与民品并举，军机与民机并举，第二产业与第三产业并举。二是产品的技术含量增加。即劳动密集型产品逐步被技术密集型产品替代；第二代产品被第三代或第四代产品替代，产品的智能化、自动化、精益化程度越来越高；产品更新的速度加快，寿命周期越来越短。三是产品的生产规模增大，向着规模化的方向发展，特别是民用产品，进行大批量生产。

航空工业企业产品结构的变化，必然导致企业组织结构的变化。诸如，企业规模的增大，设立了企业集团公司；集团公司按产品专业化的原则设立事业部或子公司；实行资本化运作的上市公司或合资合作企业，按照现代企业制度的模式建立了企业法人治理结构等。

企业在这些方面的变革，既是时代变迁的要求，也是我国经济体制变革的必然结果，是历史发展的必然趋势。试想，我们编纂厂史，怎能不反映企业的产品结构与组织结构的变化呢？因此，在编纂企业史的时候，我们应按照企业的主产品分成若干章节，分别记述其开发决策、组织管理、试制、质量控制、技术创新与攻关、技术改造、市场营销等方面的事实。

3. 要反映企业商业模式、生产方式及管理方式的创新

由于我国航空工业企业管理体制、产品结构、组织结构等方面的变革，随之而来的是商业模式与企业发展方式的变革与创新。

一是由过去的国家统购统销变为企业自主营销（军品除外），自主开拓国内外市场，建立起自己的营销渠道。二是由过去的"大而全"和"小而全"的生产方式，转变为主抓研发与营销两头，将生产零部件"外包"，甚至采取虚拟生产方式，实施价值集成或价值组装。三是大力建立产品供应链或产业发展链，发展互利共赢的"命运共同体"。四是转变发展方式，将资源优势转变为效益优势等。

同时，我国航空工业企业在管理方面也有许多创新。诸如采取项目承包、实施精益六西格玛、流程改造、6S管理、EVA管理等，创建学习型组织等。

这些变革或单独成章，或结合企业产品结构的变化，都应重点编入企业史。

辩证法告诫我们要抓住事物的本质，抓住事物发展中的主要矛盾。上述几个方面就是我们航空工业企业在改革开放中特别是近10多年发展的主题，反映了其本质变化。因此，成为我们编纂企业史的主旨。

二、编纂厂史要"仰望天空"，须联系国内外及行业的形势与战略方针

我们明确了编纂企业史的主题，还要放开眼界，了解当今国内外局势的演变。正所谓的"仰望天空"。因为，我们企业的这些变革是与国内外局势的演变紧密联系在一起的。

1. 要联系国际局势的演变

国际局势对我国航空工业企业的发展影响很大。如美国发动的海湾战争、科索沃战争等，充分显示了空军在现代战争中的威力和制空权的作用。这对于我国调整国防战略、发展现代空军装备影响极大。再如，经济全球化的发展、信息技术的快速发展、复合材料在航空产品上的广泛应用等新技术，都催生我国军机必须实行跨越式的发展战略。另外，我国民航大量购买波音、空客飞机的局面，催生我们航空人的"航空梦"，就是让祖国的蓝天上翱翔着我们自己的飞机，研制ARJ21及C919飞机被提到了国家重点发展的项目，上升为"国家意志"。与此同时，我国航空工业企业大力发展民机零部件转包生产，也成为历史的必然。这是我国航空工业企业发生变革的原因之一。因此，编纂企业史的时候，我们必须联系国际发展的局势。

2. 要联系我国改革开放的大政方针与发展形势

作为国有企业的航空工业企业，是我国经济体制改革的重点，国家一系列经济体制改革的政策措施，直接影响着航空工业企业的改革与发展进程。航空工业企业改革与发展的进程，也直接反映了我国经济体制的演变。因此，我们编纂企业史，

必须体现各个改革不同阶段的特点。了解并联系我国经济体制改革的方针政策，是我们编纂企业史时应注意的要点之一。

3. 要联系我国航空工业的发展战略

改革开放以来，我国的航空工业发生了巨大的变化，单就其名称而言，由航空工业部演变为航空工业总公司，分为第一、第二两个航空集团公司，2008年11月6日，又战略重组为中国航空工业集团公司等。期间的发展变化，有相应的改革政策出台，有相应的发展战略推出，有相应的企业文化提法，等等。这些无一不影响着我国航空工业企业的发展，而且是直接性的影响因素。因此，结合我国航空工业的变革来编纂自己的企业史，是其基本要求。

上述影响因素，对企业来说都是宏观方面的，是企业变革的时代与历史背景。因此，编纂企业史时，应简洁明了地交代清楚企业各项变化的要因。

三、编纂厂史要遵循"纵向断限成编，横向展开成章"的逻辑

明确了编纂企业史的主旨，那么，我们就要理清思路，这需遵循"纵向断限成编，横向展开成章"的逻辑，撰写出编写大纲。

所谓"断限"，就是按照时间顺序，将历史划分成若干发展阶段，找出其"起点"与"终点"。每个阶段作为"编"。所以，编史之前，必须先分析企业在这几十年中的发展，经过了哪几个阶段，把起始点与结束点找出来，进行"断限"，以反映企业的历史发展脉络与进程。这是所谓的"纵向分析"。

"断限"之后，就需将每个阶段企业发生的重大事件分别梳理记述，形成若干"章"，每"章"按"节、目"全面地层次清楚地予以记述，以反映事件的本质与全貌。这是所谓的"横向分析"。

有了"编"，编中有"章"；有了章，章中有"节"；节下面有"目"，这样就形成了编写大纲。这是编写企业史第一个必须做好的工作。

根据我国经济体制改革的进程与航空工业改革发展的阶段，沈飞公司将1984—2008年的厂史进行了"断限"，划分为4编（1952年建厂到1983年为第一至第五编，1984—2008年为第六至第九编）。

第六编（1984—1990）题目是"改革创新，加快保军转民步伐"，主要反映这个阶段沈飞在确保研制成功歼8Ⅱ飞机的前提下，大力开发民品，实施"军转民"发展战略的情况。这一编我们设置了6章，记述了沈飞在军机、民品、改革、管理等方面的事实和成就、基本经验等。

第七编（1991—1995）题目是"转换经营机制，开拓国内外两个市场"，主要反映这个阶段沈飞实施"内转外"，发展民机转包生产、合资企业等情况。这一编我们设置了5章，记述了沈飞研制歼8改型飞机、办合资企业、民机转包生产、转换经营机制等事项、成就和基本经验。

第八编（1996—2000）题目是"加大改革调整步伐，走科技兴企之路"，主要反映这个阶段落实重点工程，建立沈飞工业集团、实施互保经营责任制等方面的情况。这编设置了5章。

第九编（2001—2008）题目是"践行科学发展观，实现跨越式发展"，主要反映沈飞在21世纪头8年期间军品创新、民机创新、管理创新等方面的事实、成就与基本经验。我们设置了9章。

总的来看，"纵向科学断限成编"，以反映时代及企业发展的脉络；"横向记述事件成章"，以反映企业在各个阶段的重大事件、成就与经验。这样就形成了一个比较科学的编写大纲。有了这样一个大纲，编史的思路基本就清晰了。

四、编纂厂史谋篇要着眼于"节"，落笔要着眼于"目"

编纂企业史的关键是写好每一章。每章集中记述某一重大事件，或是某项影响企业全局的新产品的研制，或是某项重大改革措施的实施，或是某项重大管理创新的推行等。这样，只要看看每章的题目，便知道企业在各个阶段做了哪些事，便知道企业取得了哪些成果与进步，便知道企业发展的历程。

但是，每章是由若干"节"构成的，每一节侧重反映这个事物的某个方面。例如，企业研制某项重点工程项目，就要分成：项目立项与概况、进行技术准备、建立组织机构、技术改造与技术创新、质量控制、零部件生产与装配调试、新产品试验与批量生产等。这其中的每一个问题就是一"节"。这些"节"构成了一整"章"。

我们编纂企业史时，要按照这些"节"去搜集相关的资料，建立"资料索引"，并对这些资料进行梳理。要去粗取精，而不要不加取舍，以免行文繁杂、冗长；要去伪存真，不要不进行核实，以免产生虚假或失真的问题。

每一节要分成若干个"目"，每个目着重记述某一方面的事物。例如，研制新产品的"技术准备工作"一节，其中包括制定技术文件、设计制造工装、技术文件复制分发与存档、通过网络传递信息资料等。写好这些"目"，就条理清楚地记述了企业开展技术准备工作的情况与做法。

谋篇着眼于"节"，落笔着眼于"目"。这样就把握了各章的总体与细节。再经过若干次修改（修改实质是对整篇进行优化），通过公司高层及专家的审核，编纂企业史的工作就大体告捷了。

最后，由于企业史大多涉密，切记将编完的企业史锁到保密柜中，可以将其包装成非密化、故事化的系列宣传产品，利用企业报、电台、电视等平台进行宣传，真正起到"存史、资政、育人"的作用。

发挥整体优势　共修一部史

中航工业新航航史办

自 1985 年以来近 30 年的改革发展，新乡航空工业体制机制、生产经营、科研开发、经济效益与环境面貌都发生了巨大变化。抚今追昔，这中间值得总结并汲取的经验教训很多。根据中航工业党组部署，新航集团于 2012 年 4 月做出续修《新航集团史》的决定，成立了新航航史编修领导小组和编修委员会，抽调专职人员组建了精干的编写团队，建立了专兼结合的厂史编修工作机制，落实办公场地、设备、经费。

探索支撑企业成功发展的企业文化是管理的重心，如何将各种文化成功融合并创造出适应新发展的企业文化是企业整合的核心。的确，航空企业的整合重组非常复杂非常困难，最大的挑战就是将几个厂的文化能够很好地融合。如何充分调动每个员工的积极性、主动性、创造性，其核心就是整合不同的企业文化。创建适应大企业、大集团发展的核心企业文化，剔除个体间较大的差异，吸取不同企业曾拥有的优秀文化，寻求一种价值观的共同。这是新航集团整合以来一直努力做的工作之一。极力想将几个以前各厂企业文化中的精华结合起来，从而形成一个非常强有力的新的企业文化。新航集团整合成立以后，针对原来各企业经营状况、管理模式不同，历史包袱、社会负担各异，福利待遇、收入水平差别较大的实际情况，以及整合后产业跨度、管理难度增大，所有制结构多样化，债权债务关系复杂等现实问题，在保持经济增长、建章立制、主辅分离和母子公司体制实质性融合的同时，抓好员工队伍思想上的融合，把近万名员工从情感上、工作方式上、行为观念上、价值准则上融为一体，形成一个合力，这个合力就是新航集团企业文化。集团在成立之初，就注重在传承原 4 个企业优秀文化的基础上，以学习豫北文化为切入点，推动新航集团优秀文化融合，以文化力提升集团的核心竞争力，从而实现集团的平稳快速过渡和融合发展。但针对发展进程各不相同、发展历史千差万别的企业，如今已经形成重组后的联合舰队，只有立足于各企业之本，集中各个企业曾拥有各自文化中的优势和强势，这种合力创造出的企业文化才能真正奏效，才能加强企业职工的凝聚力、向心力，才能从根本上调动全体职工的积极性、主动性、创造性，企业也必将不断走向新的高度,获得更大的发展。续修史工作,也得益于有着深厚的企业文化底蕴支撑,才能保证此项任务的完成。

按照中国航空工业集团公司航史办关于"一个重组整合单位只能修一部史"的要求,新航集团做出要严格遵照上级指示要求,确保航史续修任务完成,将集团与原各厂航史续修一部史的决定。修史之初,由于认识不一,原各厂想法和看法也不同。我们也经历了迷茫困惑,面临诸多难题,如:自2004年新航集团整合之前,原新乡航空企业都经历了20年的发展历程,且各厂发展不一样,现在要把这一段历史放在一起写,能说得清吗?不如各写各的;由于时间紧,各厂续史工作基础相差很大,再如:属下豫北公司(原豫北机械厂)史志基础管理工作扎实,原为迎接40年厂庆而组织的续史(1985—2007年)已经成稿,而有的则因种种原因资料遗失严重,怎么统一要求?新乡航空工业史如何续修?等等。针对这些疑惑,集团认真分析面临的各种问题,通过反复协调沟通,提高所属单位对"共修一部史"的认识,从而达成了共识,统一了思想,充分调动各方面积极性。属下豫北公司、平原公司、豫新公司、巴山公司相继成立了相应的编修史工作机构和厂史编写队伍,安排办公场地,配备必要的办公设备用具。在较短的时间内,新航集团编修史工作有条不紊地相继展开。

新航集团是由原豫北机械厂(103厂)、平原机器厂(116厂)、豫新机械厂(134厂)、巴山机械厂(540厂)和新航机械公司于2004年10月整合组建而成。因原各厂均参与了20世纪80年代航空工业第一轮修史工作,上一次史书的截止日期为1984年。新航集团本次续修航史起讫时间为1985—2011年,为保证此项工作的顺利进行,新乡航史编修办在集团领导的高度关注和大力支持下,按照中航工业和新航集团关于编修史的总体要求,结合新航整合前后的特殊历史,进行了深入的探讨和研究,制定了《编修史工作思路》,就新乡航史编修基本设想、内容架构制订了详细的工作方案,并提交编修委审阅确定。这次新航集团史撰写总的为一部,分为上、下两部。上部由四部分组成(分为四册),以分册形式主要记述集团整合前原各厂20年的厂史,断限为1985—2004年;下部主要记述新航集团成立近8年的发展过程,断限为2004—2011年。同时,为确保此任务的按时完成,结合实际我们制定了续修航史工作流程和推进计划。

按照中航工业修史体例要求:体例为"史",历史的脉络清晰,把握时间概念。在梳理归纳新乡航史编写大纲过程中,集团组织编修办全体成员赴兄弟单位学习调研、开拓思路。在借鉴成功经验的基础上加强内部研讨,结合新航实际对编修史大纲设立的编、章、节经过多次酝酿讨论,不断修改取舍,几易其稿,在较短时间内

(2012年7月底)完成了新乡航史续修提纲初稿的编写。新航集团史的上部主要是各厂在对本单位基本情况做一简要概述的基础上,以改革和科研生产经营发展为主线,将1985—2004年的20年大致分为全面调整结构(1985—1989)、市场化改革(1990—1999)和跨越式发展(2000—2004)三个阶段(注:各厂结合实际进行了编、章、节的微调),全面呈现原各厂整合重组前20年改革和发展的历程。下部主要撰写自新航集团成立到2011年这段历史,时间跨度不是很大,就7年多时间,为此,首先将2004—2011年分为整合重组和融合发展两个阶段,从时间概念上综合论述了集团成立8年来发展的历程和特点,之后系统地记述了各方面的主要工作和发展情况,最后有一个总结性结尾,从历史角度归纳出这方面工作有什么经验和启示。8月份,根据中航工业修史工作培训会议精神要求,我们又对新乡航史编写提纲初稿做了进一步的修改补充,并提交集团编修委审阅。

续修航史是一项浩繁而艰巨的企业文化系统工程,为实现资源共享,发挥集团的整体优势,先后两次从集团层面对编修史骨干进行培训。同时,针对各单位具体情况,因地制宜,采取灵活多样的培训方法,指导协调各基层单位对编写队伍的培训。地处新乡的几家航空企业,同出于军工企业、航空企业背景,都曾经历过市场博弈的艰难,血脉相连,同根、同源。为此,我们充分利用这一优势,在有关单位因种种原因造成史料无从查询的情况下,通过其他厂留存资料做参考、补正,对各厂不同发展时期的背景资料相互印证、共享,从而保证了史料的系统性、连贯性和准确性。

新航集团自开始续修航史工作以来,之所以能够克服各种困难和挑战,保证编修史任务的顺利完成,除各级领导的高度重视外,相当程度上是因为各单位识大体、顾大局、讲协作,发挥了整体作用。如:前面提到的豫北公司先前完成的厂史(1985—2007)在已印刷成册下发各基层单位的情况下,根据新航集团航史编修工作总体要求,按照集团确定的统一大纲体例进行结构和内容调整,重新进行编写,以保证集团本次续修史工作的统一性。

这部《新航集团史》的续修过程,在专群结合、发挥两个积极性方面做了更进一步的探索。早在拟订编写提纲时,就注意征求集团上上下下各方面人员、包括一些离退休老同志的意见,在集思广益、博采众长的基础上,进一步完善了编写提纲,明晰了编纂工作思路。史料征集是《新航集团史》编纂的关键所在,涉及到全集团多个单位的数百余个管理线条,通过层层落实责任、规范考核、严明奖惩,做到了谁主管、谁负责,有的领导甚至亲历亲为,严把史料的质量关,为提供高质量的史料倾注了大量心血。直接参与史料收集任务的百余名资料收集人员兼岗位工作与史料收集的重任于一身，为了做到"两不误、双完成"，多数同志都是在忙完本职工作之后，挤出时间收集史料，夜以继日、废寝忘食，有时为了澄清一件史实、核准一个数据，"三顾茅庐"不嫌累，"衣带渐宽终不悔"精神令人敬佩。在史料征集和编纂成册过程中，还有许多同志默默无闻地承担了大量提供资料图片、查找文件档案、寻访当事人以及文字打印、史料长编基础撰写和文稿校对的工作，做出的贡献不应抹杀。这部《新航集团史》的完成在很大程度上凝聚了众多新航人的劳动成果，是新航人集体智慧的结晶。

第五编

修史讲义

打好修史三个基础

董平分

2010年春，中航工业开始了新世纪宏大的修史工程。这次续修中国航空工业史，是中国航空工业史上一项浩繁的史料收集整理工程、重大的文字撰写编辑工程和具有深远影响的文化系统工程。

要把这项工程做成精品，不但需要领导者的坚决支持和指引，不但需要组织系统给予人力资源的大力保障，不但需要财务资源的源源供给，不但需要方方面面尽心竭力的支持，而且需要亲身参与者对史学科学知识的深刻把握与运用。

修史是一门科学，编修历史有其自身规律。

搞清楚什么是史，占有庞大翔实的历史资料，梳理好撰写历史的提纲，是修建历史大厦三个不可或缺的基石。

一、史的基本概念

(一) 史的基本概念及分类

1. 史的基本概念

史即历史，是客观世界运动发展和人类社会发展演变的过程。一般意义上是说人类社会的演变发展过程。

史包含以下几层意思：第一，它是指过去人类活动的连续记载；第二，它是指已经过去的事实；第三，它还是指史学科，即研究记载和解释作为人类一系列活动进程和历史事件的学科。

中国航空工业史是研究记载中国人创建和发展中国航空工业的过程的专门著作，是对其发展过程的真实记录，也是对其过程有选择的记录，它是创造了中国航空工业史的历代中国航空人的集体智慧的结晶。

2. 史的分类

历史的分类可以根据不同的标准来确定，如按历史所叙述的时间、历史所叙述的范围、历史所叙述的内容、撰写历史的主体等来分类。

(1) 按时间划分，可分为：通史、断代史、古代史和近代史等；

(2) 按范围划分，可分为：世界史、中国史和企业史；

(3) 按内容划分，可分为：思想史、经济史、军史和党史等；

有时范围和内容可以合用，如"世界思想史"和"中国经济史"。

(4) 按编撰的主体可划分为：正史和杂史。

正史一般是官修，采用纪传体、编年体全面记述，绝大部分由政府主持编修，如《二十四史》；

杂史只记载一事的始末、一时的见闻或一家的私记，是带有掌故性的史书，如《国语》和《战国策》。

这次续修中国航空工业史属于正史范畴。

(二) 史与志的区别

志又称地方志，包括地方志书、地方综合年鉴。分为省（自治区、直辖市）编纂的地方志，设区的市（自治州）编纂的地方志，县（自治县、不设区的市、市辖区）编纂的地方志。是关于一个地方的自然与社会、历史与现状的资料性著述。

史与志的区别如下。

(1) 编写方法形式不同。史倾向于纵向的发展，通过对历史现象的分析、研究，探索历史发展的客观规律，故论述是史书的主体。志，主要是记载现状，就是把事物横向分门别类地记载，只有记载而不论述，"述而不作"。

(2) 主体门类广狭不同。史是以历史事件或历史人物为中心轴线，记事集中，论述深入、系统。志则重在资料收集，各个门类，各种重要资料，都在记述范围之内，平列叙事。

(3) 内容详略不同。一般说，史的范围较专、较略，志的范围则较广、较博。

(4) 记述侧重不同。史书内容记载重在过去。史书要求"详古略今"，越古越详，通过对历史人物、历史事件进行概括、研究和论述，加深后人对前人、前事的认识，从而达到鉴古察今；而志书则"详今略古"，重在记述当代。

一句话，史像是一棵大树，志如同一片树林。大树的成长分为不同阶段，可以生出许多枝杈，但是彼此是关联的，是有脉络的，是随着时间成长起来的。树林的树木则相互之间没有什么关联，有可能是松树、银杏树等不同树种的集合。

另外，史和年鉴也不同，史、志、年鉴的区别见表1。

表1 史、志、年鉴的区别

	史	志	年鉴
性质	学术性专著	资料性著述	资料性工具书
时限	论述较长的历史时期	记述当代（20年亦算当代）	记载当年
主持	官方、集体和个人	官方（官修）	官方（官修）
作者队伍	专家执笔、作者不多（一般隔代人写史）	众手修志，作者队伍庞大（当代人修志）	少数管理、研究人员编撰（当代人编鉴）
体裁	论述体、论述结合	述、记、志、传、图、表、录等并用，以志为主，述而不论	条目体，采取述或记体裁，一事一条
编排方式	纵排横写	横排竖写（横分纵述）	综合排列，类目不强调内在逻辑
资料来源	依据文献、调查研究或考古发掘，论证过去	依靠档案、文献、调查、采访等来积累资料	依据当年总结、报告、文件、资料、音像等
记述内容	重宏观，较专、较略（史记一条线）	重微观，较广、较博（志记一大片）	重事件，限载当年发生的事（鉴记历史横断面）
记述方法	记述历史，以时间、事件、人物为线索，通过分析研究，探索客观规律；兼顾今古，详古略今，重宏观，抓大事，有分析，有作者的评论	以时为序，分门别类记述当代大事、要事、新事、特事，要素齐全，重写结果，略写过程寓褒贬于叙事之中；重记当代，详今略古，兼顾宏观微观，客观真实，不加分析评论	以编年的形式，记述发生在当年的重要事物、事件和信息，收录重要原始文献，记录完全是白描式的
应用	重于鉴	重于用	重于提供原始资料

我们这次编修中国航空工业史，目的是记录从1988年至2008年这20年间中国航空工业的发展变化，研究认识其中的规律，为今后航空工业更好的发展服务。所以一定要注意：我们是在修史，而不是写志！搞清楚史和志实质的、形式的区别，才能更好地完成修史任务。

二、航史文献资料的收集整理

历史是过去发生的事情，已经一去不复返了。人们既无法使历史重演，也无法回到过去的年代身临其境地去感受和体验当时的历史。因此，人们如果想了解和研究自己的过去，只能凭借前人留下的各种"痕迹"。正是凭借这些"痕迹"，我们才可以追溯祖先的足迹，认识人类社会的各个发展阶段，进而探讨其发生和发展的规律。所以，我们通常说的史料，就是指那些人类社会历史在发展过程中所遗留下来的、并帮助我们认识、解释和重构历史过程的痕迹。人类对历史的认识和研究离不开史料。

充分占有史料，是撰写航空史的基石，也是开展航空史研究的第一程序。

我们要客观公正、全面系统、真实准确地把握历史、记录历史，必须首先做到充分地占有真实而不虚假、全面而不片面、生动而不刻板的史料。因此，科学地认识史料、充分地占有史料必须引起我们航史修编人员的高度重视！

（一）史料的种类

一般来说，人类的历史愈悠久，它所遗留下来的各种痕迹就愈多，史料的范围就愈广阔，可资我们认识和研究历史的史料也就愈丰富。根据史料的存在形式，一般可分为实物史料（也称史迹遗存）和文献资料两大类。

1. 实物史料

实物史料是人类历史在发展过程中被保存或遗留下来的前人活动的场所和前人创造发明的有形物品。大体上可分为两种：一是遗址，即前人活动的各种场所，如居址、村落、作坊等各种建筑设施。我国陕西蓝田遗址、西安半坡古人遗址、北京山顶洞人遗址以及世界上著名的意大利庞贝古城遗址等都属此类。二是墓葬，即古人的墓穴。墓葬作为实物史料，有它特殊的意义。一个保存良好的墓葬，不仅有古代人的遗体，还往往有许多随葬物品，有的甚至还埋有大量的壁画、简册和古代文献，因此能真实、生动地再现当时的社会生产生活面貌。像我国1973年在湖南长沙发掘的西汉马王堆墓即属此类。

2. 文献资料

所谓文献，按元初史学家马端临所说："凡叙事，则本之经史而考之以历代会要，以及百家传记之书，信而有征者从之，乖异传疑者不录，所谓文也；凡谓事，则先取当时臣僚之折疏，次及近代诸儒之评论，以至名流之燕谈，稗官之记录，凡一话一言，可以订典故之得失，证史传之是非者，则采而录之，所谓献也。"按马端临的说法，文献应包括文字资料和口传资料两大部分。口传资料是指经历代口耳传承得以保存下来的以往人类的言行。梁启超曾形象地说"十口相传为古"，说明口传资料同样是重要的史料形式。常言说的"路上行人口似碑""有口皆碑"，也证实说口耳相传的作用与碑文记载具有同样的价值。在文字发明以前，口耳相传是保留史料的基本形式之一。利用口传资料进行历史研究，在我国也有悠久的历史。孔子编《春秋》，曾采用不少"所闻"的口传资料。司马迁编《史记》时，"网罗天下放失旧闻，考之行事"，也大量采用了口传资料。近年来盛行的各种口述录音资料、回忆录等，都是利用口传资料的表现。但与口传资料相比，文字资料无疑以其更加丰富且完备而更为重要。我国历史源远流长，前人为我们留下的文字材料也极为丰富。

人们通常将文字资料分为以下几个部分。

（1）史部类

经、史、子、集是战国古代对学科的划分标准，史部类即关于历史的书籍。史部书是我国历史资料储藏量最丰富、最集中的宝藏。《四库全书总目》把史部类分为15个子目，所收书籍连存目共2714部，37000多卷。在史部类图书中，以正史类最为重要，它是历代封建王朝官私机构专门编写的记载各朝代历史发展概况的纪传体史书。人们将其合称为《二十四史》。《二十四史》共3249卷，约4500万字，记述了上起传说中的黄帝，下讫明崇祯17年（1644年）长达4000多年的历史，是研究中国历史最主要的文献资料。除正史外，还有如《资治通鉴》等编年史类，《宋史纪事本末》等纪事本末体类，《国语》《战国策》等杂史类，以及各种别史、起居注、实录、政书等，都是对正史较为有利的补充记载，有相当高的史料价值。

（2）经、子、集类

"经"字本意是指纵的线，就是订书的线。演化为古籍的统称，凡带有原理原则性的著述，都可以称作经。汉代以后，专指儒家所传授的几种书。而经学开辟的时代，当以孔子定六经为始。清人章学诚提出了"六经皆史"的观点。经部诸书中，《尚书》《左传》本身就是史书；《周礼》《仪礼》是研究先秦官制和社会制度的重要典籍；《易经》包含着许多反映殷周和殷以前历史的重要资料；《诗经》虽是古代一部诗歌总集，但其中蕴含的史料价值也是人们公认的。子部类汇总了春秋战国时期诸子百家的作品，是研究哲学史、古代科学史和当时社会历史变革的重要史料。集部书系文学性质，不专门记载史事，但里面同样不乏珍贵的史料。如唐代现实主义诗人杜甫的诗历来被称为"诗史"，其著名的"三吏""三别"生动地反映了唐玄宗、代宗、肃宗三朝的社会情况。集部书中有很多内容可与史书互证、互补，甚至多有史书未曾记载的内容。

（3）档案类

档案分公、私档案两种。我国早在商周时期就建立了国家档案制度，凡涉及国家政治、经济、军事等大事，便记载下来，由专门机构加以保管。故宫博物院是目前我国收藏档案最丰富的地方，清朝内阁大库所藏明清两朝档案有很多都存于此。各地方所藏历史档案的数量为数也极为可观。除公家档案外，还有大量的私家档案，如私人信札、笔记、谱牒、契约、账簿、商号、文书等，对于研究各个历史时期、各个地区的经济状况、宗法关系和阶级关系颇有价值。

（4）地方志类

地方志是记载各个时期各个地区的社会生活、历史变迁、地理沿革、风土人情等情况的书籍。我国历来重视地方志的编修工作，其涉及地域之广，内容之丰富，在世界上是罕见的。地方志一般分为总志和地区志。总志是全国性的方志，如战国时的《禹贡》《山海经》，清朝时的《一统志》；地区志极为丰富，省、府、州、郡、县一般都各有其志，记载详细，内容广泛，是研究地方史的一手资料，具有极其重要的价值。

（5）甲骨和金石铭文类

甲骨文是商周时期人们刻在龟甲和兽骨上的文字；金文以商周青铜器为主。它们都是研究商周时代的珍贵史料，郭沫若的《两周金文辞大系考释》和《卜辞通纂》总汇了甲骨金文资料。石刻铭文包括石经、造像、墓志、记事碑等，以记事碑的史料价值为最高，它往往记录了不见史传的重要史实。如唐德宗建中二年（781年）立的《大秦景教流行中国碑》，记载了唐太宗时基督教由欧洲传入中国，在长安建寺传教的情况。唐穆宗长庆三年（823年）吐蕃赞普建的《唐蕃会盟碑》，用汉、藏两种文字记载了两族人民的亲密关系。这些史料既是文献资料，又属于实物史料。

（6）外国人著述类

外国人有关中国历史的记载中不乏颇有价值者。如《马可波罗游记》、波斯人拉施特的《蒙古史》，是研究元朝历史的重要文献；朝鲜的《李朝密录》对研究前清的历史很有帮助。近代以来，随着中国与国外的交往日益频繁，外国人关于中国的论述也越来越多，成为研究中国历史的重要资料来源。

航空工业史的史料主要集中在：档案类、口碑类、声像与数字化类。

文献资料主要包括文案、音像、电子媒介和网络资料。

（1）文案资料

文案资料主要分为文字文献、数字文献等用文字记录的文献资料。它是最广泛的文献资料形式。它包括：外部出版物，如报纸、杂志、书籍等；内部档案，如会议记录、备忘录、大事记等案卷；个人文献，如日记、笔记、信件、自传、供词等。编修航史要掌握的内部文案资料主要包括：

①公司名称及变更；

②宣传材料、内部刊物；

③成立背景，发展历程，发展过程中各种总结、分析材料；

④历届年终总结会议的详细记录；

⑤所有中、高层管理人员的详细个人简历；

⑥历年公司发展规划的报告；

⑦历年受奖励人员的名单和事迹等；

⑧历年受到处罚的人员的资料和记录；

⑨各种活动的组织和总结资料；

⑩组织结构图、部门以及岗位职责；

⑪公司、各分公司副总经理以上个人工作总结、计划；

⑫年度公司、分公司、各部门年度工作计划；

⑬公司、分公司历史上的战略规划文件（如涉及战略规划的会议记录文件等）；

⑭公司、分公司财务、资产、人力资源、经营管理、科技发展、思想政治工作等年度报告、各种记录文件；

⑮其他。

（2）音像资料

为了更迅速、更切实地把握企业历史现状，不仅要借助于公司的文件、制度、会议记录等文案资料，也要搜集反映企业历程的音像和图片资料。这些资料分为图像资料和有声资料两类。

一是图像资料，即用图像形式反映企业发展历程的文献。包括电影、电视、录像、照片、图片等。这一类文献形象直观，在企业史料中具有重要作用。

以照片资料为例。随着企业对外宣传力度的加强，企业照片档案也逐渐增多。但很多企业对照片档案还没有引起足够的重视，企业工作人员在公务活动中形成的一些照片有很多还留在个人手中。企业档案工作者对此现象要给予关注，加强收集和管理，并配合企业各种宣传活动，提供利用。反映企业历史的照片资料包括：

①与纸质档案内容有密切联系的照片，如会议照片；

②本企业科研、生产、销售、宣传等活动中产生的具有凭证和参考价值的照片，企业领导和著名人物参加重大公务活动的照片；

③本企业向企业内部或社会提出内容和要求，组织拍摄或征集的照片，如企业向社会征集的宣传产品的广告照片，企业组织职工开展的摄影比赛过程中形成的照片等；

④外单位、个人形成的，但与本企业密切相关的照片，例如，一些老字号企业常常收集散存在个人手中珍贵的历史照片，这些照片反映该企业早期生产经营的景象。

二是有声资料，即用声音反映企业发展历程的文献资料。包括唱片、录音磁带等。

（3）电子媒介资料

随着电子技术的迅速发展，上述各种文献形式都可以"电子出版物"的形式出版。"电子出版物"是将文字、图像、声音、动画等信息数字化以后存储于光盘或磁盘上，借助于计算机（或其他设备）以及专用软件来阅读的"出版物"。光盘在国外叫"CD"（compact disk），与磁盘一样是数据存储介质或信息载体，但其数据存储量要比磁盘（软盘）大几百倍到上千倍。一般的光盘（650M）可以存储3亿汉字，能容纳几百种期刊。由于读取光盘中的数据要用到激光和专用的"光驱"，故国内称其为光盘。

清华大学光盘国家工程研究中心于1995年研制成功"《中国学术期刊（光盘版）》全文检索管理系统"，并出版了《中国学术期刊（光盘版）》。这种集成化的电子印刷版，每张光盘可容纳300~500种学术期刊的全文，可以显示并输出与期刊印刷版一致的版式。这一电子出版物的问世，极大地增加了出版物的信息容量，提高了文献检索的效率和文献的利用率。它将成为文献调研的越来越重要的途径。

（4）网络资料

通过互联网搜集相关资料，可以利用互联网的开放性和直接性的特点，使资料收集具有灵活性、及时性、经济性、互动性、客观性、保密性、主动性和休闲性等优点。

（二）史料的收集

航史是在直接、系统地收集有关文献资料的基础上，通过对资料的分析和综合来阐明当时的历史发展情况的，因此，史料的收集整理是写好航史的第一步。那么，如何收集航空史料呢？

1. 航空史料收集的基本程序

（1）成立航史修史领导小组、航史编修委员会和航史编修撰写小组。

（2）由航史编修委员会提出修史初步设想，并报航史修史领导小组批准。

（3）依据航史修史初步设想的大体时间段，提出史料收集设想。

收集设想是航史撰写者对所要收集的历史问题所做的推测性判断，用以指导初步的史料收集工作。收集设想主要是通过了解这一历史阶段的主要文献资料和当事人，以便对这一阶段的历史进行初步的了解。

例如：我们需要收集的是1993—1999年的航空工业发展的相关情况。为搞好收集工作，我们一方面需要想方设法与了解这一阶段的历史主要参与者取得联系，从他们那里获得收集史料的线索与头绪;另一方面需要了解把握已知的史料,如是否有年鉴、大事记等。

(4) 依据史料收集设想,开展史料的初步收集、整理工作。

一是对这一历史时期活动的主要参与者,特别是当时的领导人进行初步的采访,进一步明晰收集史料的方向和内容;二是对可能找到的重要史料进行阅读,例如找到企业的大事记、年鉴,进行粗读。对这一时期的历史活动,形成初步的印象。对于能予评价的历史事件,要多和当时领导进行探讨,真正了解当时事件发生的历史背景和对该事件的议论、评论。

(5) 依据初步收集的历史史料撰写该时期的史纲。

史纲是撰写历史的提纲。史纲也是正史的写作提纲,这个提纲要初步回答这段历史的基本构成,初步回答作者对这段历史的基本评价,要特别注意把握这段历史中对历史进程有重大影响的重要线索、重要事件、重要活动、重要文件和重要人物。根据纵横结合的写法,由写作者撰写出初步写作提纲或提纲草案。

(6) 编修撰写小组对提纲草案进行研讨,提出上报的修史提纲。

(7) 航史编修委员会召开委员会议,研讨修史提纲。

如不同意,将意见返回撰写小组进行进一步修订;如同意,将意见报修史领导小组批准。

(8) 根据航史修史领导小组批准的修史提纲,航史编修撰写小组人员进行分工,并按照分工分头开展史料的收集整理工作。

(9) 在史料收集基本符合写作要求后,开展初步的航史写作,并根据写作中的问题,进一步开展有针对性的史料收集工作,从而完善航史的编修。

2. 史料收集的基本方法

(1) 制订航史史料收集调研计划

航史史料收集计划是整个收集行动能否成功的首要环节。作为整个收集工作的行动纲领,收集计划主要包括收集任务的确定、收集时间的把握、收集方法的采用等内容。具体来讲,它包括确定收集方向、内容、时间和工作期限,收集史料的对象、地点及联系方式,收集的方式方法,收集资料的整理和分析方法,提出收集调研费用预算,以及如何统筹安排等。

下面就以上几个主要问题加以解释:

①收集方向、内容、时间和工作期限

收集方向是指是开展文献资料收集还是开展口述资料的收集或是开展声像资料的收集。同时要进一步细化收集方向,如开展文献资料的收集工作,是去查阅文件，还是去查找年鉴；是去收集历史录像资料，还是去收集老照片等。

②收集史料的对象、地点及联系方式

收集史料的对象是指是找档案馆，还是找报社，或是找当事人；地点是指收集史料具体进行的地方，是会议室、资料室还是什么地方。

③收集的方式方法

收集的方式方法是指是复印、复制、扫描、进行专访或是召开座谈会等。

在制订史料收集计划时要注意掌握企业内外的相关信息。

（2）收集史料的几种基本方法

①查阅文献与文献检索

a. 查阅文献

查阅文献资料是史料收集的最基本的方法。

查阅文献时，应注意充分借助别人在文献资料方面已经做过的工作，特别是要善于使用索引、书目、文摘、提要，以及查阅专业文献的各种指导书。查阅时，最好循着一定的流程系统地进行，而不是东抄一段、西抄一段，这样才能提高工作效率。首先，要确定与本段历史相关的内容，找关键词。然后，根据内容和关键词确定适当的材料，同时剔除无关材料。找到材料后，可以把比较重要的材料复印下来以备用。与此同时，可以对包含相关信息的材料做摘要或总结，写综述，并记下文献目录。这样就免得最后到写参考文献时再回头编目录。

在查阅文献资料时，应注意把历史事实同历史事实的解释区别开来。这样，即使在错误的解释体系中，仍旧可以搜集到许多可以利用的资料。正是因为如此，要尽量搜集第一手的原始资料，其目的就在于使资料尽可能贴近事实。

查阅文献资料的同时，应将有用的信息记录下来。记录资料的方法多种多样，采取何种方法，取决于资料的类型、性质、用途以及个人习惯等。笔记法主要有以下几种：

第一种，写批语或做记号。所谓批语，就是在所读资料的空白处写上自己的见解，或者评语，或者解释，或者质疑。而记号，是读者对重点、难点、精彩之处或自己感兴趣的内容画上的各种标记，如直线、双线、曲线、红线、圆圈、箭头、括号、着重号、问号、感叹号等，这些记号代表什么意思可自己规定。不过，使用此法，仅限于在可以自己处理的资料上进行。

第二种，做摘录。即记下原文重要处、精彩处的内容，以作为今后撰写时论证、引证之用。摘录时应注意不要断章取义，不要改动原文的字句和标点。此外，还要注明出处，而且要查对无误。

第三种，做提要。所谓提要，就是把原文的基本内容、主题思想、观点、独到之处或其他数据，用自己的话加以概括（或引用原文也可以）。做提要时必须注意，概括一定要忠于原文作者的观点。

b. 文献检索

要查阅文献，必先查找到所需文献。查找文献资料的主要操作方法有两种：一是检索工具查找法。即利用已有的检索工具查找文献资料的方法。文献检索工具可分为两大类：一是手工检索工具；二是机读检索工具，目前我国图书情报工作仍然以手工检索工具为主。

（a）手工检索

所谓手工文献检索，就是从文献的整体中查找出所需文献的过程。应当注意的是，这里所讲的文献的含义比较广泛，它不仅包括文字资料，也包括数据资料和事实资料。手工检索是传统的文献检索法，但它是计算机化的文献检索的基础，因此，了解一般性的文献检索常识是十分必要的。

——文献检索的原理。简而言之，文献检索的基本原理就是：怎样存进去，怎样取出来。这就要求检索的思路必须与存储思路取得一致。

——文献检索的流程。文献检索可以分为三个阶段：第一阶段为分析阶段，要对自己准备检索的课题的提出、依据和科学性反复推敲，并明确检索课题的学科范围和主题范围；第二阶段是准备阶段，要确定检索步骤、程序和要求，由近及远地选择检索工具，确定检索标志（就是确定以哪些词或符号作为本课题检索语言）；第三阶段是检索阶段，就是使用检索工具，加工检索结果，对检索结果进行检查和评价，一直到获得满意结果为止。

——检索方法。一般说来，检索可以有顺查法、倒查法、引文查找法和综合查找法几种方法。所谓顺查，就是按照由远及近、从旧到新的顺序查找。倒查法则与之相反，按由近及远、由新到旧的顺序。引文查找法，又称追踪查找法，是以文献中或文献后所列的引用文献为线索，查找有关领域或有关主题文献的方法。这种方法的优点是可以不断扩大线索，有助于查找的准确性。综合查找法就是将各种方法结合使用来达到检索目的。

（b）计算机检索

手工检索在材料不多时是有用的，当材料十分繁多时，就会显得"心有余而力不足"了。因此，对于一项较复杂的资料搜集工作来讲，利用计算机来检索将会方便和有效得多。

大型的公共图书馆（如中国国家图书馆、上海图书馆）和一些大学图书馆有计算机辅助检索系统。计算机检索能最大限度地保存有关某一主题的信息。它具有手工检索不可比拟的广泛性和速度。操作时，可以利用程序设置想要查询的范围（包括数据、书目、引文及摘要）。

计算机检索与手工检索的本质相同，所不同的是使用的手段不同。计算机检索是用计算机将用户的提问与文献数据库相匹配，手工检索则是由人从二次文献中直接查找。计算机检索分提出问题、进行检索和提供答案三个阶段。

——提出问题阶段。用户要将提问列成检索式，并输入计算机。由于使用的是计算机，所以列检索式十分关键。检索的描述既要求准确、全面地概括研究问题的内容，又要简单，以便于计算机识别。

——检索阶段。列出检索式后，检索阶段的任务就完全交给计算机做了。计算机会将用户的需求与文献数据库匹配，自动进行逻辑运转，迅速找出结果。这就大大减轻了人的负担，尤其是在处理大宗资料时，不仅速度快，而且可以大大减轻人们的工作量。

——提供答案阶段。计算机通过打印输出或显示输出的形式输出结果。此外，计算机还可利用"反馈"，自动修改提问，及时改善处理检索进程，直至获得满意的结果。

运用计算机检索，应注意两个方面的问题。

其一，检索的问题和范围要明确，以便于查询。如果问题过于宽泛，查询到的资料就会太多，其中许多可能是与问题无关的。相反，如果查询的问题比较明确，查询的范围就会小得多，相应地，查询的速度和效率也会提高。因而，确定关键词或描述词对计算机检索是至关重要的。例如，某研究主题是"小学校长"，那么，仅以"校长"作为关键词就显得范围太大了，应对之进行缩小。

其二，与检索问题相联系的，是选择数据库的问题。有些问题可能会在不止一个数据库中查到，有些问题是两个数据库交叉的内容，这就需要设置程序，扩大或限制检索范围。一般地，运用主字码"和"是缩小查找范围，运用主字码"或"是扩大查找范围。

目前，计算机检索的最高形式为国际联机检索。世界上大多数索引文献都有机读形式，其中80%以上都可在全世界作联机检索。

近年来，全球范围内互联网应用的迅速普及和发展，带来了网上信息的几何级数的增长。据估计，全世界网上文件的数量在2000年年底已经突破20亿，2002年这个数字达到了80亿。信息来源迅速增加和互联网技术的发展，为信息的传播带来了革命性变化。随着我国信息化程度的迅速提高，网上有价值的信息越来越多；

对于企业来说，有关信息大量在网上传播，那么通过互联网收集调研信息就成为一条重要的途径。搜索引擎是互联网应用的重要工具，在网上信息搜索特别是未知网站和网页的搜索上发挥了巨大的作用。

国际互联网是个全球互相连接的网络。它连接服务器（容纳信息的计算机），同时也把互联的企业、科研院所、商贸机构、政府部门、医疗机构、教育机构以及个人连接起来，运用Google、百度等搜索工具，它能进入数千万已入网的地址或用户群组。

国际互联网是一个全球性的电信网络，它使人们无论在什么位置，无论使用何种类型的计算机，都能获得世界范围的数据、图像、声音和文件。对企业调研人员来说，国际互联网有两个重要的信息源，一是公司组织机构、个人创建的推销或宣传他们的产品、服务或观点的网址，另一个是由对某特殊主题感兴趣的人们组成的用户群组。

国际互联网上有成千上万个用户群组（也称新闻组或讨论组），几乎覆盖了每个主题。他们大体上按题目来组织，其范围从业余爱好与娱乐（按娱乐添加标题），直到计算机、科学、文化和宗教，还有"选择"主题。一个调研者在一个适当的用户组内提出的问题，可能很容易地从数百万互联网用户之一那里找到答案。

在国际互联网上寻找公司比较感兴趣的、有关我国的信息资料可能比较困难。因为我国的调研机构的调研活动还不是很多，或者有关的调研活动并没有在网上发表出来。当然可以在国家统计部门等官方机构设的网址上查询一些信息。

收集信息的网络工具有以下几种。

——搜索引擎。如新浪、搜狐、Google、百度等搜索引擎，通过搜索引擎对关键词组进行查询能很快地找到所要查询的资料。

——专用工具软件。信息收集工作是一项长期和繁琐的工作，一味依靠人力则耗人耗时，效率也不高；这时专用的工具软件应运而生。在这类软件中，国外有英国Autonomy公司的PortalInABox和美国Microsoft公司的SharePoint。在国内的产品中，性能最突出的是北京百度在线开发的"网事通"实时信息系统和广州西风软件开发的"情报探索者"（InfoGate）信息采集加工系统。百度的"网事通"是百度在线公司将互联网搜索引擎技术应用到专业化信息检索领域的产品，该软件可以自动采集网络上的信息并提供数据分析、加工分类、建立索引数据库以及检索功能。

②访谈法

访谈法又称个别访问法，是指在史料收集过程中，通过个别面谈来收集资料的一种专项资料收集形式。访谈法的主要特点就在于"个别"访谈上。由于是个别面谈，调查者与调查对象之间有可能建立起比较信任的关系，能够把调研与讨论有机结合起来，不仅能提出问题，还能探讨、研究解决问题的途径，方便灵活，回答率高，搜集的资料真实可靠。

开展访谈，第一步骤是制定访谈提纲。

访谈提纲根据谈话方式一般分为两种：一种是标准化访谈提纲。在这种提纲中，对谈话的开场白、指导语、所提的问题、问题的措辞和排列、提问的语气以及遇到了特殊情况应如何处理等，都应做出详细的规定。访谈时，调查者要严格按照提纲逐一提问，并按统一的格式作记录。标准化访谈提纲能使调查的情景、条件、内容、过程大致相同，减少因各种偶然因素造成的调查误差，便于谈话资料的统计汇总。另一种是非标准化的访谈提纲。提纲中只列出调查者想要了解的主要问题，给谈话人提供一个思路。非标准化访谈，需要调查者反复研究和掌握提纲内涵，并运用好说明、解释、提问、重问等手段，激发调查对象的谈话热情，达到深入调查的目的。

从访谈对象上划分，访谈提纲又有三个类型：

一是高层访谈提纲。企业高层往往是企业历史的主创者之一，对企业历史有较深入的了解和切身的体验。为此，其访谈提纲设计一般侧重于对宏观环境、发展战略、重大事项决策、班子及队伍建设、企业发展历史中的关键问题等方面进行了解。

二是部门访谈提纲。部门是企业战略和企业管理的中间执行环节，承上启下，是企业发展历程中的一个重要方面。在部门访谈提纲的设计上，一般应注意了解各相关部门在企业经营发展、管理等方面的具体情况。

三是基层走访提纲。基层访谈要针对需要进一步深入了解的主要问题进行。

我们开展的老领导会议访谈，就是采用事先请若干当事人共同回忆每一重大事项，然后，由老领导进行回忆，对老领导的回忆进行录音录像，整理成文字资料。

实施访谈。

做好访谈提纲后，就可以根据计划实施访谈了。

为使访谈取得好的效果，在个别访谈中，要特别注意如下几个问题和环节。

一是做好准备，进入谈话氛围。个别访谈最困难的阶段是访谈开始。有一个良好的开端，顺利进入谈话气氛，意味着访谈成功了一半。如前所述，访谈对象开始时都有某种"拒访"心理，如对所调查的问题可能不关心或不感兴趣，认为访谈耽误了自己的时间，还有的担心访谈会给自己带来麻烦等。即使是愿意谈的人，也需要一个观察和适应的过程。同时，对不同访谈对象也要区别对待：如高层访谈，要以目前企业面临形势与今后任务为话题引导调查对象畅谈思路、看法与感想；对中层部门负责人的访谈则可以谈一些引发谈话兴趣的话题，融洽双方的谈话氛围后再切入正题。如果调查对象需思考后再回答，也不要急着催促，可试探性地提一些简单的问题，引导谈话人思维与情绪逐渐活跃起来。

二是尊重对方感受。首先要尊重对方，不管访谈对象是一般干部还是职工代表，都必须注意对访谈对象的态度要亲切。要始终记住，在访谈双方，调查者是"学生"，"有求"于对方，任何高高在上的态度或轻视的神情，都会引起被访谈人的反感，影响访谈效果。其次要信任对方。对于访谈对象的个人观点，不能强求全面、准确，允许访谈对象个人充分发表意见。对一些偏颇的观点和看法，也不能轻易打断，否则将伤害谈话人的自尊心，挫伤其谈话的积极性，也得不到真实的第一手材料。

三是头脑清醒，控制参与程度。个别访谈时，调查者是少插话，让谈话人一个人说好，还是适当插话，与调查对象适当讨论为好？这要从调研的客观性上来判断。主要根据不同的情况灵活运用，既保持调查的客观性，又达到深入调查的目的。如当谈到与事实有关的问题，调查者的参与程度要低一些，尽量少插话；如果是谈到对问题的看法，调查者的参与度可高一些，多提几个为什么，引导对方把全部看法和理由讲出来。

四是认真仔细，做好访谈记录。在做访谈记录时，既要注意记录观点，也要注意记录细节。没有观点，只记一些零零碎碎的东西，就无法抓住谈话的脉络；而没有细节，只记下干巴巴的条条框框，记录就失去了意义。当然，访谈中，也要注意辅助使用一些现代化记录工具。

③座谈法

座谈法是一种集体访谈方法，即将许多调查对象放在一起同时进行访问。也就是通常说的"开调查会"。

座谈法具有以下特点。

一是多人互动。座谈法最大的特点是，访谈过程不仅是访问者与被访问者的互动过程，而且也是被访问者之间的互动过程。座谈会能收集的资料受到这两种互动的影响。由于头脑风暴的作用易于找到更多的回忆线索，引出更多的历史资料。

二是座谈人员具有同质性。根据长期实践经验，座谈会的人数以5~7人为宜，最多不超过10人。参加人员应根据目的不同而有不同的选择，但一般的原则是：

a. 要有代表性；

b. 要十分了解情况；

c. 要勇于发言；

d. 相互之间应有共同语言。

一般来说，与调查问题无关的人和权威人士不必在座。

访问前应事先将所有参加座谈的人员名单，访问的具体内容、要求，举办的时间、地点等通知参加座谈会的所有被访谈对象。正式开会前，调查者应做好充分准备，拟定好询问提纲。

三是放松的非正式气氛。座谈会可采用"头脑风暴法"和"反向头脑风暴法"。"头脑风暴法"即会议主持者只就某一方向的总议题，请到会者自由地发表意见；会议主持者不发表意见，更不对别人的意见提出批评。"反向头脑风暴法"，即会议首先列出某方面的问题，参加者不仅自己发表意见，而且必须针对别人的意见展开批评与评价。座谈会要避免大家的发言受某些权威人士发言的左右，或受会议主持者意见的左右，而要使各种意见都能得到充分的表述。座谈会要注意把握重点，避免流于空泛；特别是避免与会者一旦争论起来，不知如何控制局面。

由于座谈会是访问者与被访问者之间、被访问者相互之间的多层次互动，因此它所获得的信息较其他访谈方式获得的信息更广泛；而且由于互相启发、互相补充、互相核对、互相修正，使获得的资料更完整准确。此外，由于是同时访问若干人，因而可节约人力、时间。座谈会常常将调查与研究集于一身，因而能获得意外的收获。但座谈会也容易产生一种"团体压力"，使个人顺从多数人的意见而不敢表示异见，因此对于某些敏感的问题，不适于采用这种方法。与个别访问相比，座谈会较难进行深入细致的交谈。

座谈法的艺术。

一是注意尊重座谈会参与者。一般来讲，调查人往往是年轻人，而被调查的往往是老同志，要注意特别尊重他们。因此，尊重前辈，才能搞好座谈会。

二是掌控座谈的节奏。在座谈会上往往出现这样的情况：有的健谈，有的怯生或不善言谈；有的能抓住要点，有的则东拉西扯甚至文不对题；有的如实提供情况，有的对反映本地区、本部门、本单位的问题有这样那样的顾虑。要对被调查者不同的心态选择合适的提问方式与技巧。

三是要掌控扣紧主题，掌握主动权。在座谈中，为了沟通感情，活跃会场气氛，启动大家的思维，可以提出若干功能性问题，或者谈一些题外话。但绝不能忘记座谈会目的，而应注意驾驭会场气氛，抓住有利时机，及时把发言中心和重点引导到需要讨论、了解的主要问题上去。有时为了避免座谈冷场，需要旁敲侧击，诱导被访问者"入轨"。所谓旁敲侧击或诱导，是指用其他地方类似的情况引起被访者的"共鸣"。

四是要掌控激励合作，防止冷场。在大多数情况下，调查者和被调查者是能够合作的。但也有相互不够合作或者合作得不好，导致座谈气氛不活跃、冷场甚至发生不愉快的情况。这就要求调查者自始至终注意激励合作，活跃气氛，防止冷场。如果出现冷场，应当随机应变。首先寻找打破僵局的发言人。可先点工作资历较高的老同志，比较容易寻求"话头"。例如"您带领大家进行这项工作多年，经验丰富，是不是请您先谈谈？"这样，在褒扬的基础上点名，不致形成"将军"的局面，能够收到良好的效果。另外，也应注意语言的艺术，巧妙地使用幽默、诙谐的语言，营造出轻松、和谐的气氛。

五是选择适当的提问形式。提问的形式，一般分为正问、侧问、设问和反问等四种。

正问。就是开门见山、直截了当地提出问题。比如：您工作那会儿公司有多少员工？

侧问。就是采用迂回曲折的办法提问，引导对方回答。

设问。就是按照对方回答的逻辑思路，提出假设性的问题，引导对方回答。比如在被访问者谈到企业某种制度有不少弊端时，访问者可以提出：如果对某些措施加以改进，能否克服这些弊端？

反问。就是从相反的角度提出问题，促使对方回答或引起讨论。比如，当被访问者谈到今年铁路运输对工业生产影响很大时，访问者可以根据掌握的事实提出：听说有时车皮来了，又无货可装，有无这种情况？是什么原因？

访问调查中采取哪种提问形式为好，要根据访问对象和访谈进展情况灵活掌握。

六要及时追询，深入挖掘。追询是访问者为使被访问者正确地回答问题进一步提出问题，是提问的延续，也是一种引导方式。当被访问者回答中回避某些事实、不吐露真情、前后矛盾、违背逻辑或情理、含混不清、模棱两可、不具体、过于笼统、缺乏事实或事实残缺不全时，可以追询。追询的方式有正面追询、侧面追询、系统追询、补充追询和重复追询等几种。

正面追询是针对事实不真实、不具体、不完整、不准确的地方，请对方补充回答。

侧面追询是在原提问的基础上，调换一个侧面、一个角度、一种提法，询问相同的问题。

系统追询是按照"5W"（即何时、何地、何人、发生何事、何因何果）系统地追询。

补充追询是针对漏掉的、需要补充的问题提出追询。

重复追询是为检验关键性资料前后说法是否一致，或访问者记录不清，对需要重复的问题提出追询。

追询不仅要适时，而且要掌握好言语分寸。所谓适时，就是对可以顺藤摸瓜的问题，应当立即进一步提问；对一些不宜在公众场合披露的"隐情"，应当放在座谈会后单独进行追询。所谓掌握语言分寸，就是要以不伤害被调查者的感情、有利于收集资料为原则，一般应尊重被访问者的角度讨论问题，口吻要平稳，语调高低和节奏要适宜。如果追询者居高临下，语言咄咄逼人，会给被访问者造成追逼和审问的感觉，这样，座谈会非"砸锅"不可。

搞好座谈记录。

访问调查，必须做好记录。在绝大多数情况下是当场记录，以求资料完整、准确、真实。有些不便记录的，也可事后追记。记录形式以笔记为主。在具体记录中要注意：

一要对实质性问题，应尽可能记录发言者的原话，包括方言土语，一般不要去提炼或改正其语法毛病，以保持其自然原始状态。

二要对关键性材料和数据记录准确，必要时请其重述。事后还应与有关材料、报表核对，并把结果注入旁批。

三要做好旁批。发言者语言含糊，可通过其语词、表情理解，并将其意思注在页边。重要资料数据记录后，要加着重符号。也可将对材料进行处理的想法或者由此材料触发出的"思想闪光"注在页边旁批位置，以便利用。

四要及时排疑补遗。发言提供的材料如有疑点或遗漏，要作上标记，及时追询，排除疑点，弥补遗漏。

(三) 航史资料的整理

整理历史资料的过程包括审核、整理与分类、汇编与存档。

1. 审核

审核是指在着手整理调查资料之前，对原始资料进行审查与核实的工作过程。目的在于保证资料的客观性、准确性和完整性，为资料的整理打下坚实的基础。在资料调查完成以后，为了保证资料整理和汇总的质量，必须对每项资料进行严格的审核。如果原始资料中有错误，整理加工后就不易被发现和修正，从而导致错误的结论，影响资料收集研究的科学性。实际上资料的收集和审核在大多数情况下是同步进行的，审核工作和收集工作同步进行，边收集边审核，叫做实地审核或收集审核。在收集资料后集中时间进行审核,叫做系统审核。对重要资料进行反复的各种形式的审核,叫做多次审核。

审核的原则有四条:

(1) 真实性原则。对收集到的资料要根据实践经验和常识进行辨别,看其是否真实可靠地反映了调查对象的客观情况。一旦发现有疑问,应根据事实进行核实,排除其中的虚假成分,保证资料的真实性。

(2) 标准性原则。在较大规模的调查中,对于需要相互比较的材料要审核其所涉及的事实是不是具有可比性。对于统计资料更要注意指标的定义是否一致、计量单位是否相同等。

(3) 准确性原则。要对资料进行逻辑检查,检查调查得来的资料中有无不合理和相互矛盾的地方。例如,某人年龄栏内填写的是 23 岁,而工龄栏内填写的是 18 年,这显然不合逻辑,对这类资料要认真审核处理。

(4) 完整性原则。要检查调查资料是不是按照提纲或统计表格的要求搜集齐全。如果资料残缺不全,就会降低研究的价值。

2. 整理与分类

通过各种方法收集得来的历史资料通常是杂乱无序的,只有进一步整理和分析,才能使这些资料显示出事物的本质和规律。资料整理就是根据研究目的将经过审查的资料进行分类、汇总,使之条理化和系统化。

(1) 资料整理的原则

一是条理化。即对资料进行分类。分类可以使大量繁杂的资料条理化,为人们提供一种便利的检索手段。分类系统实际上是资料存取系统,它便于资料的存取、利用。

二是系统化。即按照研究、写作目的来对资料进行汇编,使资料能完整地反映对象的历史情况。如果资料不能满足研究、写作的要求,不能把问题说清楚,就应该在某些缺少的环节上,通过调查增加新的资料。

三是及时性。在整理调研资料时,要区别对待时效性程度不同的信息,重点关注那些时效性强的资料,以便最大限度地发挥调研资料的效能。

四是适用性。整理后的调研资料要符合实际需要,其内容要通俗易懂。

(2) 分类

调查资料的分类,就是根据调查资料的性质、内容或特征,将相异的资料区别开来,将相同或相近的资料合为一类。分类是否正确,取决于分类标准是否科学。分类标准的确定必须以科学理论为指导,以客观事实为依据。

①分类的方式。调查资料的分类有两种方法，即前分类和后分类。前分类，就是在设计调查方案时就按照事物或现象的类别设计调查指标，然后再按分类指标收集资料、整理资料。这样，分类工作在调查前就完成了。后分类，是指在调查资料收集以后，再根据资料的性质、内容或特征，将它们分别集合成类。如观察和访问的记录、问卷调查中开放型回答等，一般都无法事先做出明确的分类，只有在收集资料之后再去做分类工作。

②分类的原则。调研资料分类应遵循"简便性、系统性、层次性和固定性"的原则。即分类要求简单便利，不能过于繁琐；分类后的信息群必须是系统的，呈现出层次性；一种分类方法一旦确定后，应具有相对稳定性。

另外，分类必须坚持穷尽性和互斥性原则。穷尽性是指分类标准的确定必须使所有资料都找到归属，分类的结果必须把全部资料包括进去，没有遗漏。互斥性是指同一条资料只能归于一类，而不能既属于这一类，又属于那一类。如果分类的结果违背了这两条原则，就不能算是科学的分类。

③分类的程序和方法。调研资料分类的基本程序是确定分类方法、实施信息分拣、进行信息排序。信息分拣是把信息资料按分类方式的要求分门别类地放置。历史调研资料分类的方法很多，主要有时间分类法、内容分类法、主题分类法、层级分类法及综合分类法。其中主题分类法是指以主题词划分历史调研资料的类别，综合分类法是以时间、地域、内容、主题为依据综合划分历史调研资料的方法。

3. 调研资料的汇编与存档

历史调研资料的汇编与存档是指在对资料分类的基础上，按一定规律前后排列成序，汇编为章。经过初步加工，将历史调研资料整理成一个有组织、有条理、井然有序的信息体系，使之便于存储、检索和使用。

（1）汇编——史料长编

汇编资料的基本要求是简明、集中。要用尽可能简短的资料来说明调查对象的情况和调查所要解决的问题。如果资料很多，可把资料汇编成一个正本和若干个副本。

对分类资料进行汇编，应根据历史书籍的写作目的、要求和调查对象的客观情况，确定合理的逻辑结构，也就是使资料系统化。汇编时要对资料进行初步的加工，给各种资料加上标题，对各种资料按照一定的逻辑结构编上序号，等等。具体的汇编方法要分定性和定量资料采取不同的办法。

①定性资料的汇编方法

定性调研资料是指那些以文字来描述历史特征的非数量化信息资料。对定性资料可以进行简明整理加工。

——汇集法。即是把许多原始资料按一定目的汇集在一起,以集中反映某一事物的概况和问题。采用此法,要求相关的信息资料的量要多一点,反映的面要宽一点;要围绕一定的主题进行资料汇集;要避免把许多资料简单堆积,而要把相关的信息资料有机地汇集起来。

——归纳法。即是将反映某一主题的调研资料集中在一起,加以系统的综合归纳,以准确、全面、概要地说明主题。采用归纳法,需要对各种原始调研资料进行正确的分析、综合,不能使加工后的信息背离原有资料的真实意思。为保证经综合归纳得出的结论正确无误,需要汇编人员具有较强的逻辑思维能力、丰富的知识和经验。

——纵深法。即是按事物发展纵的方向,即按时间顺序或逻辑次序,把有关的调研资料进行综合深入研究。纵深法有利于把有关问题的认识层层深入,搞清其来龙去脉。

——连横法。即是把彼此相关的若干个不同方面,或不同时期的调研资料,有机地横向连结起来,做出比较分析,它能更有效地显示主题特征,也有利于反映事物之间的互相联系和变化。

——推理法。即是在占有并详细分析研究大量历史调研资料的前提下,依据事物的内在联系和发展规律,进行科学的判断、推理,得出某种结论,形成新的信息资料。

②定量资料的汇编方法

定量调研资料是指那些反映事物的量的数量化的信息资料。这些方法通常在专门学科中详细介绍。

——对比法。即是把某些定量信息资料同其他相关信息资料进行对比。操作时可以是纵比,即把某信息资料与不同历史时期的同事物的信息资料相比较;也可以横比,即把某信息资料同其他相关事物的信息资料相比较,如全面与局部比、先进与落后比、同行之间比、好与差比,等等。有比较才能有鉴别。通过对比可以形成强烈的反差,增强鲜明性,也可反映出事物的发展变化。

——化小法,又称浓缩法。即是指将某些数值很大、人们不易理解的数据,按一定比例缩小为人们容易理解的较小的数据。例如,有一则信息资料称:美国年广告费开支达1400亿美元。对此数据,对许多人来说只觉得数值比较大,但并不十分明确。如果把它化小为按全美人均计算,达每人584美元,则可以给人清晰的印象,记忆深刻,也便于传递。

——转换法。即是把人们比较生疏、不易理解的数字转换成人们所熟悉的数字。例如,《解放日报》1988年4月13日一篇文章中写道:"全国社会商品零售总额1年是4000亿元,商业系统销售是3000亿元。全国10亿人口,差不多每人每天手里有1元钱同商业部门打交道。加上银行存款,就变成每人每天手里拿着1元钱,兜里放着1元钱,看着商业部门。"这里既用了转换法,又用了化小法,使原数据变得通俗、形象,便于理解和记忆。

——替代法。即是把表示某一事物的数字不直接表示出来,而是用人们熟悉的数量概念或数量关系来代替表示。例如媒体对青岛远洋运输公司的报道中说:"青岛远洋运输公司把抢抓船期作为提高效益的重要环节。机关、船舶、驻港办事处三位一体、协同作战,及时做好疏港工作。在国内外港口严重压港的情况下,2003年,公司每艘次在港平均停时比2002年同期减少1.9天,非生产性平均停时比2002年同期减少0.43天,全年节省船期近70天,相当于多创效益600多万元。"

——图表法。即是把某些数据制成图表,直观、鲜明、有效地展示给人们。

除此之外,简明的定量资料加工法还有许多。例如,阐述法、延伸法、示意法、剔除法、还原法、百分比法和分数法等。

(2)历史资料的存储与检索

历史资料信息的存储与检索是继搜集、加工之后,信息处理的两个重要组成部分。资料存储是指把经过加工处理后的历史调研资料按照一定的规律记录在相应的信息载体上,并把这些载体按照一定特征和内容性质组成系统的、有机的、可供人们检索的集合体的过程。调研信息的检索是指一种有目的、有步骤地从加工并储存好的信息库中查找和调取历史调研资料的过程。调研信息的储存与检索是同一事物的两个方面,如果把存储看成是信息库的"投入"与"存放",那么信息的检索则可视为信息库的"产出"与"使用"。

①历史调研资料存储的基本原则和要求

资料存储是有效利用调研资料的前提。资料的存储过程是建立信息库的过程。历史调研资料经过搜集、加工及存储,成为具有重要价值的"信息资源",一些有价值的信息可以重复得到利用,从而大大提高了信息的利用率,增大了信息的使用价值。

历史调研资料的存储应遵循以下四个基本原则:

一是统一性。统一性是指信息存储的组织形式与全国一致,乃至和世界接轨,这样便于信息的流通、周转和使用,以提高信息的使用效率。

二是便检性。即信息的存储形式要以方便检索为前提。

三是有序性。有序性是指信息资料的排列要按一定的规律进行，这样有利于检索。

四是现代性。指资料存储的方式应尽量现代化。应尽量采用电子计算机和其他新材料作为资料存储的载体，建立规模宏大的历史调研资料库。

除上述基本原则外，在资料存储时还应考虑到怎样灵活方便地删除、修改信息和扩充信息容量等具体问题。

历史调研资料存储的基本要求可概括为：全、新、省、好。

全是指存储的信息资料要全面系统，尽量做到应有尽有。

新是指存储的信息资料要新颖。历史调研资料的时效性决定了愈是全新的信息使用价值愈大。要使存储的资料新，就得在搜集新信息上下功夫，同时还要注意原有资料的剔除与更新。

省是指资料存储的费用要省，成本低。在资料存储过程中，只有最大限度地降低费用，才能最大限度提高效益。

好的含义较广，它是指信息库房建设要好、资料存储设备要好、信息服务质量要好、资料存储工作人员素质要好。只有各方面都好，才能加快资料存储现代化进程。

②调研资料的归档管理

调研资料在整理完毕、存储后，就开始进入企业档案管理的程序，以方便资料的调用和分析。档案管理集中处理所有汇编完毕的信息资料和其他待归档的文件。包括建档、归档、分卷、索引、查阅、外借和归还等工作。利用全文索引技术，能够对所有档案进行非常方便的模糊检索、组合检索、分类检索和条件检索。在知识经济时代，企业档案馆已经成为企业重要的知识库。企业档案工作的任务，不仅是文件收集、整理和借阅，更重要的是挖掘档案中的知识成分。因此，调研资料要进一步通过现代的计算机信息管理功能，实现档案的知识化管理。这也就是将调研数据和信息的采集与选择、综合与深化、判断与推论、归类与导航，纳入企业信息化的领域，重点解决信息超载而知识匮乏的问题，并且能为后期的分析提供便捷的服务。

（3）航史资料的应用

航史资料收集的过程，就是我们重新认识航空发展历史的过程。

有些航空史料会写入航史。但由于航史有一定的篇幅，且由于受到保密等因素的限制，大量的航空史料不能被编入航史。为使这些历史沉积的宝贝最大限度地发挥作用，我们在进行保密处理之后，应当将这些没有写入航史的史料重新编辑，用其他的图书形式与世人见面。这里的主要形式有三种：即回忆录、人物传和老照片，且这些作品更具有可读性，更能吸引读者，更有利于流传。

正由于此，2011年4月17日，在隆重纪念新中国航空工业创建60周年之际，中航工业航史办编辑出版了《中国航空工业大事记（1951—2011）》《中国航空工业人物传·领导篇》《中国航空工业人物传·专家篇》《中国航空工业老照片1》《中国航空工业老照片2》《中国航空工业老照片3》等6本书，共计176余万字。大量的历史资料、历史照片记录了几代中国航空人艰苦奋斗的足迹，为弘扬"航空报国"精神提供了丰富的内容和翔实的素材。

三、把握主线　彰显主题　制定航史编修提纲

（一）航史编修提纲的概念及意义

——航史编修提纲之概念（概括地叙述纲目、要点的文体，具有纲要性、条理性两大特性）；

——航史编修提纲之组成（卷、编、章、节、目）；

——航史编修提纲之关键（全局在胸、谋篇布局、写作之序、内容关系、关键节点、编章节目以及章章、节节、目目之相互关系）；

——航史编修提纲之意义（提纲成熟，是认识航空工业史成熟的表现，是修史的关键环节，是成书之要）。

（二）把握主线，划分阶段

——修史的基本要求；

——认识航空工业史的基本手段之一。

1. 深刻认识局部历史的需要

有人把历史称之为"历史长河"，认为它是一个永不间断的"流"。这就必然要遇到从哪里截取一段进行研究的问题。其中包括从哪里进入，到哪里结尾，其间有些问题怎样处理等。对于这些问题的处理，必须通过历史阶段划分来解决。有的历史学家采取"自然的或者技术性的分期"，如中国古代以朝代或事件的始末来进行历史分期，这在历史编纂实践中是很实用的。这种对历史进行分段的研究，实际上是历史研究的一种切入形式，是"进入"历史的门径。

2. 深度认识和解剖历史的需要

对历史进行阶段性的划分，其意义并非为方便研究那么简单。研究历史的基本要义和着眼点就是从历史唯物主义的观点和立场出发，理清历史的发展变化，探寻不同历史阶段的质的差异，揭示历史的发展规律，为后人提供历史性借鉴。"治史

所以明变",就是这个意思。这一阶段的历史和另一阶段的历史的不同之处,就在于一个"变"字。做这样的辨析,是一项基础性工作。如果不能搞清不同历史阶段的"变",那就说明研究者还没有搞懂或者没有理清历史发展脉络及其重要节点。这种治史明"变",有的历史学家称其为"理论性的分期",把它看作历史编纂学的基本方法。

3. 比较分析不同阶段历史的区别与联系的需要

某一阶段的历史都是整个历史长河中的一部分,任何一段历史都与以往的历史既有明显区别,也有着紧密的联系,如果不把某一阶段的历史与以往的历史认真比较和分析,揭示其变化的原因和规律,也就不可能很好地展现特定阶段历史的特点,因而也就很难对所研究的特定阶段的历史做出准确、科学的判断。

(三) 把握主线的基本原则

基本依据:

(1) 党和国家发展史的阶段划分

航空工业企事业的发展离不开整个党和国家的发展历程,是整个党和国家发展历程中的一个组成部分,因此,必然会受大局发展阶段的制约。

新续修的航空工业史正好处在中国改革开放全面展开、创建社会主义市场经济和全面建设小康社会的历史阶段。必然会带有这些阶段的历史特点。

(2) 世界航空工业和工业化进程的阶段划分

新时期航空工业与世界航空工业紧密相连,特别是改革开放以后,中国的航空工业发展也必然受到世界航空工业发展的影响。这一时期的世界航空强国,在军机发展上,进入了跨越式发展阶段,率先从第二代军机向第三代军机,进而向第四代军机跨越,而且是打破原有的军种分界,呈系统化、整体化、体系化发展。

工业化进程也由单纯的改进机械工业和管理,到引进信息化,实现机械工业与信息化高度的融合发展。工业企业从一国企业向世界跨国企业发展,企事业的管理也从机械化管理向企业文化管理等多种现代化管理迈进。

这些都是我们进行阶段性历史研究必须关注的。

(3) 重要会议和重要决策的出台

新时期航空工业的发展与以往历史的最大不同之处就在于其自主决定的权限加大,这一时期的历史阶段性变化主要是通过重要会议和重大决策来推进的,不同阶段在很大程度上表现为政策的变化。而重大政策往往又是通过重要会议来制定的,所以判断历史阶段的变化,重要会议和重大决策的出台是一个重要依据。

(4) 阶段性重大改革任务和重大发展思路的变化

新时期最鲜明的特点是改革开放，中国 30 多年的改革开放虽然是一个未曾间断的发展过程，但其中的转变也是较为明显的。从历史阶段演进的角度来说，不同历史阶段改革的内容和开放的内容有所不同，其发展思路也存在着较大变化。中国的航空工业同样受到全国的影响和制约。依据这一条，可以区分不同阶段不同的历史任务、不同的实践特点、不同的改革开放侧重点和随着历史的发展而不断发展变化的经济社会发展思路。

（5）航空工业主要领导人对历史阶段性变化的判定

之所以强调这一条，并不是一种"唯上"主义，而是因为在新时期中，航空工业的主要领导人对航空工业发展具有导航作用。每一段历史的发展方向、要奔向什么样的目标，每一重大决策的出台及决策本身的目的，他们最清楚。阶段性历史任务是怎样确定的，他们最有发言权。从这个角度讲，坚持这一条，在新航空工业史阶段划分中是不容忽视的。

依据上述几条标准即可对新时期航空工业史做出阶段划分，但要划得科学准确，还需要结合以下几条原则：

第一，不能偏离主线。由于新时期党史是多条线索同时展开、内涵较为宽泛的历史，经济、政治、文化、社会、外交、军事国防、党的建设等方面都有一条线索。在这多条线索中，党围绕国家富强、人民富裕而奋斗的历史，党的思想理论发展史，党的自身建设史，这三条线索则是新时期党史的主线。当然，在新时期党史中，这三条线索也并不是等重的，而是有主从之分。因此，只有抓住了核心主线，才能真正把握新时期党史的阶段性逻辑进程。其中，新时期党的奋斗史，即以经济建设为中心而进行的改革开放，则是三条主线中的核心主线。所以，划分新时期党史的阶段，就只能划在核心主线的重要节点上，不能偏离核心主线。如果偏离了核心主线，历史阶段的划分也就失去了合理性。

第二，划分历史阶段要看两个不同的阶段是否体现了一个"变"字。历史之所以要划分阶段，其宗旨就是要探求不同历史阶段的发展变化。如果历史阶段的划分能够展现两个不同阶段的发展变化，就说明阶段划分得合理，否则就说明划分得不准确或没有意义。

第三，划分出的历史阶段还要看是否能够很好地体现研究的需要。人们对历史阶段进行划分，其目的主要是为了更好地进行研究。历史阶段划分得合适与否，直接关系到研究的效果。从这一点来说，划分历史阶段还要与研究需要紧密结合。新时期党史的阶段划分应主要体现以下研究需要：其一，要便于人们以同一逻辑认识历史，这就需要体现统一的逻辑标准，不同的历史阶段不能出现逻辑差异；其二，要体现正确的政治导向，基本体现政治平衡，尤其需要避免出现政治方面的畸轻畸重；其三，各阶段之间的切点要有明显的"起止"性特征，给人们以清晰的来龙去脉性史感；其四，划分出的阶段要有相对的独立性，不至于出现较多的重复和交叉。

如果按照上述的依据和原则，就可能会比较合理地划分出新航空工业史、企事业史的历史阶段。

（四）新时期党史的阶段划分和各阶段的重要节点及主要特点

依据上述历史阶段划分的标准和原则，依循党领导改革开放这一核心主线的演变逻辑，中共中央党史研究室的同志认为新时期党史可划分为四个阶段，再加上一个过渡阶段。1976年10月粉碎"四人帮"至1978年12月党的十一届三中全会召开前为过渡阶段；1978年12月党的十一届三中全会至1982年8月党的十二大召开前为"拨乱反正"和改革开放的起步阶段；1982年9月党的十二大召开至1991年12月为改革开放的全面展开阶段；1992年1月邓小平南方谈话和10月党的十四大召开至2000年12月进入新世纪前为创建社会主义市场经济体制阶段；2001年1月进入新世纪后为全面建设小康社会阶段。

1. 从"文化大革命"向改革开放新时期过渡阶段（1976年10月至1978年12月）

对于这一阶段，其基本定位就是"在徘徊中前进"和"走向历史的伟大转折"。总的来看，这一阶段改革开放只是处于酝酿状态。这一阶段比较重要的节点有：

（1）粉碎"四人帮"；

（2）1978年5月开始的关于真理标准问题的讨论；

（3）1978年7月召开的国务院务虚会；

（4）1978年11月10日—12月15日召开的中央工作会议等。

这一阶段，主要在三个方面对十一届三中全会后的改革开放做了重要酝酿：一是粉碎"四人帮"后组织人事方面的调整和邓小平的复出；二是思想解放的启动和关于真理标准问题的讨论；三是改革开放和党的工作中心转移的酝酿。

总起来看，"在徘徊中前进"，这两年的历史不光有徘徊，还有前进，"徘徊"是基本特点，更主要的、具有决定意义的则是"前进"。用"在徘徊中前进"来概括这两年，也反映了这两年的过渡性质。其特点：一是向着正确的方面过渡；二是过渡的逐步性，过渡期内的各种因素有新有旧，有生长有消减，新的正确的东西逐步生长，旧的不正确的东西逐渐消减。

当时，存在的"文化大革命"的基本因素有三个：一是"文化大革命"的有关理论和思想还没有根本消除，它还在一定程度上影响着人们的思想和观念。二是大部分支持和参与"文化大革命"的人还没有来得及彻底清理，有的地区和部门的领导权还掌握在他们的手里。三是"文化大革命"所利用的阶级斗争的方式还在继续使用，阶级斗争的观念在人们的头脑当中还深深地残存着。

从正在生成的改革开放因素来看，这两年已逐步提出并呈展开之势。如对改革开放的酝酿，国务院务虚会已经讨论了这个问题（《中国共产党历史大事记（1919.5—2005.12）》，中共党史出版社，2006年，第298页）。1978年9月，邓小平在视察黑龙江省的讲话中强调了体制改革的必要性。10月，他又在中国工会第九次代表大会上的致辞中提出，为了加速发展生产力，"必然要多方面地改变生产关系，改变上层建筑，改变工农业企业的管理方式和国家对工农业企业的管理方式，使之适应于现代化大经济的需要。"他强调，"需要进行制度上、组织上的重大改革"，并且进一步论证了进行体制改革的必要性（《邓小平文选》第2卷，人民出版社，1994年，第135、136页）。关于对外开放的酝酿，1978年4月派出的港澳经济贸易考察组和5月初派出的西方经济考察组，实际上已经开启了对外开放的酝酿过程。

由于"文化大革命"和"改革开放"两种因素正呈交替过渡状态，因此，应当把十一届三中全会前"徘徊中前进"的两年定位为"文化大革命"与改革开放新时期的过渡阶段。

2. "拨乱反正"和改革开放的起步阶段（1978年12月—1982年8月）

1978年12月中共十一届三中全会是开启新时期历史的转折点，也是新时期的起点，其标志就是这次全会实现了政治路线、思想路线和组织路线的"拨乱反正"。这是新时期正确开辟新道路的基础。在十一届三中全会前夕召开的中央工作会议上，改革开放的大思路已有比较充分的酝酿，这些改革开放思想被写入了十一届三中全会决议。以十一届三中全会为起点，改革开放启动。这一阶段的重要节点有：

（1）十一届三中全会的召开与党和国家工作重点的转移；

（2）解决历史遗留问题和调整社会关系；

（3）城市和农村改革的启动；

（4）经济特区的创办；

（5）恢复民主法制、加强和改善党的领导；

（6）社会主义精神文明建设的开展；

(7) 外交方针转变的开始；

(8) 统一祖国的"一国两制"构想的提出。

这一阶段总的特点，是解决历史性问题和迈出探索性步伐相交织。解决历史性问题，主要是纠正"文化大革命"及其以前的错误，卸下历史包袱，从中总结历史经验，拨正前进的航向。调整社会关系，既是调适历史上的不合理政策，同时也是对新形势下人们之间关系的重新定位。迈出探索性步伐，就是改革开放已摸索着开始起步。这一阶段最主要的成果是实现了三大转变：即从以阶级斗争为纲到以经济建设为中心，从封闭半封闭到对外开放，从僵化半僵化到开始改革。

3. 改革开放全面展开阶段（1982年9月—1991年12月）

对于这一阶段从何处划分，是划在中共十二大还是划在十二届三中全会，有不同看法。党史研究室的同志主张划在十二大。虽然从改革的内容来看，整个80年代到十四大之前并无大的本质区别，但从政治方面看，以十二大为界限，前后确有很大不同。到十二大，政治性的和历史性的问题已基本解决，并且制定了全面改革的纲领。十二大以后，从改革的角度看，这一阶段呈现出与此前不同的三个新特点：

一是改革的重点发生了新变化，重点从农村转移到城市；

二是改革的态势发生了新变化，从经济、政治领域向科技教育文化及其他社会生活领域扩展；

三是改革的深度和广度都较前一时期有明显进展。正是基于这样一种新变化，党史研究室的同志把十二大作为这一阶段开始的标志，并将这一阶段称为改革开放全面展开阶段。这一阶段的重要节点有：

(1) 中共十二大与建设有中国特色社会主义思想的提出；

(2) 经济体制改革纲领的制定和改革开放向各领域的扩展；

(3) 加强民主法制建设和党的制度建设；

(4) 中共十三大和社会主义初级阶段基本路线的确立；

(5) 价格改革闯关和实行经济上的治理整顿；

(6) 平息国内政治风波和打破西方制裁；

(7) 外交方针的转变和开展全方位外交；

(8) 按"一国两制"方针推进祖国统一大业；

(9) 加强国防和军队现代化建设；

(10) 第三代中央领导集体的形成和治理整顿的完成。

这一阶段的改革总体上是处于"摸着石头过河"的状态，改革不是系统推进，基本上是摸索着解决一个又一个问题。就其特点而言：

首先，从改革目标模式的确定来看，带有明显的探索性特点。在中共十一届三中全会上，还没有一个明确的改革蓝图；十一届六中全会初步概括了我国社会主义现代化建设的十个主要点，十二大提出了"计划经济为主，市场调节为辅"的方针，十二届三中全会提出了社会主义有计划商品经济的理论，提出要大力发展商品经济，十三大提出了"国家调节市场，市场引导企业"，认识的重点已经转向建立和培育市场体系。其次，从改革的推进方式来看，呈现的是一个纵向深化、横向扩展的循序渐进的过程。改革的重点领域经历了一个从农村到城市的转变过程；在地区分布上经历了一个沿海从南向北，沿边从外向内，内陆由东向西的发展过程；改革的主要政策大都经历了一个由局部试点再到总结推广的过程。第三，从体制机制改革建立的方式来看，市场要素的成长发育主要不是通过直接对原计划体制进行改革推动的，而主要是通过原体制调整和增量非计划化相结合，并使增量逐步扩大在整个经济中的比重的方式逐步建立的。

这一阶段的改革，通过逐步发育新体制，通过示范效应和竞争效应促进对旧体制的改革，减轻了直接从旧体制中发育新体制的阻力；新体制的成长带来了经济的高速增长，创造了大量就业机会和财政收入，为改革旧体制创造了条件。

但是，这一阶段改革也出现了一些消极现象。一是出现了两种不完善的体制，削弱了中央政府的宏观调控能力，整个经济运行还没有摆脱"治乱循环"怪圈的特征。二是在改革过程中由于政策倾斜程度的不同，使不同地区在市场发育程度方面产生了很大差别，加大了已有的地区差距。三是新旧体制并存滋生了"寻租"等腐败行为，引起广大群众的严重不满，在一定程度上阻滞了改革的进程。

总的来看，通过这一阶段的改革，已经有了"五个明确"，但还存在"四个不清楚"。"五个明确"是：

（1）我国要建设什么样的社会主义明确了——"建设有中国特色的社会主义"；

（2）我国社会处于什么样的历史阶段明确了——"初级阶段"；

（3）改革开放坚持什么样的基本路线明确了——"一个中心、两个基本点"；

（4）按照什么样的战略目标向前发展明确了——"三步走"发展战略；

（5）进入80年代后时代主题是什么明确了——"和平与发展"。

这"五个明确"，已使改革的大方向逐步清晰起来。

"四个不清楚"是：

（1）改革往哪里改，目标还不够清楚；

（2）在改革过程中计划手段失灵之后，采取什么手段来进行调控，还不太清楚；

（3）企业改革放权让利、承包制已显现出制度缺陷，接下来要建立什么样的企业制度，还不清楚；

（4）改革开放使所有制结构发生变化之后，我们要构建一种什么样的所有制结构，还不太清楚。

这几个不清楚，正是下一阶段需要解决的主要问题。

4. 创建社会主义市场经济体制阶段（1992年1月—2000年12月）

以1992年初邓小平南方谈话和中共十四大为标志，我国改革开放进入建立社会主义市场经济体制的新阶段。以此为标志和起点，把90年代的改革开放看作是创建社会主义市场经济体制的阶段，学术界基本没有多大争议。

从改革的角度看，这一阶段有三个突出特点：

一是改革的目标和方向已非常明确，不再是"摸着石头过河"；

二是改革的形式已从前一阶段的主要在于"破"，转变为这一阶段的主要在于"立"，即已从前一阶段重点在于破除计划经济体制的弊端，转变为主要围绕市场经济的需要来建立各种体制机制；

三是改革的核心取向进一步明确，已不再是前一阶段的那种各领域单向度的"放开""搞活"，而是转变到围绕市场需要，政治、经济、文化、对外开放、党的建设等多领域整体性推进。这是中国改革的攻坚阶段。

这一阶段改革的重要节点有：

（1）邓小平发表南方谈话和中共十四大召开；

（2）中共十四届三中全会和社会主义市场经济体制改革纲领的制定；

（3）改革财税金融体制和实现经济软着陆；

（4）加快政府职能转变和推进基层民主；

（5）经济社会发展重大战略和规划的制订；

（6）中共十五大和确立邓小平理论为党的指导思想；

（7）加强国企改革攻坚和化解体制机制新矛盾；

（8）繁荣和发展有中国特色社会主义的文化；

（9）贯彻新时期军事战略方针和推进国防军队体制改革；

（10）建立面向新世纪的对外关系格局；

（11）按照"一国两制"方针推进祖国统一大业；

（12）全面推进党的建设新的伟大工程。

这一阶段，经济体制改革取向明确、针对性强。建立社会主义市场经济体制在我国成为自觉、主动的历史进程。改革的主要对象是缺乏活力的高度集中的计划经济体制，重点是着力改革缺乏自我发展动力与面向市场活力的微观主体，实现由计划经济体制向社会主义市场经济体制的转轨。改革取向的主线是不断加大引入市场机制的力度，发挥市场配置资源的基础性作用。这一阶段改革的明显成效主要表现为：一是建立社会主义市场经济体制这一改革目标不但已经明确，而且基本成为全党全国人民的共识。二是中国社会的内部结构发生了改变，已出现多元化局面。中国社会的变化，也随之带来了中国和世界关系的变化。随着社会主义市场经济体制的逐步建立，中国和外部的联系更加密切，中国对外影响逐渐增大。三是在计划手段失灵后怎样来调控经济发展问题已有新的办法，就是采取宏观调控。并且宏观调控体系基本建立起来，政府对经济的宏观调控也开始走向科学化、合理化。四是在经济结构方面，在中共十五大上，以公有制为主体，多种所有制经济共同发展的社会主义所有制结构得到明确。这一切说明，社会主义市场经济体制的框架已经初步建立起来。

成就不可否认，但存在的问题尚需付出艰辛的努力才能加以解决。

首先，已经提出和确定的改革任务尚未全面完成。中共十四届三中全会在设计市场经济体制基本框架时，曾经提出和确定了五个方面的任务。这些任务还都未全面完成。比如，国有资产管理体制和国有企业体制的改革还远未到位，与现代企业制相比还有不小差距，非公有制经济发展仍然遇到不少体制性障碍和政策性困扰；金融体制、财税体制改革的任务仍然相当艰巨，国有商业银行、保险公司的公司制改革还未起步；在市场方面，地区封锁、行业垄断还相当严重，市场秩序还比较乱，社会信用和商业信用有待重塑；效率与公平的关系有待调整，收入分配差距过大的问题还没有得到有效解决，分配秩序依然较为混乱；社会保障体系远未健全，欠缴严重，入不敷出，农村社保体系如何建立刚刚开始探索；政府职能转变中越位、未到位、错位并存，政府、企业、市场之间的关系尚未理顺；法制不健全，制度建设尚需推进，腐败问题仍未得到有效控制。

其次，改革和发展中又提出了新问题和新任务。主要有：（1）"三农"问题凸显，农民增收、农业增长、农村稳定困难加大。城乡差距、工农差距继续扩大，城乡二元结构、二元体制问题必须逐步解决。（2）社会就业压力增大。就业问题在农村和城镇都成为人民群众严重关切的问题，直接关系到经济发展和社会稳定，非大力解决不可。（3）区域发展、经济社会发展、人与自然协调发展问题已成为深化改革的内在要求。这些问题既关系当前也关系长远，是需要站在战略全局的高度加以解决的问题。

这些改革和发展中已有问题的进一步解决和新问题新任务的提出，其客观要求就是必须继续推进改革。这是进入新世纪后党和国家社会主义现代化建设需要解决的新的历史性课题。

5. 全面建设小康社会阶段（2001年以来）

2000年10月中共十五届五中全会提出，从新世纪开始我国将进入全面建设小康社会、加快推进社会主义现代化的新的发展阶段。

以2001年作为全面建设小康社会阶段的起点，主要有四个标志：一是总体实现小康目标，"三步走"战略前两步战略任务完成，并开始实施第三步战略部署；二是中共十五大把"三步走"战略的第三步细化为新世纪头10年、建党100年和新中国成立100年"小三步"走，其起点也是2001年；三是中共十五届五中全会宣布我国社会主义市场经济体制初步建立，经济发展的体制环境发生重大变化，社会主义市场经济体制从新世纪开始进入完善阶段；四是"十五"计划的制订和全面建设小康社会新任务的提出。其中，全面建设小康社会的战略任务完成时限是新世纪的头20年（即从2001年到2020年）。中共十六大把新世纪头20年分为两个阶段，前10年要全面完成"十五"计划和2010年的奋斗目标，为后10年的更大发展打好基础。其起点也是2001年（《十六大以来重要文献选编（上）》，中央文献出版社，2005年，第16页）。

从2001年开始，我国进入全面建设小康社会新阶段。这一阶段是在改革开放取得伟大成就的基础上，面对新阶段、新形势、新矛盾、新问题，党和国家谋求改革和发展突出需要解决的就是"完善体制机制"问题、"科学发展"问题、"和谐发展"问题。

这一阶段改革开放的重要节点有：

（1）中共十六大确立"三个代表"重要思想为党的指导思想和确定全面建设小康社会的战略目标；

（2）科学发展观的提出和完善社会主义市场经济体制纲领的制定；

（3）统筹区域、城乡协调发展，建设社会主义新农村；

（4）推动经济发展方式转变；

（5）中共十七大对中国特色社会主义理论的新概括和将科学发展观写入《中国共产党章程》；

（6）加快以改善民生为重点的社会建设；

（7）推动社会主义文化大发展大繁荣；

(8) 履行新世纪新阶段军队历史使命；

(9) 实现两岸关系和平发展，促进香港、澳门繁荣稳定；

(10) 致力于和平发展和推动建设和谐世界；

(11) 以先进性建设和执政能力建设为主线提高党的建设科学化水平。

这一阶段改革总的特点大体可以概括为"全面完善""又好又快""统筹和谐""四位一体"16个字。

"全面完善"就是经济体制改革由转轨阶段走向"全面完善"阶段，着重解决社会主义市场经济体制初步建立后的配套性、协调性问题。通过更好地发挥市场配置资源的基础性作用；通过深化改革以实现经济可持续发展、经济社会协调发展、人与自然和谐发展。

"又好又快"就是要解决科学发展问题，改革要从满足生存型发展需求向推进新型工业化、信息化、城镇化加速发展转变。其中，新型工业化、城镇化是经济社会发展进步的历史性标志，是推进我国迈向现代化最重要的历史任务。在全面建设小康社会进程中，改革开放必然肩负加快推进中国特色新型工业化和城镇化的历史使命。实现这一历史任务，同样要以加快完善社会主义市场经济体制为基础，以深化改革为强大动力。

"统筹和谐"就是改革从增强市场微观主体活力为重点转变为着力统筹促进整个经济社会的发展活力与进步。着力增强改革开放在经济社会各方面的系统性、协调性，统筹城乡发展、区域发展、经济社会发展、人与自然和谐发展、国内发展和对外开放；统筹中央和地方、个人利益和集体利益、局部利益和整体利益、当前利益和长远利益、弱势群体利益和优势群体利益等各种复杂关系，推动更为深刻的利益调整和制度建设。这一转变，是全面建设小康社会新阶段对经济社会发展提出的新的更高的客观要求。

"四位一体"就是要更加注重经济、政治、文化、社会以及生态文明，"四位一体"改革的协调配套和整体推进。

当前，党的十八大又开创了"全面建成小康社会"的新阶段。

(五) 形成新时期航空工业企事业阶段性发展格局的几个最主要因素

中共十一届三中全会以来的30多年，中国的改革开放虽然经历了不同的发展阶段，但它依然是一个连续不间断的过程，这个过程总体来看是顺利的。中国航空工业在这一历史阶段呈跨越式发展态势，并取得了举世瞩目的成就，这并非易事。其中有着诸多重要因素在起作用，最主要的因素可归结为以下三个方面。

1. 世界航空工业的发展及新军事变革推动了中国航空工业。

世界的航空工业发展以及新军事变革，是呈阶段性发展的。

中国航空工业在党和国家领导的推动下，开始实施跨越式发展工程，在科学发展上呈现出阶段性发展的态势。

2. 中国特色社会主义市场经济为中国航空工业的快速发展提出了极大的需求，也创造了条件。这种市场需求是随着人民经济实力的增强，呈阶梯状逐步展开的。

3. 历史条件和时代任务转变决定航空工业企事业的改革开放必须分阶段推进。

实行改革开放是粉碎"四人帮"后党和国家的关键抉择。"文化大革命"结束前，人们对计划经济体制具有束缚生产力发展的一面已开始有所认识。十一届三中全会后，党和国家的工作中心转移到经济建设上来、开始集中精力发展社会生产力的时候，我国长期以来实行计划经济体制形成的一些弊端就成了发展社会生产力、加快推进社会主义现代化建设必须破除的阻力。这种弊端，从党和国家的领导制度、干部制度方面来说，主要就是"官僚主义现象，权力过分集中现象，家长制现象，干部领导职务终身制现象和形形色色的特权现象"（《三中全会以来重要文献选编（上）》，中央文献出版社，2011年，第448页）；从经济体制方面来说，就是形成了一种同社会生产力发展要求不相适应的僵化模式，主要表现为"政企职责不分，条块分割，国家对企业统得过多过死，忽视商品生产、价值规律和市场的作用，分配中平均主义严重"（《十二大以来重要文献选编（中）》，中央文献出版社，2011年，第50页）；从对外开放方面来说，就是中国与外国之间，国内各地区之间处于封闭半封闭状态。所有这些弊端的客观要求就是"改革开放"，不改革、不开放就没有出路。所以改革开放就成了新时期社会主义现代化建设的必然选择。

我国社会处于社会主义初级阶段，这是我们党对当代中国基本国情做出的科学判断，是党的理论、路线、方针、政策形成的基本依据和立论基础。我国的改革开放也必须从这一国情实际出发不断解放和发展社会生产力。解放和发展社会生产力的客观要求虽然是一个持续的不间断的发展过程，但由于历史条件随着改革的深入和经济社会的发展而不断发生变化，所以历史发展也必然呈现出阶段性特征。20世纪80年代，虽然总体上都是在计划经济体制下解放和发展社会生产力，但在中共十二大之前，由于还存在着解决历史遗留问题和"拨乱反正"的历史任务，所以80年代以1982年中共十二大为界的前后两个阶段就呈现出不同的历史特征。90年代由于改革和发展已突破计划经济体制的框架，主要通过构建和发展社会主义市场经济体制来发展社会生产力，所以这一阶段的历史特点与80年代已明显不同。进入21世纪，改革的基础和发展的条件都高于80年代和90年代，这一阶段主要体现为通过完善社会主义市场经济的体制机制，以实现科学发展、和谐发展、和平发展的方式发展和释放社会生产力，所以，这一阶段与 90 年代的历史特点又有了明显不同。正是由于改革开放新时期社会历史条件和改革发展任务在不断地发生着改变，因此，改革开放 30 多年的历史才大体展现为渐进发展的四个大的阶段。

中国航空工业的发展同样体现这些阶段性。

这一阶段，航空工业开始了两个转变：即由国家行政部门以及其附属物向市场主体转变；由计划经济向市场经济转变。目前，这些改革任务正在进行中，还未完成。随着中国航空工业的发展，中国航空工业又提出了第三个转变，即由国有企业向跨国公司转变的改革任务。

4. 航空工业发展理论在与时俱进中不断推动实践发生阶段性变化。

中国特色社会主义事业是中国特色社会主义理论指导下的伟大实践，理论上实现阶段性发展创新必然带来实践上的阶段性变化。改革开放 30 多年来，我们党坚持解放思想、实事求是、与时俱进，坚持把马克思主义基本原理同中国实际和时代特征相结合，先后形成了邓小平理论、"三个代表"重要思想和科学发展观等重大理论成果，而且每一大理论成果都在继承已有认识成果的基础上实现了理论上的重大突破。邓小平理论是中国特色社会主义理论体系的开创之作，是最基础的重要组成部分。这一理论围绕中国社会主义的发展道路、发展阶段、根本任务、发展动力、外部条件、政治保证、战略步骤、党的领导和依靠力量，以及祖国统一等一系列基本问题，第一次系统地初步回答了什么是社会主义、怎样建设社会主义的问题。邓小平理论在中共十二大前后有一个重大变化，那就是"走中国特色社会主义道路"明确与不明确的问题。"三个代表"重要思想是中国特色社会主义理论体系承上启下的重要组成部分。"三个代表"重要思想最基本的内容就是：我们党要始终代表中国先进生产力的发展要求，要始终代表中国先进文化的前进方向，要始终代表中国最广大人民的根本利益。这一理论进一步回答了什么是社会主义，怎样建设社会主义，创造性地回答了建设什么样的党、怎样建设党的重大问题。科学发展观等重大战略思想是中国特色社会主义理论体系的重要创新成果。科学发展观的第一要义是发展，核心是以人为本，基本要求是全面协调可持续，根本方法是统筹兼顾。这一理论用新的思想观点回答了什么是社会主义、怎样建设社会主义，建设什么样的党、怎样建设党的问题，创造性地回答了实现什么样的发展、怎样发展的问题。这些马克思主义中国化的理论创新成果，构成了中国特色社会主义理论体系。这是改革开放 30 多年来我们党思想理论上的最大收获。这几大理论成果虽然都是新时期党的思想理论与时俱进的产物，但也明显呈现阶段性的发展特点。在改革开放的进程中，我们党之所以能够不断取得重大历史性突破，历史呈阶段性进步与发展，也是中国特色社会主义理论指导不断解放思想、实事求是、与时俱进的结果。

新军事变革理论，新的企业管理理论的出现，也同样是阶段性发展，不断地解放思想、实事求是、与时俱进的结果。

中国航空工业发展理论的探索刚刚开始，也是呈阶段性发展的实践历程。

（1）决策权限的变更

开始的时候，中国航空工业的发展只能在党和国家最高层范围决策。

改革开放后，中国航空工业的发展决策权限逐步下放，才有了自己谋划航空工业发展的可能。

（2）科学发展的认识

在航空工业的发展实践中逐步认识到：处理军民品的关系问题提出了"以军为主、军民结合"；提出了"腾飞计划""民机三步走"设想；提出了实施大集团战略等；特别体现在航空发动机的发展上，从前是发动机必须绑定飞机型号，现在已经变成可以单独立项。这些都是科学认识航空工业发展实践的结晶。

（3）开始整体战略策划

进入21世纪以来，人们的战略发展意识不断增强，开始探索航空工业的战略规划问题，初步进行了整体策划。

林宗棠、朱育理、刘高倬，特别是林左鸣等领导同志，对形成航空工业发展理论功不可没。例如，林左鸣提出的航空工业是国之重器、国家名片等观点，对确定航空工业在国家中的历史地位极为重要。他提出的商业成功，对通过市场经济发展航空工业也极为重要。

航空工业发展理论应包括：航空工业发展的基本概念、航空工业发展的重大意义、航空工业在国家发展中的地位及作用、航空工业发展的动力源泉、航空工业发展的道路、航空工业发展中的主要矛盾及解决对策（如军品与民品，科研与批产，科技牵引与市场驱动）、航空工业发展的资产管理、人力资源管理、计划管理、协同管理、科技创新管理、财务管理、质量管理、生产管理、物流管理、市场及客户管理、销售及售后服务管理、国际关系管理以及航空工业企业文化管理等。

但是，我们对于航空工业的发展理论的认识还远远不够成熟，有待进一步发展、研究。

尽管如此，航空工业呈现阶段发展的特征不容忽视。

（六）体现合力，彰显主题

1. 编、章、节、目内容的确定

一个阶段的历史发展，是该阶段各种推动与阻碍发展力量的合力作用的结果。

在确定了发展阶段之后，必须要研究构成该阶段发展合力的各种力量，或是说这一阶段，人们都干了些什么？是哪些事件构成了这一历史阶段？

这里要注意：必须挑选那些真正影响发展方向的事件。例如：体制的变革，产品科学技术的开发、研制，先进管理方式方法的引进、应用、总结，新的发展观点的提出等。

叙述大的发展阶段可立题为编，叙述大的发展阶段中的不同事项可立题为章，叙述不同事项的发展过程及不同事项中的不同事件可立题为节，叙述不同发展事件的历史过程可立题为目。

2. 编章节目标题文字的推敲

（1）编、章、节、目的标题表述要求为：彰显主题，简明扼要，朴实无华（不是章回小说）。

（2）案例——《中国共产党历史》（略）。

浅 谈 叙 史

康　凯

研究历史、记录历史，是一门很深的学问，并发展成为一门叫做"史学"的学科。但我们一般很少能接触到关于如何记录历史的研究。特别是对于我们这些搞工业的门外汉，马上就要动笔修史了，这的确是个不小的挑战。

我们知道，"文字"本身是有局限性的。如何用"文字"这样一种有局限性的表达工具还原历史本来面貌，古往今来人们始终在不断探索、尝试，并衍生出许多方法，比如我们非常熟悉的纪传体、编年体、纪事本末体等。直到今天，关于如何才能更好地记录历史，仍然是一个有争议的问题。

就中国目前官方修史最新成果来看，最适合我们的，也是最现实的写法，看来还是应该参照中共中央党史研究室编修的《中国共产党历史》（简称《党史》），以马克思历史唯物主义为基本指导思想，以大的时间（阶段）为经，以记录事件发生始末为纬，夹叙夹议。

修史是一个很复杂的过程，期间至少要经过收集资料、开展研究、制定提纲、具体撰写几个阶段，而且这些阶段也没有明显的界限，往往互相交叉。我今天讲的内容，只针对具体撰写。前提是资料素材已经收集到位，所要记述的历史问题也有了基本观点，并且制定好了一个科学可行的编写大纲，围绕这个大纲，我们可以开始具体写作了。

"史"的撰写显著区别于我们所熟悉的"讲话稿""新闻稿"和"工作总结"等，更多的是强调记叙历史事件的过程及历史事件本身对历史的影响，所以我把他叫做"叙史"。在实践中发现，从我们所熟悉的文体转变为"叙史"的问题，是一个不小的挑战。但我们只要注意把握好以下几个方面，摒弃工作中长期形成的书写习惯，树立新的写作思维，掌握一些小的技巧，还是可以在短时间内完成好这个挑战的。

一、把事件"记述"得清清楚楚

说白了，叙史就是写记叙文。把记叙文写好的关键是满足六要素：时间、地点、人物，以及事件的起因、经过、结果。

其中需要注意的是，有时候我们会把事件的起因处理成背景，有时候事件的结果又属于"议论"的范畴。关于这两个方面后面还会专门讲。

下面举个例子（《中国航空工业史（1988—2008）》）。

1993年6月26日上午，中国航空工业总公司在全国政协礼堂举行了隆重的成立大会。邹家华、李铁映、李沛瑶、迟浩田、宋健、钱伟长等领导同志出席大会。23个国家的40位驻华使节，50家外国公司的78位代表，以及30多家中外新闻单位也出席大会。

国务委员宋健宣读了国务院关于成立中国航空工业总公司的通知，进行了揭牌和颁发营业执照仪式。国家工商管理局局长刘敏学向朱育理颁发"企业法人营业执照"。

国务院总理李鹏、中央军委副主席张震等领导同志向大会发来了贺信和题词。贺信充分肯定了航空工业40多年的历史功勋，明确了航空工业的改革目标和今后的努力方向。希望航空工业广大干部职工继续贯彻邓小平同志南方谈话和党的十四大精神，振奋精神，开拓进取，为社会主义市场经济发展、为四个现代化建设做出更大贡献。

成立大会结束后，又在北京市东城区北兵马司67号总部举行了挂牌仪式。

中国航空工业总公司的成立，标志着中国的航空工业开始从传统的政府职能部门转变为全国性的行业总公司。

这段文字，包含了时间、地点、人物、事件的经过、结果。至于"六要素"中的事件起因，这段文字前面还有一大段，具体交代了成立中国航空工业总公司的原因。所以，记叙文的六个要素都是满足的。我们把一件事情记叙成这样，从理论上讲，就合格了，具体到文字的表达上，还有精雕细琢的空间，这里不再赘述。

但这篇记叙文写得有点像流水账，显得死板。为了解决这个问题，我们不妨往里面加点"作料"。

于是就变成了这样：

1993年6月26日上午……以及30多家中外新闻单位也出席大会。由于大会规模盛大，全国政协礼堂周边不太宽阔的道路被参会车辆挤得水泄不通，国务委员李铁映的汽车只能停得很远，他本人则从汽车缝隙中随人流步行进入会场。

国务委员宋健宣读……刘敏学向朱育理颁发"企业法人营业执照"。朱育理左手拿着李鹏总理的任命书，右手拿着"企业法人营业执照"，激动地说："与李鹏总理的任命书相比，我更看重这个营业执照，它标志着从今天起，我们集体下海了!"

"作料"对于记述事件本身没有实质性影响,但从读者的角度看,增加了可读性和趣味性,所以还是有必要"酌情添加"的。

然而在实际工作中,经常有同志、特别是有工科背景的同志,容易把记叙文写成了说明文、学术性论文等,举个反面例子。

《×××所发展史》

第一章 预先研究

……

4. 多通道超声自动扫描成像快速检测技术

××所复合材料超声无损检测技术在国内一直处于领先水平,研发了较多的不同规格复合材料超声无损检测技术设备,正在开展多通道超声自动扫描成像检测技术和大型复合材料结构 20 通道超声扫描检测设备的研制。该项目的研究成功,表明我国无损检测技术在高效检测技术上了一个新台阶。

……

11. 电子束快速成形

电子束快速成形技术效率高,可用于航空发动机、飞机机身、导弹弹体等结构,特别适合航空钛合金部件及型材的加工。

不难看出,这两段文字"六要素"不全,读者也搞不清整个事件的来龙去脉、前因后果,因此也就失去了"史"本身的意义。这是我们在撰写过程中应该尽量避免的。

二、把观点"议论"得恰当得体

史必有议,"议论"体现了史书的观点。"议论"是史书的重要标志,而年鉴和志要求不能有议论。正是因为有了"议论",才出现了由于作者的出发点、站位、研究方法、研究角度,乃至个人学识上的差异,导致即使是同一个历史事件,也会有各种各样的结论。而这恰恰是史书的魅力所在。

很多单位反映不会"议论",很多同志很怕"议论",甚至有的人认为"议论"就是批评。这种理解有点狭隘了。

其实我们不妨把"议论"理解为"点评"或"评价"。我们可以从一件事情的"目的""作用""各方面的反映""结果"和"影响"等多方面进行"议论"。更简单的办法是,当我们不会"议论"的时候,就问自己一个问题:为什么要记这件事?答案多半就可以当作"议论"。

议论也有方法和技巧。

一是"以论带史"。先抒发一段议论，表明观点，然后再讲具体的史实。这种模式我们平时写领导讲话用得比较多，很少用在"叙史"上，主要是因为不容易说服人、打动人。使读者有一种强行灌输、或者是枯燥说教的感觉。当然也不是绝对不用。

二是"论从史出"。与上面观点正好相反，先把有关历史事实描述清楚，然后发一通议论，得出经验教训。一如好的音乐要有强有弱，好文章也需要有紧有松。整篇文章如果从头到尾都特别紧张，看着很累。但如果总是不紧不慢，却又不抓人。"论从史出"适用于故事性较强、需要连贯表述的地方。

我国中小学历史课本就运用这种方法，比如先写"商鞅变法"来龙去脉，再评价；先写"太平天国"整个过程，再评价，等等。

三是"史论结合"，或者叫"夹叙夹议"。这是"叙史"的最高境界。《党史》主要使用这种方法。通过研究得出的结论，统领经过梳理的史实，做到观点与材料的结合。一段叙述之后，非常自然地接上一两句议论，给读者一种"润物细无声"的感觉。表面看是讲故事，仔细看其实是传递观点。

至于"记叙"和"议论"的篇幅，应该是以"记叙"为主，占80%左右，"议论"为辅，占20%左右。如果把"记叙"比喻为"血肉"，那么"议论"则是"灵魂"，显然"灵魂"更重要一些。它们的比例接近"二八率"。

举个《党史》中的例子，这个例子是我随便翻的，应该说，《党史》通篇都是这种写法。

《党史》二卷下册第563页——中央领导层的读书活动

从1959年9月到1960年3月，毛泽东分两次先后到河北、山东、河南、江苏、上海、浙江、湖南、广东等省市视察，共约160天。在这期间，他主要实地考察各地的工农业生产，同各省市领导人研究经济问题。虽然"反右倾"斗争还在社会政治生活中发生着很大影响，但面临严峻的经济形势，毛泽东已将注意力重新转移到自1958年11月以来纠正"大跃进"中"左"的错误上。为了澄清党内存在的混乱思想，他建议中央和全党干部展开一次读书活动，并身体力行，用两个多月的时间通读了苏联《政治经济学教科书》（第三版下册）。这次读书活动在很大程度上反映了以毛泽东为首的党中央领导集体，为探索社会主义建设道路所付出的努力和探究社会主义理论的思想需求。

200多字的叙述，六要素基本都有。然后是60多字的议论。非常自然，也很得体。而且我们看，"议论"占21%，符合前面的"二八率"。

紧接着写道：

1959年底，在毛泽东倡导的读书活动将要开始时，他曾讲过这样一段话："我们党里有人说，学哲学只要读《反杜林论》《唯物主义和经验批判主义》就够了，其他的书可以不必读。这种观点是错误的。""任何国家的共产党，任何国家的思想界，都要创造新的理论，写出新的著作，产生自己的理论家，来为当前的政治服务。""我们在第二次国内战争末期和抗战初期写了《实践论》《矛盾论》，不适应新的需要，写出新的著作，形成新的理论，也是不行的。"毛泽东倡导的全党特别是领导干部读书，是有强烈目的性和针对性的。这就是着手解决中国社会主义建设实践中出现的新问题。

还是200多字的记述，然后是50~60字的议论。

"议论"是作者观点的具体体现，这就需要我们用好历史唯物主义，用好辩证法，能够历史地、发展地看问题，能够正反两个方面看问题。同时要注意语言的朴实，不走极端，把握好一个度，无论表扬还是批评，都不要把话说得太满。

三、把"背景"交代得明明白白

任何事物发生都有背景，背景是历史的成因。很多人研究历史，出发点就是历史背景。对背景的陈述，是对一个时期历史原因的把握。想写好"史"，必须写清楚"背景"。

背景分为纵和横两个坐标。即事物发展的本身由来，以及周边事物变化对历史本身的影响。哲学一点的话说：是内因变化的外部条件和外部条件的变化状态。

对于我们这次修史，首先要把我们单位放在整个行业、整个国家乃至世界的大环境中，要从党和国家大战略出发，没有大战略的宏观确定，很难说清单位自身的历史。

写背景可以采用以下三种模式：

一是在每一编的概述中，交代这一编的大背景。

二是背景独立成章。即前一章（节）是后一章（节）的大背景。如《党史》一卷，专门开辟一章，用大量篇幅写共产党成立的背景。

三是在正文中，在需要的时候交代背景。但这种情况通常是小背景，内容不能很长，以免冲淡正文。

我们各单位修史，可以借鉴这三种方法，灵活应用。总之，"叙史"离不开背景，否则很多事情讲不清楚。比如我们讲中国航空工业的组建，势必要讲"抗美援朝"。

写背景时要处理好时间和空间这两个角度，时间上尽量往前看，空间上尽量往广看，也就是我们通常说的"站高望远"，当然也要把握一个度，咱们不能为了写中国共产党的成立，从秦始皇统一六国写起；写工厂的班组建设，从美国福特流水线理论写起，等等。

有时候，前面已经记叙过的事，就是后面发生的事件的背景，这里我们要注意，前面已经写过的，后面就没有必要再重复了。所以这里面就有个灵活处理的问题，有些事件，我们故意把它放在背景里，而不是单独开辟章节。

四、把文字处理得朴实精干

辞藻华丽的文章普遍没有生命力，比如始于汉魏、盛于隋唐的骈体文，由于华而不实，成为广被诟病的一种文体。华丽的辞藻一般用于写景、抒情，对于"叙史"来讲，文字还是朴实一点好。

一是符合体裁的规范。我们每个人都在写文章，只是体裁不同。公文、总结、报告、合同、微博、短信等，包括今天主要谈的"史"，都是文章的不同体裁。每种体裁有其特有的或约定俗成的规范与要求。因此，对于同样的内容，由于题材不同，我们的处理方法也不同，我们要把"史"写得像"史"，避免把"史"写成志和年鉴。

二是逻辑严谨。文章是给别人看的，不能只有自己懂。我们要通过文章把思想、见解传达给别人。所以一定要有观点，而且要鲜明。过去毛泽东反对党八股，现在中央提倡转文风。为什么很多政府的文章大家不喜欢，除了文牍主义之外，主要是很多没观点，单拿出来哪一句都对，但放到一块，搞不清他到底要说什么，好像什么都说了，但又什么都没说，全是正确的废话。一篇文章、甚至一本书的容量是有限的，解决不了太多问题，能把一个思想或一个问题说清楚就很不容易了。为了做到观点鲜明，需要我们对文章进行精心设计，使其有严谨的内在逻辑。不仅仅大纲需要设计，每一小节，每一小节下面的每个自然段，都要进行设计。好的文章，结构一定是非常严谨的，必须做到丝丝入扣。大段落之间有逻辑关系，小段落之间也有逻辑关系，小段落里面的每一句话之间也要有逻辑关系。

胡乔木对此的看法是："一篇文章是个大的思想观点，每一段是个小的思想观点，要尽量避免把两个互不统一的观点放在一个段落里。并且段落与段落之间前后要能贯穿，这就像基本建设设计一样，有个布局，这个车间与那个车间，厂长办公室，道路的布局要很清楚。"

三是越短越好。毛泽东批评长篇大论是"懒婆娘的裹脚布，又臭又长"。鲁迅说：写完后至少看两遍，竭力将可有可无的字、句、段删去，毫不可惜。宁可将小说材料写成 sketch（梗概），绝不将 sketch（梗概）材料拉成小说。郭沫若说："文章最好是用最经济的办法，把你想说的东西说出来。所谓要言不繁。把可有可无的字去掉。当然，更不用说可有可无的句、章、节了。这样的文章才会受欢迎，才有可能成为好文章。"胡绳说："写文章，无论是叙事或是发议论，都要写得简练。现在提倡文章要写得短，短就要求简练。把比较复杂的意思用最短的篇幅写出来，这是件很不容易的事。"

一个人的写作生涯，可以概括为"短""长""短"三个阶段：小时候写作文，发愁字数不够，生搬硬凑；后来，一写就多，而且乐此不疲，误以为能写大段文章就是水平高；再后来，会在不减少任何信息量的情况下，把你过去要10000字才能表达的内容，压成5000字甚至更少。

我们有的单位，不到1000人，历史也不长，却写了100多万字的"史"，印出书来比《党史》还要厚，很难想象有谁会有耐心读一遍。

四是要注意把文章分段。有的作者会把每个自然段都拉得很长，甚至"一逗到底"。郭沫若讲："根据我自己的经验，大体上句子不宜太长，段节也不易太长。这样就容易分析清楚，人家来看一目了然，也就自然鲜明了。"

《左传·襄公二十四年》说："太上有立德，其次有立功，其次有立言，虽久不废，此之谓不朽。"我理解，立德是宗教领袖干的事，人类几千年也就出了那么几位；开疆拓土算立功，也很难。接下来就是写文章了，排在第三位。

曹丕《典论·论文》指出："盖文章，经国之大业，不朽之盛事。"曹丕把写文章与治理国家相提并论。

总之，写"好文章"不容易，写好"史"则更难。最后，衷心祝愿大家能开动脑筋，把这件难事干好，干成乐事。

浅谈航空工业大事记的编撰

刘朝晖

大事记在整个中国航空工业史丛书的编修中举足轻重。事实证明，编修大事记具备一些规律性的东西。本文通过介绍大事记的基本知识，并结合前一时期修大事记发现的一些具体问题，对航空工业大事记的编撰作一探讨。

一、大事记的基本知识

（一）大事记的概念

大事记，用以记载某一对象某一个历史时期内具有对当时或后世有较大影响的政治、经济、军事、文化等各个方面的大事、要事。它系统扼要地记录已发生的历史事件，揭示重要事件的发生、发展过程以及事件之间的关系。

当着手编撰大事记时，往往会先考虑大事的含义。大事，顾名思义，字面上指重大的事情。简单的理解可把大事划分为4类：大事、要事、首事和新事。大事是指影响大、规模大、意义大的事；要事是指事关重要、影响久远的事；首事是第一次出现的意义较大或价值较大的事；新事是对旧事而言，是新近发生的意义或价值很大的事。然而，不论首事，还是新事，都具有一定的"大"或"要"的含义特征。也不是所有的新事或首事皆为大事或要事，要是没有意义的新事或首事就不是大事或要事。

（二）大事记的种类

按照不同的分类方法，大事记有不同的种类，主要如下。

1．按编写体例分

大事记主要采用编年体，为表述清楚重大事件的来龙去脉，还应适当采用纪事本末体。大事记采用的体例具体有以下几种。

（1）编年体大事记

即严格按照时间顺序，逐月逐日记载各类事件。优点是以时系事，次序分明，给人以完整的历史发展脉络。同时也便于读者查找和检索。缺点是对延续时间较长的事件无法首尾连贯，读后有支离破碎的感觉。

（2）编年纪事本末体大事记

即编年体和纪事本末体相结合的编写方法，仍以编年体为主，只是对某些持续时间较长的事件采取相对集中的方法记其始末。这种体例吸收了编年体与纪事本末体两者的长处，记事完整且查找方便。目前大多数大事记采用这种史体。中航工业航史办在组织评审《中国航空工业第一集团公司大事记（1999—2008）》时，许多领导和专家切中关键，提出要采取这种体例，虽然从来不知道其学术名称。

例：（1958年）6月6日　中共中央主席毛泽东参观在中南海举办的航空工业展览。7月2日，毛泽东再次参观中南海航展，指出中国要自己设计飞机，要有自己的"图波列夫"。

该例将毛泽东6月6日、7月2日两次参观中南海航展的事件，适当采取纪事本末体的方式，一并记述。

（3）分类编年体大事记

即先将大事按政治、经济、文化、军事等进行分类，各类再以时间为序，按月、日编排。它避免了事件交叉重叠、头绪不清的缺点，但分割了事件与事件之间的联系。如航空工业第一次修史中形成的《航空工业机载大事记》。

2. 按记载时限特点分

大事记按记载时限可分为历史性和现时性（现行）大事记。

历史性大事记是对已经过去的事件、活动进行选录，书名中经常带有历史的字样。如《中国共产党历史大事记（1919—2009.9）》《中国航空工业大事记（1951—2011）》。历史大事记可按年份编制目录，也可先分历史时期再按年份编制目录。

现行大事记是现在进行时态中发生的重大事件、重大活动的直录。如《中国航空工业集团公司2013年大事记》。历史性大事记比现行大事记要求高，历史性大事记更像史，更有深度。现行大事记侧重纪实，是单位记忆的要件。大事记是一种纪实档案，是单位的备忘录。它可以丰富单位的历史文化记忆。

3. 按记载范围和对象分

大事记按记载范围和对象可分为世界、国家或地区、行业或专业、专题、单位或机构、个人生平大事记等。

世界大事记，记载整个世界范围内的政治、经济、军事、科学文化等方面的大事件。

国家或地区大事记，记载范围是一个国家或一个地区政治、经济、军事、科学文化、外交或外事等方面的重大事件或事实和活动。如《中华人民共和国大事记（1949—2009）》。

行业或专业大事记，记载范围是一行业或专业重大事件、重要活动和史实。如《中国飞行试验大事记》。

专题大事记，按照一定专题简要、系统、全面地记载一定范围内（国家或某一地区或某一机关）的某一方面的重大事件、活动和史实。如《歼十飞机研制大事记》。

单位或机构大事记，简要、系统、全面记载某一单位（机构）一定时期内的重大活动、事件。如《中国航空工业第一集团公司大事记（1999—2008）》《中航工业陕西航空工业管理局大事记（1973—2012）》。

个人生平大事记，亦称年谱或大事年表，用于记载某些重要或知名人物的生平、重要事迹和活动。目前，以年谱或大事年表命名的人物生平大事记多于以"大事记"为书名的。如《陈一坚生平大事年表》。

4. 按记载内容分

大事记按记载内容可分为综合性和专门性大事记。综合性大事记全面反映一个国家、一个地区的各方面重大事件或事实的综合性内容，如国家或地区大事记等。专门性大事记反映某一方面或某一专题内容的大事件，如专业大事记、专题大事记、个人生平大事记等。

（三）大事记的结构

大事记主要由题名、正文组成。

题名，即大事记的书名或标题。大事记的题名由四部分组成：

"记载对象"＋"大事记"＋"时间范围（或记述事件的上下年限）"＋"编者"。

例：

中国航空工业大事记

（1951—2011）

中国航空工业史编修办公室　编

正文是大事记的主体部分，它是由一条条大事条目组成的，而每一条目又由大事时间和事件记述两部分组成，大事时间在前，事件记述在后，其格式单一、固定。要求每事一条，每条一记，不要一条多事。

大事时间的标示方式，最通用一种是"年度突出，月日开头"，广泛应用于时间跨度大、每年编入内容不多的历史大事记。

例: **中国航空工业大事记（1951—2011）**

1968 年

1月1日 航空研究院改由国防科委领导。

另一种常用的方式是"年月突出，日期开头"，适宜时间跨度短（尤其是只有一个年度的），每月内容较多的情况，普遍应用于现行大事记。

例: **中国航空工业第二集团公司大事记（1999—2008）**

1999 年

四月

(4月) 13 日 国防科工委宣布五大军工集团改组筹备组成立。

所有大事严格按照事件发生的年月日顺序进行编排，在书稿定稿前要认真校核。在相近几年的大事中，时有将同一日期发生的大事编排在其他年份的情况出现。如歼11A飞机首飞成功的时间本来为"1998年12月25日"，国内某版本《中国航空史》在编排时错成"1999年12月25日"。这种错误看起来很低级，但不能轻视，一不小心就会犯。

（四）大事记的记述范围

大事记的记述范围取材广泛，要求紧扣单位的改革和发展，基本做到纵不断线、横不漏项。

从纵的方面来说，大事记对各历史时期的安排，应贯彻"远近并存、详近略远"的原则，即时间离现在越近记叙越详细。从横的方面来看，对于思想政治、经济、文化、教育、科技、管理等，或飞机、发动机、辅机、科研等各领域内发生的大事，都应统筹考虑安排，照顾到方方面面。

"纵不断线"，其中主线指主要矛盾，要求不割裂历史发展的主线及本质。要特别注意挑选反映有关航空工业发展主流、主线（科研、生产）的大事。大事记和史一样需突出主线。同时，也要适当记次线，体现事物的丰富多彩。"横不漏项"，要求主项、主要事物要记全。同时次主项也要适当记。这与"史"中的含义不一样，"史"一般只记主线和主项。如《中国航空工业第一集团公司大事记（1999—2008）》既要围绕型号、管理、文化三条主线，又要兼顾其他事项。

（五）大事记叙的6个基本要素

记述完整的大事，一般须交代清楚事件涉及的时间、地点、人物、背景、经过和结果等6个要素，揭示事件的发生、发展过程、结果以及因果关系。如果一个事件持续时间较长，可在关键节点做一次或几次记述，不要把全过程分散记述，如航空型号研制，可挑选立项、首飞、定型、获奖等关键节点叙述；记述会议，应写清会议组织者、会议名称、议题、决议，提出或解决的主要问题等；记述重要文件的颁发，应写清发文机关、标题、文件解决的主要问题等。

1. 时间。时间对于历史事件有着重要意义，因此时间的记叙必须准确无误。一般应是"近细远粗"。年代久的可粗一些，年代愈近的应详细一些。年代久远的大事至少应记明年、月，年代近的大事一般应记明年、月、日。当然个别特殊的大事要记明年、月、日、时、分、秒，比如地震灾害发生、飞机的重大事故等。

2. 地点。表述必须准确清楚，不能有错误和含糊。因为地点常常具有某些特殊的含义，一般要求点明事件发生的城市。如1978年召开的航空科学技术工作天津会议，第一次确定了航空科研先行的方针。对于某些具有特殊意义的具体地点也须写清。如1951年4月18日，航空工业管理局在沈阳民生路63号开始办公。

3. 人物。大事除要把所涉人物的姓名、主要活动记述清楚外，一般还要把其身份、职务在记述活动之前或之时给予必要的交代。

4. 背景（起因）。大事发生的主要依据和起因，应从实质上简要记述清楚。

5. 经过。记述事件活动的过程。

6. 结果。大事的最后结局，应予简明扼要的记述或评价。

例：1958年6月6日　中共中央主席毛泽东参观在中南海举办的航空工业展览，在询问航空工业设计力量的成长情况后指示："刚开始设计经验不足，免不了要抄别人的，照葫芦画瓢，然后再逐步提高。"7月2日，毛泽东再次参观中南海航展，指出"中国要自己设计飞机，要有自己的'图波列夫'"，坚定了航空工业从仿制走向自主研制的决心。

"背景"，是毛泽东在6月6日"询问航空工业设计力量的成长情况后"首次做出指示。"经过"是6月6日毛泽东做出：刚开始设计时"照葫芦画瓢"仿制飞机的指示。经过思考后，7月2日提出"中国要自己设计飞机"。这是个活动的过程。"结果"是坚定了航空工业从仿制走向自主研制的决心，"结果"经常和"评价"融为一体，没办法区分哪个是"结果"，哪个是"评价"。

大事记的6个记述基本要素一般要齐备，并记述清楚，但具体记述时要根据大事的具体情况来定。6个要素要详略得当。略要有个度，每件大事的影响和作用要显现。详也要有个度，几个主要记述要素，以讲清楚为原则，不渲染，不描绘。极重要的大事宜详，一般的大事宜略；记述正面的大事宜详，记述反面或失误的大事宜略（粗）；记述大事的时间、地点、事件、人物和结果要详，而记述大事的原因、背景、过程等要略；而且时间是必须的，是第一位的。需保密的要素宜略，甚至不记，如1998年歼11A飞机首飞成功。

（六）编撰大事记的两种程序

一是先编大事记，作为整理资料和梳理思路的一个重要环节，按大事记提供的主线索编撰史书编章节目内容。中航工业上次修史和这次修史，都先编航空工业历史大事记，再修总史。

二是完成史书初稿后，再从各章节中抽取大事、要事，加以适当的补充、完善，编撰成大事记，这样便于史和大事记内容相互匹配、互补和校对。

建议首先采用第一种程序，如能做到两种程序相结合效果则最佳。

二、大事记的编撰要求

（一）取材要严格

选材是大事记撰写的第一环节。要突出重点，力求做到大事突出，要事不漏，新事不丢，小事不记，也即记大弃小，宁缺勿滥。这就涉及大事的标准问题。

1. 大事的标准是相对的

大事的标准在不同时期、不同条件下各不相同，很难有一个统一的绝对的标准。

挑选时把大事圈定成若干具体条文，大事的入选要到什么程度、写人要写到什么程度，作为对照选择。这样具有简单明了的优点，能防止许多不必要的争议。写集团领导的出现（包括任命、正副职的平衡）、院士当选、飞机首飞的试飞员，科技成果的获得，等等，要写就必须合理均衡，统一标准。否则人家有意见，无法摆平。如编撰《中国航空工业第二集团公司大事记（1999—2008）》时，规定所有获得国家自然科学二等奖、国家发明/技术发明二等奖、国家科学技术进步奖一等奖以上（含同级别）的项目，以及国防科技特等奖的项目全部收入大事记。不过不能指望这些具体条文能够包括所有条款，只有将具体标准条文结合笼统的标准，才是最佳。如少量科技成果虽没有获得上述奖项，但后来实践证明具有巨大的贡献，也应收入大事记。

宋代徐无党著《新五代史》时，提出笼统的大事标准为："大事则书，变古则书，非常则书，意有所示则书，后有所因则书。"这种主张一直沿袭至今，目前大家也比较认同，推荐按以下6个方面（各方面含义常交织在一起）去遴选大事。

第一，特别重大的事件要记。即影响全局，波及整个行业乃至全国及意义深远的重大事件，即徐无党所说的"大事则书"，如新中国航空工业的创建、"高新工程"的实施等，它们的影响是多方面的，有牵一发而动全身的作用。

第二，重大变革的事件要记。足以引起社会某方面变革的重要事件，即徐无党所说的"变古者则书"，如政策的改变、行政的变迁、机构的改革、技术的革新、新的发明创造等，它们标志着事物的发展达到了某一关键点，或者是转折，或者终止。例：1993年6月26日，中国航空工业总公司挂牌成立。这一变革表明，航空工业领导机构开始由国务院政府职能部门改为全国性行业总公司。

第三，不平常的事件要记。突然发生而影响整个社会生活的事件，即徐无党所说的"非常者则书"，如"非典"、大地震、大灾害、飞行事故等对航空工业的影响，使正常的生活秩序发生了改变。例：1996年8月，一架最新的"飞豹"试验机在辽宁兴城机场执行试飞任务时发生一等试飞事故，两名试飞员当场牺牲。

第四，有重要意义的事情要记。就是对"大事"理解中的"要事"。如1978年年底，吕东部长率团访问西欧，对航空工业制订80年代的发展规划、加强科研设计工作、坚定实行对外开放，都有重要的意义。

第五，为后人或社会所效法、有教育意义的事要记；为后人或社会引以为戒的事件要记。意思是社会需要提倡或制止的事件，就是徐无党所说的"意有所示者"。如1952年6月5日，航空工业厂长会议首次提出"航空产品 质量第一"的方针。后为全国各个行业效法。又如2006年在保持共产党员先进性教育活动中，一航制造所79岁和73岁的两位老人入党。这既是社会提倡又是不平常。

第六，有价值的新生事物要记。当时的影响虽然不大，但却是后事起因的，如徐无党所说"后有所因者"，如新生事物的萌芽。如莱特兄弟发明的人类第一架飞机。因为任何事物迈出前所未有的第一步是非常可贵和非常艰难的，尽管不被重视或鲜为人知，但是它代表了一种发展趋势，有着强大的生命力。再如1961年春，南京航空学院教师王适存申请副博士时答辩的学位论文，当时没有什么影响。但后来被证明是世界首创，解决了直升机旋翼涡流计算问题，被命名为"王适存理论"。

虽然大事无绝对标准，但对于大事的选录，却可以从三个一致的思考基点来衡量事件的大小。

第一，事件影响的广泛程度。凡是影响范围较大，波及到全行业、全单位的事件一般是大事。如中国一航的一流环境建设、中航二集团的成本系统工程等。

第二，事件时间的持续程度。凡影响大、持续时间长的事件一般是大事。如航空技术列入国家高科技，争论长达40多年。

第三，事件的新颖程度。越新颖的事件，往往越是大事。如1998年3月23日，中国自主研制的第三代战斗机歼10在成都首飞成功。歼10第二次上天就不见得是大事了。

事件的影响范围、时间持续的长短、新颖程度总是交织在一起的，很难完全割断开来。因此，要综合地考察事件的各个方面，以确定大事。

虽然这些标准都比较笼统，但是，它可以有回旋的余地，便于从实际出发，精心选择。总之，大事的入选标准应符合存史、资政、教化、科研、查考等功能。

2. 避免例会、例文、例事太多

一个单位，几乎每年都要举行为数众多的各种会议，发布各种例行文件，组织各种例行活动。大事记编撰时防止事无大小，逢事即记，让一般的例事淹没了大事，把大事记编成了流水账。对于这些例会、例人和例事，建议采用以事记会、以事记文的编写原则，考虑这样三条标准：记最早的，记有新内容的，记特别重要的。一件不记也不行，不然会使大事记显得单薄。

例事：2000年1月31日　由中航一集团、中航二集团共同组织的航空工业机关老干部春节团拜会在中央戏剧学院举行。

因为此次老干部春节团拜会是两个集团公司时期"最早的"，所以记在中航一集团和中航二集团大事记中，以后此类事书中便一般不记了。

例会：2004年2月25日　中航二集团质量工作会议在株洲召开。

改为：2004年2月25日　中航二集团质量工作会议在株洲召开。会议提出集团公司全面开展6西格玛管理。因为有了新内容才记。

（二）范围要宽广

大事记的记叙范围非常宽广，具体涉及：对航空工业或本单位做出的重大决策，上级领导视察并做出的重要指示，中共中央、国务院、中央军委的表彰，获得的国家级科技奖项，标志性会议和重大活动，标志性航空产品研制的关键节点，标志性重大科研生产设施建成竣工，重大军民结合项目建成，重大事故，机构的变迁，单位领导的任命，院士的当选等。可从以下三方面考虑：

广泛性。所谓广泛性是指信息全面。不能给人以"会议大事记""运动大事记""机构大事记""领导大事记"之感，体现人民群众创造历史的唯物主义观点。毛泽东曾经批评历史尽写"帝王将相才子佳人"。

特殊性。从横向中取优势，编写出体现航空工业特色、本单位特色的大事；从纵向中找特点，挑选具有历史特点的大事。

相关性。就是背景大事。对航空工业产生重大影响的全国性大事也应适当收录。如中国苏联关系恶化、海湾战争、北约轰炸中国驻南斯拉夫大使馆等事件。虽说是全国大事，但为航空工业大事提供了客观依据和大背景。记述时要着重记述全国性大事对航空工业产生的影响。同时，需摒弃借大充大的做法，与航空工业或本单位没有直接联系的全国性大事不能载入，不能借无关的全国性大事来"拉大旗做虎皮"。这样的"大"，就具体单位而言，其实是"无"。

（三）内容要准确

大事记记载事实要准。一定要去粗取精，去伪存真。未经核实的材料不要轻易入记，对所选取的每一条材料发生的时间等6个要素内容都要核实，必要时应作考证。这是大事记的精髓。当代历史学家陈寅恪曾评价："人家研究理科，是分秒不差的，我的文史研究，是年、月、日不差的。"6个要素都容易失真。

看一个时间失真的事例：1958年4月7日，刘少奇参观国防工业展览航空馆，指出飞机和导弹可以一起研究计划。（来源：《航空工业大事记（1949—1988）》）

经当时发布的1958年4月7日《国防工业展览会简报》证实，刘少奇参观展览会日期应为4月4日。原因是大事记编撰者将报道日期当作实际发生日期。《中华人民共和国航空工业史（1951—1988）》记叙这件事时，因引自这部大事记，也将时间弄错了。特别要注意，从报纸等媒体上摘录大事时，不能把报道时间误做事发时间。飞机的首飞、发动机的定型试车等大事发生的日期，时常会发现在不同的记载中前后相差几天。前一个日期往往是正确的。

再看一个结果失真的事例：1984年1月31日，运10进驻西藏拉萨贡嘎机场，成为有史以来首次到达世界屋脊的国产飞机。（来源：诸多公开出版的书籍、报纸等媒体）。事实上，1971年12月18日，国产歼6飞机首次进驻西藏贡嘎机场；1976年4月10日—6月23日，国产直5直升机成功进入西藏试飞；20世纪80年代初，运8成功进藏。所以，需谨慎、斟酌使用"第一""首次"等词汇，一些新闻媒体喜欢夸大其词，然而由于新闻是零距离报道事物，看不清全貌，除时间要素较准确外，大事记中其他5个要素都值得质疑。

还需要注意的是第一手的档案资料远比当事人后来的回忆可靠。在对历史的研究中，常常要借助记忆，诸如那些"口述实录"之类；许多亲历者也认为对自己所经历的事件最了解。然而，修史实践表明，当事人的回忆存在无意的"记忆偏差"，无意或有意的"记忆改造"，还会有其他失真的可能，为修史提供重要线索，需要多方求证、鉴别，特别是查找第一手的原始资料来印证。不迷信权威，因为第二手的资料，即使再伟大的人物都可能有错误。

例：1970年7月16日，一架直5直升机坠毁。随后，周恩来做出指示，一定要找出原因。这是国内某著名高校一名德高望重的院士在个人自传里写的，他亲历过该事故的调查。经航空工业档案馆馆藏的1970年12月20日《716号事故调查组的报告》查实,直5坠毁日期应为10月17日,原因是该机编号为"716"。顺着北航院士提供的线索,确定周恩来批示内容最可能是:"解剖一个麻雀,得出一个全面结论。"

历史的记录是一门学问,从来难以绝对符合历史的真实。修史工作者只是凭借尽可能多的依据、严密的推理尽量去接近并且还原历史,这是一项艰巨的任务。

(四) 记述要精练

大事记述的好坏直接关系到大事记质量的高低。大事是历史流程中的经典,大事记是历史长河中浪花的汇集。"当扼其要而叙之",大事记编撰人员需具备深厚的文字功力,用精当、简练、紧凑的文笔去概括经典,避免出现行文松弛、逻辑不严的现象。每条大事篇幅宜短不宜长,字数应远远少于新闻报道、年鉴等对同事件的记述。

大事记的述史文体采用记述体。记述体或大事记的特点是"记",不是"议",即"记而不论"或"述而不作",要求按照事情的本来面目,使用第三人称、陈述句式、顺叙方法与白描手法,客观如实地记述,一般不作单独的评论。与文艺作品截然不同,不用夸张、比喻、抒情、修辞等手法。

"记而不论""述而不作"都是相对的。大事记编撰者不可能没有自己的看法,但这种看法尽量溶化在事实里。首先,"记而不论",并不代表完全没有议论。议论依附于记述的事实中,通常以一句话,简明扼要地起到画龙点睛的作用。一些大事记如果不略加评论是不能说明事件的本质和真相,如《中国共产党历史大事记》中就有不少议论。其次,"述而不作",从字面上讲,只记叙不创新。这是片面的理解,其实还包含着另一层含义:修史工作者的客观。所以,记述体不是无观点、无创新,而是采取把资料集中起来,经过鉴别、整理、用作者自己的语言表达出来,充分体现"存史"的功能:将资料定格为历史。

作这样的规定容易,实际中要做到却有相当大的难度。常见的毛病在记述某一运动的开展或某项制度的改革时,什么"由点到面逐步开展""先试点,后铺开"的话就出来了;当记述某项事业兴旺发达的情况时,如新中国航空工业,首先要来一段"经历了从无到有、从小到大、飞跃发展的过程"。经原中国一航总经理刘高倬论证,这还是错误的(因新中国航空工业不是从无到有);当进行新旧对比的时候,总要说一通旧社会怎么怎么"百孔千疮""水深火热",而新社会则"美满幸福"。这些"正确"的套话,在记述体里毫无价值,完全可以删除。

另外,大事记叙述事件时,忌滥用具有感情色彩的副词。尤其写领导,使用"亲自"视察、"亲切"接见、"欣然"题词、"重要"讲话之类的话,违背了让事实说话的记述体特点。另外还要避免混淆时态。记述发生或完成于当天的事件，属于"现在时"或"现在进行时"，如滥用"了""已"，就不知不觉变成"完成时"或"现在完成时"，以为是当天之前的事情，造成时间上的错误。除非补充叙述当天之前的经过、状况等情况可用，如发生在一个时间段的事件。

例：1958年6月6日　毛泽东参观了在中南海举办的航空工业展览。文中"参观了"的"了"字尽可不要。

（五）记人要用事

大事记原则不记人物的活动，但是一些事件又总是与人物活动紧密联系在一起的，编写大事记不能脱离开人物。

大事记写人必须坚持"以事记人"的原则。就是说记人物活动以记事为主，用记事顺带着记述人物，而不是单以人物的职位级别来划分。

"以事记人"与"以人记事"有区别，人物传所用手法是"以人记事"，强调记述人物不能空洞无物，要有骨有肉，形象生动地记述出来。如果把"以事记人"和"以人记事"混为一谈，则会出现棘手问题，哪些人该记，哪些人不该记。需要解释清楚"以事记人"是记述与某些事有联系或相关的人。当然实际编撰起来，必须有一定的均衡。

例：2004年2月25日　中航二集团质量工作会议在株洲召开，张洪飚到会讲话。

改为：2004年2月25日　中航二集团质量工作会议在株洲召开，张洪飚到会讲话并提出集团公司全面开展6西格玛管理。

（六）评价要客观

大事记记事要求客观公正，不要对大事轻易做出结论，不妄加评论。忌议论过多，克服"溢美饰非"，不把话说绝。诸如"开创了崭新的局面""实现了历史性跨越""取得了无比辉煌的成就"等评价，大有"前无古人，后无来者"之势，一定要做到实事求是。

（七）观点要正确

立场要鲜明，观点要正确，要有正确的政治方向。以历史唯物主义、辩证唯物主义为指导，绝不是一句空洞的口号。大事记的编撰从开始到结束，每一个环节都贯穿着这个指导思想，特别是"辩证法"，否则很难编下去。实事求是地反映事物的本来面貌，政治观点与党和国家的现行路线、方针、政策不相抵触。

（八）关系要明确

大事记以一个个独立的事为单元，每个单元即每件事都以叙述为表达方式，事与事环环相连而构成事的集合,去说明这部大事记所要表达的内容。在表达方式上,大事记的整体是说明,细处是叙述。对事件的记述,必须弄清大事各种客观史实之间的内在联系,理清大事发展的脉络,做到有始有终、前后贯通,避免前后矛盾和交叉重复,也应做到和总史不矛盾。做到这点很费时间和精力。

(九) 史德要高尚

修史要求"秉笔直书,实事求是"。编撰大事记更应有史学家正直的品德和操守,像陈云同志为林宗棠部长的题词那样"不唯上、不唯书、只唯实",做到一是一,二是二。

与"直笔"对应的是"曲笔",大事记的编写简单,一旦史德出了问题,那直接就是"篡改"历史,问题往往更严重,将会出现将井冈山上"朱德的扁担"变成"林彪的扁担"的事情。

三、重视大事记的编撰

(一) 大事记在各种史书中的作用和地位

首先,成为各种史书的主轴线。大事记在史、志、传、年鉴中都有,起到为各种史志丛书索引的作用。它纵向记事,提纲挈领地将大事尽收其中,成为全书之经,具有统领全书的"纲领"作用。

其次,成为编史、修志的信息源。有了大事记,在编史、修志时可克服凭记忆去回顾的麻烦,又可保证历史事件的连续性和准确性,为编史、修志提供可靠材料和依据。

第三,起到拾遗补缺作用。有些内容,在史志书中无类可属,结果形成了一些无所统属的"游兵散勇"。造成这种现象的原因,一是某些内容不宜设专类记载。如对新中国成立后开展的历次政治运动,不宜单独设专章和专篇,主要环节应放在大事记中记述,其余则可散见于有关史书。二是某些内容无法在史书中反映,反映就有可能破坏了篇目的系统性和科学性。大事记涉及诸多类别,凡在总史中不适合集中反映或不能反映,而历史又必须记载的内容,都可以在大事记中记载。

总之,大事记以时为经,以事为纬,编年记事,清晰明白地记述航空工业的大事、要事。它涉及方方面面,能勾画出历史的轮廓,有利于贯通古今,对历史发展脉络进行概括,从中找出发展的线索和规律。

(二) 重视大事记的编撰

编撰大事记,不是各种资料的堆砌;它收集、积累、梳理史料,从杂乱无序中找出历史的有序和主线;既要选取最能反映全面的宏观资料,最能反映历史发展轨

修史撷英

迹的系统资料，又要选取其他丰富多彩的典型材料。在《中国航空工业史丛书》中，大事记和总史最相近，与总史相辅相成，成为丛书的两种基本形式，是编史的基础和基本功，更是总史编撰的基础。

不要小看大事记的编写，史学界普遍认为，大事记的撰写要求和总史整体的要求基本相同。大事记的编撰过程可形容为"千淘万漉虽辛苦，吹尽狂沙始见金"。国内现存各种版本的航空工业大事记或多或少都存在一些错误或不完善的地方。如历时近20年编撰成的某中国航空大事记，虽曾获国家"三个一工程"等多种奖项，同样有着较多错谬或不妥之处。可是，千万不可笑话他们。因为，如果我们自己编写，差错率极可能比他们更高！大事记的编写，一方面最简单，只要把6个记叙要素说清楚就行，连小学生都会；另一方面从某个角度来看又是最难，这也许就是大事记编撰的辩证法。

留下创业光影　重现精彩瞬间

——浅谈《中国航空工业老照片》的编纂

廉　洁

《中国航空工业老照片》（简称《老照片》）是 2010 年 11 月在集团公司党组书记、董事长林左鸣的提议下启动的。《老照片》是中国航空工业史的重要组成部分，是新中国航空工业发展历程的重要见证，是新、老航空人了解历史、以史育人、传承航空报国精神的重要教材。它形象、直观、生动、真实，图文并茂，阅读方便。更重要的是，编纂《老照片》这一举措，在抢救和保存航空工业发展历程中所留下的宝贵文献资料方面将起到不可低估的作用。

集团公司《关于征集老照片的通知》下发后，各成员单位积极响应，踊跃收集报送，几年来，共收到 90 多个单位报送的航空工业各个历史时期的新老照片 4000 余张。截止到 2013 年 11 月，已经出版了《老照片》7 辑，其中第 1 辑介绍的是旧中国航空工业的发展情况，刊登了 62 篇文章，87 张照片，约 24 万字。第 2 ~ 第 7 辑反映的是新中国航空工业创立以后的内容，共刊登了 314 篇文章，763 张照片，约 135 万字。目前《老照片》收录的内容编纂、出版到了 1965 年前后。

一、《老照片》的稿件构成和基本要求

《老照片》既不是航空工业各成员单位历史照片的堆积，也不是简单的历史照片的逐一展示，而是通过探寻、挖掘历史照片背后的故事，告诉人们一个个完整的故事，使人们了解我国航空工业走过的不寻常历程，从而对我国航空工业有一个完整、正确的认识。

（1）稿件构成

《老照片》的每篇稿件都由五部分构成，一是标题，二是照片，三是照片的文字说明，四是故事，即文字稿，五是署名。照片可以是一张，也可以是一组，一组照片应该是反映同一内容的，或者是同一时间段的。

样稿——中航工业金城的稿件，五个部分完整、清楚。

标题: "上海解放号"参加开国大典
照片:

照片的文字说明:这架修复后的美制C-46运输机参加了开国大典。
文字稿:

1949年6月下旬,上海刚解放不久,由于我空军急需,空军驻沪北办事处派曾行健同志组织飞机修理。6月18日,张暄、卢平、张达孝等17位同志到上海江湾机场修理一架国民党C-46运输机。

……

署名:(撰文、照片提供:中航工业金城)

(2) 征集范围

七个方面:①厂容厂貌、工作场景;②党和国家领导人视察情况及题词、贺词等;③上级机关重要领导检查指导工作情况;④重大产品、型号任务完成情况;⑤先进团队、先进个人工作照片;⑥对外交流、合作情况;⑦职工文化生活、企业文化建设情况等。简称为:厂容厂貌、领导关怀、光荣岁月、飞上蓝天、英雄团队、国际合作、职工风采等。

(3) 对照片的要求

在坚持内容第一的前提下,要求照片有较高的清晰度,在对原照片进行翻拍或扫描处理时,请注意把握好技术环节,把照片拍实。要保证照片的文件大小,每张照片不能小于1MB。每张照片都要附有独立的文字说明。

(4) 对文字稿件的要求

文章要求与照片内容密切相关,是对照片的较为详细的、放大了的说明。要有具体的时间、地点、人物、事由、过程、结果,避免空话、套话、废话。每篇文字稿要求在800~1000字。

(5) 保密要求

照片和文字都要进行保密审查。各单位先自查,在自查的基础上,航史办再交集团公司保密办审查。

（6）老照片及其故事的来源

一是到本单位档案馆（室）查找照片，再找当事人或当事人的家属回忆当时的情景；二是对照照片，从厂史、所史里查找故事线索；三是从老领导、老职工的私人相册中征集，并搞清楚老照片的背景资料；四是到航空工业档案馆的存档资料中去查找历史照片。

二、收集、撰写《老照片》稿件应注意的问题

1. 寻找线索、挖掘潜力、广开门路、多方收集

多数成员单位积极性高，组织得力，选送的照片和稿件数量多、质量好。但也有些单位虽然成立的时间较早，却没有报送或报送很少。不可否认，由于年代久远及客观条件有限等问题，确实许多单位留存下来的照片数量较少，但照片少不等于没有，有些可能就存放在本单位老同志的私人相册中，例如当年的合影。同时老照片少，也不等于没有具有历史价值的感人事迹。通过挖掘，把故事写出来，配上一两张内容和时间相近的照片，就是一篇不错的稿件。因此，关键是要认真挖掘和整理。

获取老照片故事的"捷径"就是踏下心来，认真、仔细地阅读本单位的厂史、所史，从中一定会发现很多可写的东西。最好是先挑选老照片，脑子里有了老照片的印象，带着这个印象再去找故事，肯定会有所收获。

另外需要说明的是，照片和文字不一定一一对应，一一吻合，只要时间相近，内容沾边就可以配到一起。但是切忌把不同内容、不同时间的照片往一篇文章里放，如文体活动的照片就不要配到生产的内容上，20世纪60年代的照片就不要配到50年代的文章里去，因为照片的时代和特色不一样，一看就是假的。

2. 照片文字、相互对应、力求准确、防止有误

有的单位只报送了老照片，而没有按照要求报送与老照片相关的文字稿；有的只有极其简单的照片说明；有的干脆在报送的照片下面注明："由于年代久远，照片内容无从查找。"还有的照片标号和文字说明对不上，按照标号找不到相关的文字，这样的老照片较难采用。各单位报送照片和文章时要做到准确无误，标识明确。编纂人员则应仔细辨别，认真核对，共同把好真实准确这一极其重要的质量关，防止发生图文不符、张冠李戴的错误。

3. 一事一稿、不求齐全、重点突出、详略得当

有的单位报送的稿件时间跨度过大，在一篇稿子中写了20多年的事情，还有的甚至一下子从20世纪50年代写到2008年，像是一篇厂史的缩写版，重大事件都

写进去了，但每件事都是简单的三言两语，点到为止，哪件事情都没有交代清楚，让编辑无从下手，不知道该用哪段，不该用哪段。这样的稿件只好舍弃不用。

当然，作为航空工业这个特殊的行业，有的产品，特别是新型号飞机、发动机的研制是有一个过程的，这个过程时间跨度可能很大，但是作为老照片，我们要求是一照片一事，因此一篇文章里不可能把这么多年的研制过程全部反映出来，所以我们要选择一个点，最好是研制过程中最有代表性、最有故事的一个点，重点来写，把其他的过程几笔带过，最后把完成时间交代清楚。所配照片最好产品研制初期、中期、完成期的都有，如果没有那么全的，则有什么就配什么，这篇稿件就完成了。如果文章字里行间注意了文采，有对细节的重笔描绘，那就会是一篇不错的文章了。

有的同志写文章时，总是希望一篇文章的容量大一些，所以每篇文章包含的内容就特别多，特别全，《老照片》不能这样写。《老照片》讲究的是，一张或一组照片对应一件事，事情要具体、生动、完整。

4. 真实准确、语言生动、遵照沿革、虚实结合

在收到的来稿中，有的文章写得比较虚，时间、地点、人物交代不清楚。比如有一篇文章，写到一个单位的一个产品获得了国家科学技术进步奖，然后写到同为航空人的一家三代对获奖这件事的反应。这篇文章里提到的事情据了解是真实的，不仅获奖是真，文中的一家三代也确有其人，但是作者并没有交代这祖孙三代人的真实姓名和真实情况，而是把这件事情用虚写的手法来表述，反而使人感到不真实。如果换一种写法，向读者交代真实情况，那么航空人"献了青春献终身，献了终身献子孙"的崇高境界将会跃然纸上，令人感动。

《老照片》的每一篇文章都必须是真实的，真实是我们这本书的第一要素，是我们必须遵循的重要原则。但有些合理虚构、合理想象也是必需的。如《老照片③》中第50页刊登的一篇文章《为了让学生早日成才》，是中航工业凯天提供的，写的是职工技校的事。原稿很短，一共只有176个字，基本上就是照片文字说明。但是两张照片很好，很生动，有名有姓，充满了时代感、沧桑感。于是在编辑过程中，我发挥合理想象，在文章的开头和结尾处添加部分内容，将全文扩充到443字，编入《老照片③》中。

另外有的单位报送的稿件中对本单位的称谓较乱，有用代号的，有用内部简称的，还有用"中航工业某某"的。为了统一标准，同时也是为了突出老照片的"老"字，在《老照片》稿件中所出现的单位名称，一律要与文章所写历史时期的单位名称一致。比如中航工业沈飞报送的1958年的稿件，当时沈飞名为"国营松

陵机械厂",则在此文中就要用"国营松陵机械厂"的称谓。在文中第一次出现此厂名时,需要在后边加注"现中航工业沈飞"。如当时对外公开的单位名称是代号,如112厂、132厂、四院、626研究所等,则就用这个代号,我们完全尊重历史。各单位在组织撰写稿子时,可以查一下本单位的历史名称沿革,按照当时的名称去写。

为了增强《老照片》的可读性,还要力求使我们所写的文章生动一些。有些报送的稿件是从本单位史书上摘抄的,由于史书的语言风格和《老照片》的语言风格不一致,如果不经过加工或再创作,很可能内容枯燥,文字呆板,缺乏生气,使《老照片》缺少吸引人、感染人、凝聚人、鼓舞人和引人入胜的魅力。有的老同志写的文章很生动,语言独特,对所描述的人和事充满了感情,具有当时时代的特点和风格。在修改这些文章的时候,或者采访老同志时,一定要注意保持他的语言风格和语言习惯,尽量做到原汁原味,不要用我们现在的语言去加以修改或替代。《老照片》文稿和写史、大事记、年鉴不一样,写史要求严肃、严谨,写《老照片》则要求有情、有味,虽然都是向后人展示历史,但毕竟体裁不同,风格、表现手法也是不一样的,撰写《老照片》稿件时更要在文学性上多下一点功夫。

5. 立足航空、面向社会、加强联系、注意沟通

航空工业与国家、社会是一个有机的整体,航空工业的发展离不开社会的前进步伐,同时航空工业的发展也带动了周边地区经济的发展和进步。现在绝大多数稿子都是关起门来写自己的事情,体现航空工业与社会联系方面的稿件较少,即使有的写的是民品内容的,也看不出这个产品给老百姓带来了什么实惠,带来了什么便利之处,对推动社会进步有哪些实际意义。随着时间的推移,下一步《老照片》介绍民品方面的内容会越来越多,应加以注意。

《老照片》收录的内容截止到1990年。从各单位已经报送的照片来看,从内容到质量都有了明显的变化。到了20世纪80年代、90年代,一是黑白照片少了,彩色照片多了;二是普通职工的照片少了,领导的照片多了;三是生产场面的照片少了,会议照片、上级视察的照片多了。这是时代的发展变化,是谁也不能扭转和阻止的历史潮流。但是如果《老照片》变成了领导专辑、会议专辑和上级视察专辑,将会使它的可读性大打折扣。所以需要注意这个问题,各单位在报送照片和文字稿时,要多选择一些工作场景的,用科研生产的、一线工作的、领导深入一线等内容的照片和文字来展现航空工业高速发展时期的成就,歌颂党的十一届三中全会之后航空工业的显著变化。

各成员单位要加强与集团公司航史办的交流与沟通,同心协力,处理好每一张

照片、每一篇文章。

三、《老照片》范例分析

为了各成员单位更好地组稿,特挑选几篇《老照片》中的作品,作为范例,供参考。

1.《吃饭那点事儿》——中航工业曙光的作品(见《老照片⑤》第 84 页)

这篇文章是从曙光公司厂史中发现的。曙光厂史在叙述中有一段记载得十分具体、生动、感人的事情,即 1959—1960 年建厂初期,全厂 5000 多名工人在吃午饭问题上面临着非常大的困难,基本上就是文中所记叙的那样。这段文字如果有照片来佐证,将会是一篇难得的好文章。和曙光公司一联系,果然找到好几张有关食堂、有关吃饭的老照片,都是 135 胶片拍的,照片虽小,清晰度不错。在曙光公司宣传部和档案馆同志的帮助下,我们拿到了这几张照片的电子版。回来后对照厂史文字,略加修改,一篇比较生动的老照片故事就完成了。这篇文章,没有直接表述建厂初期工作多么艰苦,条件多么简陋,生活多么困难,但是仅从吃饭排大队,从吃一顿白面烙饼有多难,从职工们毫无怨言努力工作,就完完全全把建厂初期的艰难程度体现出来了。透过这篇文章我们可以看到,国家在面对历史上罕见的连续自然灾害,面对新中国成立不久,国力还不强盛的具体情况,却下大力气、花大成本建设我们自己的航空工业的决心。同时也能看到当时的老一代航空人,为建设航空工业而任劳任怨、不怕苦、不怕难、以苦为乐、以苦为荣,在各自的岗位上默默奉献的崇高精神。所以这篇稿件比较好,比较成功。

2.《12 次列车遇险》——中航工业规划院的作品(见《老照片③》第 86 页)

这是一篇反映航空工业与社会方方面面联系的文章。事情发生在 1959 年 8 月 13 日,由于发洪水,从沈阳开往北京的 12 次特快列车被洪水阻挡,于是在列车上发生了一系列感人的可歌可泣的事情。这件事在当时轰动全国,影响很大,12 次列车党组织的团结、果断、心系群众,面对灾难的处事作风得到全国上下一致的肯定,除了新闻媒体广泛宣传之外,八一电影制片厂还专门为此拍摄了一部故事片,名字就叫《12 次列车》。说来也巧,正好规划院有几位同志就在这个列车上,他们完成任务乘这次列车返回北京,和列车上的人们共同经历了难忘的两天两夜。更巧的是,他们还保存着列车被困时的照片。但是由于当事人年事已高,具体时间、地点、情节都记不太准确了。照片和记述事件的简要素材交来后,我们上网查找,把《12 次列车》这部电影调出来,从头至尾看了一遍,搞清楚事情的来龙去脉,把具体情节加入到原稿当中去,于是一篇不错的文章就出来了。遗憾的是,规划院的几位同志在这个事件中做了什么？起了哪些作用？群众对他们有些什么样的评价？他们当时的所思、所想、所感，却不得而知了，也不好在文章中凭空加以描述。但是这几张老照片已经生动地反映了事件现场的真实面貌，说明我们航空人与人民的息息相关、休戚与共，在灾难面前同心同德。总之，是一个非常好的老照片故事。

3.《新中国培养的第一代航空科技人才》——中航工业航材院的作品（见《老照片④》第31页）

照片中，一排17个小伙子，身穿泳裤，手挽着手，肩并着肩，头上是蓝天白云，脚下是浪花朵朵，每个人脸上都挂着灿烂的笑容，给人一种健康、向上、阳光、美好，还稍稍有点调皮的感觉。展示了航空工业年轻兴旺，朝气蓬勃，充满了生机、活力和希望，预示着新中国航空工业的美好前景。的确是一幅不可多得的好照片。这张照片是一位新华社记者于1950年8月在北戴河海边拍的，曾经刊登在《人民画报》上，并在国外展览。照片上的主人公是华北大学工学院（现北京理工大学）航空系一年级乙班的学生，是新中国培养的第一代航空科技人才。作为优秀学生，他们参加当时北京市团委在秦皇岛举办的夏令营，在海边玩耍时被新华社记者发现并拍摄了下来。故事的口述者就是这17名大学生之一，虽然文章是平平淡淡的讲述，但给人的印象却是深刻难忘的。这篇作品是比较典型的照片托文章的例子。

4.《他们功不可没》——中航工业东安的作品（见《老照片④》第6页）

在整理、编辑老照片的过程中，我们发现建厂最早之一的东安公司报送的老照片中有不少领导同志的照片，在航空工业第一批工厂的创建过程中，他们是立下汗马功劳的。何长工、温其芳、刘正栋……一个个耳熟能详的名字，是和新中国航空工业的发展、壮大连在一起的，是他们，带领着广大职工实践着党中央关于建设新中国自己的航空工业的理想，是他们，和广大航空人一起在一无所有的白纸上描绘着航空工业的宏伟蓝图，在航空工业的建设史上，这些领导者确实是功不可没。于是，我们和东安公司商量，看能不能写一篇反映建厂初期领导干部的文章，题目就叫《他们功不可没》。东安公司宣传部的同志很快就把文章写好了。拿来一看，写得非常好，特别是其中的几句话，写得有一定深意，像文章的开头和结尾不仅点了"他们功不可没"这一主题，而且从字里行间能够感受到建厂初期密切的干群关系和职工们当家作主的主人翁精神。

这样的照片和文章自然而然就被选用了，而且没有进行过多的修改。

5.《两勺黄豆》——中航工业南方的作品（见《老照片⑥》第2页）

这是一篇很感人的文章，作者是南方公司退休职工文代明。文章有几个节点把握得很好：一是60年代初期，国家正经历三年经济困难时期，全国人民食不裹腹；二是南方公司接受研制604号航空发动机任务，是当时国家重中之重、急中之急的军品任务；三是正值新春佳节，科技人员放弃休息加班加点进行研制工作；四是于辉厂长端来两盘油炸黄豆，分给每人两勺，作为奖励和犒劳；五是春节过后，方案完成，给研制604号发动机赢得了时间。这几个节点让读者不知不觉地跟着文章走，比较抓人。文中还有一句话，写得好，就是于辉厂长说完给大家每人两勺黄豆，"请用吧！"说完就走了。很耐人寻味，起码体现出这么几层意思：首先是于厂长关心、体贴、心疼科技人员，尤其是让他们春节期间加班，心存感激并略有歉意；其次是于厂长洁身自好，为人廉洁，黄豆是想方设法给加班的同志搞来的，非常珍贵，自己不能享用，所以说完就转身走了；再有就是体现了浓浓的人情味儿，"士为知己者死"，所以"节后一上班，一份既原则又具体，即具纲领性又具全面性的试制总计划出来了"。这确实是一个好故事，一篇好文章。缺憾是，南方公司没有提供贴切、合适的照片，只好采用604号发动机的实物照片。巧的是，在整理其他老照片时，发现了两张于辉厂长的照片，一张是骑自行车的，另一张是在车间和工人在一起的，于是果断用上，弥补了照片的不足和欠缺，使这篇文章更加完美。

最后要说的是，在一本书里，不可能每篇文章、每幅照片全都精彩，只要有三分之一的文章和照片精彩，那么这本书就立住了。希望我们的作品全都能够进入这三分之一的精彩篇目，也希望我们的精彩篇目超过、甚至远远超过三分之一，达到二分之一，三分之二，最好每篇都是精美华章！

让我们用一颗颗滚烫的心，一支支神奇的笔，一篇篇朴实生动的文章，记住与航空工业一起成长的每一个精彩瞬间！完成历史赋予我们的编修航空工业史的光荣使命！

《中国航空工业人物传》的编纂

邓莉华

人物传作为一种文体，指的是记载人物生平事迹的作品，它可以记述一个人的终生，也可以叙写一个人的某一阶段。一般是记叙对发展有较大影响的人物。

中国航空工业人物传记编修工作早在20世纪80年代与第一次中国航空工业史编撰工作同步开展，1989年10月由航空工业出版社出版了《航空工业人物（第一卷）》，共28万字，书中收录了7位航空专家、3位教育家、13位党政领导、2位全国劳模，总计25位航空人物。《航空工业人物（第一卷）》开创了有组织、有计划地撰写航空工业杰出人物的先河。

2008年中国航空工业集团公司重组整合不久即做出决定，在20世纪80年代编修航空工业史基础上，全面续修中国航空工业史。《中国航空工业人物传》列为本次5个系列丛书之一《中国航空工业史丛书·人物·史料资料》重要组成部分。

中国航空工业集团公司航史办确定《中国航空工业人物传》分为领导篇、专家篇和英模篇，每篇还有分册。它们将分别刊载航空工业创建以来的创建者、领军人物、专家学者、劳动模范的主要事迹，他们是航空人的突出代表，是"航空报国"精神的创造者和传承者。通过他们的事迹，让世人了解创业图强、勇攀高峰的航空工业，认识航空报国、激情进取的一代代航空人，从而激发航空工业从业人员的报国情怀，用我们的双手、我们的智慧，将航空报国精神发扬光大，达到强军富民的目的。

《中国航空工业人物传》从2011年至2013年已经出版了5本，他们是：

《中国航空工业人物传·领导篇①》主要记录了新中国航空工业创建以来的历任部长、副部长和航空工业总公司的总经理、副总经理、党组成员，以及中航工业两个集团公司的总经理，共收录了44人，计25万字。

《中国航空工业人物传·领导篇②》和《中国航空工业人物传·领导篇③》记录了新中国航空工业建立至1980年年底划归航空工业管理的各企事业单位以及由中航工业创建的企事业单位创建人（包括筹建组组长、首任党政一把手），共撰写了162人，计60万字。

《中国航空工业人物传·专家篇①》记录了航空工业院士、航空院校及中国科学院和中国工程院与航空工业有关的院士，同时还有4位获得过中央表彰的专家，共撰写了40人，计21万字。

《中国航空工业人物传·英模篇①》记录了新中国成立以来各企事业单位各历史时期的全国劳动模范、全国先进工作者、全国优秀共产党员、全国优秀党务工作者、全国优秀思想政治工作者，同时列入党中央、国务院14次表彰大会之一的全国科技大会表彰的全国先进科技工作者也一并收入，共撰写了138位，计28万字。

另《中国航空工业人物传·专家篇②》编纂工作已经接近尾声，主要记录了新中国航空工业创立以来，经过立项并走完完整研制程序、交付使用的经部、集团公司任命的飞机、发动机和导弹历任型号总设计师、总工程师及飞机总试飞师、首飞试飞员（由于篇幅所限，总工程师本次未编入）。

现结合《中国航空工业人物传》编纂过程中的情况，谈谈人物传的编纂。

一、人物传的类型

1. 以人物传的叙述者身份划分，可分为自传，他传。自传是自己叙述本人的生平经历；他传是为别人的生平经历作传。

2. 以篇幅长短划分，可分为大传，小传。一般地说，大传往往能反映一个人的全貌，反映传主所处的时代和社会的风云变幻，以及周围有各种联系的其他人物的侧面。小传则是用较短的篇幅简略地记述传主的生平事迹。有的小传按时间顺序，从出生到辞世写出一个人的主要经历，有的着重描写一个人物的特征，经历一笔带过，只择取其中几件有代表性的事。

3. 以内容或取材划分，可分为外传、评传。外传多记载本传以外的补充材料，评传侧重于对人物生平、思想、事业深入全面的评论，以至于这种评述文字所占的比重要大于纪实的篇幅。

4. 从笔法上划分还有历史传记、文学传记、传记小说、画传等，它们都是以历史的真实事件为题材，加以一定的虚构。

二、人物传的基本特征

1. 真实性

真实性是传记的灵魂。传记的真实性首要的是史实的真实可靠，在历史上确有其人，确有其事，确有其言，确有其行，就连人物的思想感情的内在变化，也要有根有据，不能任凭揣测。且不说重要的事件不能虚构，添枝加叶，就是生活细节，对于历史传记来说，可以写得十分生动丰富，但也必须是实况写照，以逼真取胜，不能有丝毫的夸张和想象。即便是文学传记，虽然允许在人物的生活细节方面和性格刻画方面做出适度的符合真人真事发展脉络的艺术加工，但也不能搀兑假人假事，不能虚构故事情节，特别是关键之处的情节。

2. 准确性

传记离不开塑造人物，写人就要准确地反映一个人的全貌，那就必须如班固所言："其文直，其事核，不虚美，不隐恶，故谓之实录。"（《汉书·司马迁传赞》）这就是所谓传记的准确性。由此可见，片面地或者说只择其一面记述一个人所谓的真实，这不是传记所需要的真实，因为它不能准确地写出一个活泼的人，一个完整的人。传记要写出一个人的优点与缺点，外表与内心，长处与短处，工作与生活，这才能写出"全人"的传记，而不是"完人"的传记。

3. 整体性

传记的整体性特征可以从两个方面来展示：一是把传主的生平经历、精神世界、事业成就和时代风云组合成一个系列的整体来写；另一个是由于传主是某一方面的名家学者，就侧重于或思想发展，或创作成果，或革命活动，或艺术生涯，或科学成就等某个系列进行整体性的反映。即便是当今的别传或外传所写的轶闻轶事，也要具有某种系列，能从整体性上揭示出一个人的某一方面的特征，这样才称得上"传"。

以短小的传记为例，像鲁迅的《自传》，全文只有900多字，但他按照时间和地点变迁的系列，写出了自己从1881年出生到1934年前后的学业、工作、社会活动和创作生活的经历，而且还在旁敲侧击当中暗示出社会处境的险恶。这让读者看到一个作为一名革命作家的整体的鲁迅。

4. 历史性

传记当中的人物，包括传主的相关人物，都在一定的历史长河和时代气候中生存、成长，写人物传记必须要反映出历史和时代对人物的影响，以及人物对历史和时代的反作用。这是一种相互依存与相互作用的辩证统一关系，也就是传记写作所要表现出来的历史性。

总之，恰到好处地揭示出传主与所处的历史时代的互为依存又互相作用的关系，在传主的身影上看到了历史，在历史的舞台上又突出了传主，也就是法国传记作家安·莫洛亚所正确概括的："传记是历史形式之一。"

传记写作的"四性"要求，不是孤立的，平列的，而是相辅相成，有时甚至是互为因果的。倘若没有真实性，那么就谈不上准确性、整体性和历史性；但是假如传记的准确性、整体性或历史性比较差，那也要影响真实性的强度和深度。所以，真实性乃立传之根本，其他三性则有助于真实性发出更耀眼的光芒，也使其传记真正成为传记。

三、人物传的写作要求

书写历史的体裁是多方面的，例如：编年体——以年代为线索编排有关历史事件，它以时间为中心，按年、月、日顺序记叙史事，如《中国航空工业大事记》；纪传体——以为人物立传记的方式记叙史实，即以人物活动为中心记载历史，就是为人物立传，如《中国航空工业人物传》；纪事本末体——以事件为纲，从头到尾详细记载某一事实，如《歼十飞机研制史》《中国飞行试验史》等。

上述三种体裁合称古代三大史体。《中国航空工业人物传》属于纪传体，是史书的一种表现形式。

《中国航空工业人物传》属于他传中的小传，即用较短的篇幅简略地记述他人的生平事迹。《中国航空工业人物传》每个人物字数原则上为2000字左右，其中生平简历为500字，担任航空工业各单位领导、专家，获得劳模称号期间的主要业绩为1500字左右（终稿）。

撰写《中国航空工业人物传》的要求是：

1. 人物简历要完整，反映人物人生经历的整个过程，中间最好不要间断。

简历要求500字左右，包括出生年月、籍贯（省、县）、高中以上学历（入学时间、学校、专业、毕业时间、学位）、参加工作时间（含历次工作单位变动）、历次任职情况（尤其走上局级领导岗位的时间和职务）、退休年月、去世年月。历次获奖情况（不含企事业单位的奖励），包括获奖时间、颁奖单位、奖项名称。

需要特别指出的是，《中国航空工业人物传》征集的人物有的工作单位几经调动、有的工作岗位也几经调整，要根据人物传的类别（领导篇、英模篇、专家篇），写清人物与所撰写内容相符时的工作单位、行政职务。

例如：1956年全国先进生产者　马世英

马世英（1917.12—1998.9），江苏南通人，1956年全国先进生产者，时任沈阳航空喷气发动机厂〔现中航工业沈阳黎明航空发动机（集团）有限责任公司，简称中航工业黎明〕副总工艺师。1939年7月武汉大学机械工程系毕业，获学士学位。1945年8月赴美国实习。1946年被哈佛大学接纳为应用物理与工程科学系研究生，1947年毕业并取得硕士学位。此后，在底特律市爱克塞洛公司设计室从事设计工作。1948年5月回国，任上海中央机器公司工程师。1949年6月任上海精密工具厂制造组组长、工程师。1952年6月调沈阳111厂任施工科副科长。1955年2月调任沈阳航空喷气发动机厂（现中航工业黎明）副总工艺师。1958年10月调西安红旗机械厂（现中航工业西航）历任总工艺师、副总工程师、副厂长、科技委主任。马世英曾当选沈阳市大东区第一届、第二届人民代表大会代表，同时被选为沈阳市先进生产者、第二机械工业部先进生产者，1956年被国务院授予"全国先进生产者"称号，并出席了全国先进生产者、先进工作者代表大会。他是陕西省政协委员、陕西省第五届人民代表大会代表，第四届、第五届全国人民代表大会代表。1986年6月退休，1998年9月去世。

2. 搜集和撰写业绩材料。

由于《中国航空工业人物传》是小传，业绩字数多数控制在1500字左右（终稿），因此要结合人物传的不同类别，择取人物有代表性的事情写。

例如：《中国航空工业人物传·领导篇》重点撰写在航空工业创建和发展过程中的典型业绩。业绩材料应该紧紧围绕该领导如何发挥领导、组织作用，带领干部职工艰苦奋斗、创新发展，开展航空产品的研制、生产，促进企业发展建设的典型业绩。

《中国航空工业人物传·专家篇②》重点撰写专家在他所处的领域通过怎样的努力，达到了怎样的水平，在该领域取得了什么成果，获得了哪些荣誉，要注重专家在科研生产中如何发挥领军人物作用的。

《中国航空工业人物传·英模篇①》重点撰写劳动模范通过怎样的努力，取得了什么成果，获得劳动模范的主要业绩。

3. 要按照时间的发展脉络撰写。

要从参加工作到取得成绩，按照时间的顺序撰写，看到一个人逐步发展的过程，不要跳跃式地撰写。

4. 要尊重历史，史从实出，寻找历史的真相，绝不能杜撰。

要通过查阅本人档案，单位有关档案，单位史志资料，公开发表的文章、书籍，老职工，身边工作的人员座谈、走访以及采访本人、家属等方式了解人物的真实情况，然后进行编辑整理。对有争议的事情或没有把握的事情要进行反复核对、确认后再写入文中。

5. 要准确而合理、恰当地评价，不添加溢美之词。

要把写作的重点放在陈述该人物推动航空工业发展所做努力的事实上。

6. 做好保密工作。

涉密内容一定要做好降密工作，有些型号已经解密的文章中可以公开写。

7. 各单位要对内容负责。

《中国航空工业人物传》是中国航空工业集团公司决定出版的，各单位要对内容负责。要组织专人撰写（不能以个人回忆录或由入编者本人写代替），上报之前要经过单位有关部门和主管领导审阅。

四、人物传写作过程中存在的问题

1. 文字表述要全面，不该省略的地方一定要写全称。

作为史书，对今后会有一定的借鉴作用，因此为了避免给今后阅读带来不必要的误会，不该省略的地方一定要写全称。

例1. "文革"时期应为"文化大革命"时期；

50年代、60年代等前面要加上"20世纪"；

党中央应为中共中央；

北空领导应为北京空军领导；

计量、重量、质量等数量词不能只给出数字，一定要注明单位名称。

例2. 某篇文章中写道"把项目51%的股权以一元钱转让给了中航"，文中的中航经核实不是中国航空工业集团公司，而是中航工业某公司。这个中航应写全称。

例3. 职务要用全称，避免被人误解。

担任支部书记应为担任党支部书记；

担任政指、副指应为担任政治指导员、副指导员（容易与正职、副职混淆）；

担任总工、总师应写总工程师、总设计师、总工艺师、总试飞总师等。

2. 历史资料要准确。

不要因为粗心或在原则问题上对原有资料没有经过认真核实造成史料的失误。

例4. 某人物简历中籍贯上报资料为"河北东鹿人"应为"河北束鹿人"；

"1973年9月—1973年2月"应为"1973年9月—1976年2月"。

例5. 某单位上报资料"1962年10月1日起工厂正式移交给三机部四局……由于工厂与承建单位共同努力，密切配合，改建扩建工程于1995年11月基本完成。"经查，"1995年"应为"1965年"。

例6. 某全国劳动模范上报资料为"1956年、1964年两届全国劳动模范"，经查1964年国务院没有评比劳模，行业评比了先进，最后确认该劳模只是1956年全国先进生产者。

例 7. 某全国劳动模范上报资料为"1956 年、1959 年两届全国劳动模范",经查该同志 1956 年被评为二机部先进工作者,参加了全国劳模代表大会,但没有被评为全国先进生产者,最后确认该劳模只是 1959 年全国先进生产者。

例 8. 某上报资料为"创造了国际航空史上第一架在计算机上设计的全机数字样机",经查国际航空史上早已实现,"国际航空史"应为"中国航空史"。

3. 资料中涉及社会面较广、层次较高的要规范。

在《中国航空工业人物传》中经常涉及到人物所受到的奖励和国家的特定事项的表述问题,现就几个主要事项的表述规范如下:

劳动模范统一用:××年被××部门授予"××××"称号。

如:全国劳动模范或全国先进工作者不用评为,统一用某年被国务院授予"全国劳动模范或全国先进工作者"称号;

全国优秀共产党员或优秀党务工作者,统一用某年被中央组织部授予"全国优秀共产党员或优秀党务工作者"称号;

国务院颁发有突出贡献专家特殊津贴,统一表述为某年为"享受国务院特殊津贴专家";

新世纪百千万人才工程,统一表述为某年入选"新世纪百千万人才工程"国家级人选;

511 人才工程,统一表述为某年入选国防科技工业"511 人才工程"高级管理人才、学术技术带头人或高级技能人才(其中一项);

研究员级高级工程师,不要加"职称"也不要加"自然科学",特殊情况除外。

4. 慎用第一。

在上报资料中出现过若干"第一人""第一次""首次"等表述,作者对本单位的事情可以准确把握,超出这个范围由于作者所处环境、掌握资料有限,建议慎用"第一"等词语表述,如经核实确为第一那就大胆地说。

例 9. 某单位上报材料为"1956 年 5 月 26 日,作为航空工业成立的第一个研究所,在北京工业学院原址礼堂隆重召开了成立大会。"经查:中国航空工业建立后成立的第一个研究所是 1956 年 2 月 11 日航空科学技术情报研究所。

例 10. 某单位上报材料为"某同志为中航工业最年轻的飞机总设计师",经查还有比该同志年轻的总设计师。

例 11. 某单位上报材料为"某同志 1986 年获得工学博士学位,成为我国培养的第一位在职工学博士",我们将第一位改为第一批。

5. 准确使用飞机、产品型号的表述方法,专业术语表述要大众化或加注释。

《中国航空工业人物传》是公开出版发行的图书,有些航空工业术语或专业术语要尽量让社会人员能看懂,不易表述的要加以注释。

6. 准确把握《中国航空工业人物传》的写作形式。

不要写成宣传报道稿或人物通讯,也不要写成技术工作汇报材料。

7. 渲染词汇不易过多。

《中国航空工业人物传》是史书的一种表现形式,不是宣传报道,因此要准确而合理、恰当地评价,不添加溢美之词。

有的文章中写道"创造了历史上骄人的业绩;创造了人间的奇迹;深受广大干部职工敬仰,表现了一个无产阶级革命者高尚伟大的情操"等词汇不易用。

8. 文中涉及人物不同时期的工作单位,以《中国航空工业名称沿革》为准。

原则上用单位的对外名称,并在第一次使用时注明现在的简称,在某一时期没有对外名称时,可用该单位代号。

9. 业绩资料视情况可增加一些获得荣誉称号前后的情况。

例12. 1950年全国劳动模范马德有,1956年调入沈阳航空喷气发动机厂(现中航工业黎明)工作,1967年退休后仍然保持老劳模的本色,不顾身患多种疾病,经常主动进厂,无偿地为车间解决生产中的技术关键问题。为了表彰马德有的特殊贡献,黎明公司把他评为1975年和1976年两年的劳动模范。该篇文章由于劳动模范马德有在获得劳模前后表现都非常突出,所以既写了马德有获得劳模时期的业绩,又把他退休后继续发挥劳模精神的事迹做了宣传。这种写法也是可以的。

《中国航空工业史丛书》
行文规定（修订稿）

中航工业航史办

第一条 为规范《中国航空工业史丛书》（简称《丛书》）行文，根据国家有关标准和规范，结合集团公司各单位修史工作实际情况，在《〈中国航空工业史丛书〉行文规定（试行）》的基础上，制定本行文规定（简称《规定》）。

第二条 《丛书》行文总的要求是：编目标题科学、简明；语言严谨、朴实、流畅；内容表达准确、清晰；文字、词语、语法、标点符号、数字、量和单位、版面格式规范。

一、编排、体例及标题

第三条 《丛书》按门类共分为总史、专业史、专题史、企事业单位史和人物·史料资料五大部分。

总史、企事业单位史分别定名为：《××××史+断限年份》《中航工业+单位全称+史+断限年份》，如《中华人民共和国航空工业史（1951—1988）》《中航工业庆安集团有限公司史（1990—2008）》。

按卷、编、章、节、目顺序排列。其中，卷、编、章、节用汉字数字编码，如：第一卷、第二编、第三章、第四节；目用一、二、三……标出序号。

编的标题置于单页码。章、节、目的标题按编辑要求占行。章、节标题居中，字数多者两端至少各空两格，再移到下行居中。目的标题占两行空两格书写，在汉字数字编码右下角加顿号，占一格，接着写标题。

全书序列层次如下：

××××××史
　第×卷
　　第×编
　　　第×章　××××

　　　　第×节　××××
　　　　　　一、×××××××××

　　根据编排的复杂程度等实际情况，也可以不设卷或者编，其余按章、节、目顺序排列。

　　由两个以上单位新整合的单位，可以设分册，分册下设卷、编、章、节、目。

　　第四条　在目下正文的表述中，如需要分类或排列次序时，先用括号加汉字数字排细目，如"（一）"；其次用阿位伯数字加间隔号排字目，如"2."表示，写在段首，不另占行；再次用括号加阿拉伯数字，如"（3）"表示，后面不加其他标点符号，不另占行。

　　第五条　编、章、节、目要以事命题，用精练的文字概括出编、章、节、目中的内容。标题用词要求简练、准确、中性，层次分明，显示统属；多使用名词或名词性词组，忌用夸张性词语，忌用诗文或史话式标题；少用或不用"某某工作""重要意义""迅猛发展"等词语。

　　第六条　各编、章下面应撰写本部分综述性内容。

　　第七条　编排时避免标题沉底（位于页面的最后一行），出现"背题"，导致题目下无正文。

二、文字、文体

　　第八条　《丛书》一律使用规范汉字。包括：1986年10月国家语言文字工作委员会发布的《简化字总表》所收录的简化字汉字；1988年3月由国家语言文字工作委员会和新闻出版署发布的《现代汉语通用字表》收录的汉字。

　　第九条　只在引用古籍或古人姓名、古地名时使用繁体字或异体字。

　　第十条　正文字体除标题外禁用黑体或加粗，包括中共中央领导人的题词、批示等。

　　第十一条　除极重要或特殊意义的文件可以注明文件号外，正文中通常不出现文件号。注意文件号的正确写法，如：群工函〔88〕号，避免写成"群工函［88］号"。

　　第十二条　外文要用规范印刷体，特殊情况下可用仿印刷体，要注意分清大小写和正斜体。

　　第十三条　一律采用白话文、记述体，即使用第三人称、陈述句式、顺叙方法与白描手法记叙历史。避免用文言文、方言、口头语或文白夹杂的语言。语言要精练、准确，文风要严谨、朴实，杜绝空话、大话、套话，做到言必有据，据必可靠。

第十四条 使用符合现代汉语语法规范的书面语，慎用俗语。在不影响语意的情况下，尽量省略"的""了"等。

三、标点符号

第十五条 标点符号的使用，按国家质量监督检验检疫总局、国家标准化管理委员会2011年12月30日发布、2012年6月1日开始实施的国家标准《标点符号用法》的规定。

第十六条 书写标点符号时，句号、逗号、顿号、分号、冒号、问号、感叹号、间隔号、连接号均占一格，引号、括号、书名号前后两部分符号各占一格，破折号、省略号占两格。一行文字写满移行时，如遇标点，要附加在该行行末，不能出现在移行的第一格；前引号、前书名号、前括号，不能放在每行的行末，而要加在移行的第一格。

四、称　　谓

第十七条 各历史时期党派、机构、职务等应直书其名，并均以当时名称为准，不冠以褒贬词语，不以今称代替。

航空工业企事业单位名称应以当时名称为准，具体情况参照《中国航空工业领导机构体制沿革概况表》和《中国航空工业名称沿革》。如：中国航空工业领导机构在20世纪70年代称"中华人民共和国第三机械工业部"。

第十八条 各种专用名词要用全称，如名称过长，可在第一次出现时注明"（简称××）"，以便再次出现时使用。如："中国共产党第十三次全国代表大会（简称中共第十三次代表大会）"；"中国共产党中央军事委员会（简称中央军委）"；"中国航空工业第一集团公司（简称中国一航）"；"中国航空工业第二集团公司（简称中航二集团）"；沈阳飞机工业（集团）有限公司（简称一航沈飞）；哈尔滨飞机工业（集团）有限责任公司（简称哈飞公司）。

第十九条 航空工业企事业单位名称在有汉字名称表述的情况下，不使用单位代号。

第二十条 中国发展国民经济五年计划，第一次出现时写明全称，并在全称后注明"（19××—19××年，简称××）"。如：中国发展国民经济的第一个五年计划（1953—1957年，简称"一五"计划）。

第二十一条 人物的称谓应规范。

（一）人物第一次出现时不冠以褒贬词，姓名后不加"同志""先生"。应该表述为：主要职务全称+姓名，或者职务全称+姓名。如：中共中央主席毛泽东，周恩来总理。该人物再次出现时，要直呼姓名。当该人物职务发生变化后，表述方法为：新的职务+姓名。

（二）在一些特殊的场合必须标明职务才能充分表达意境时，可标明身份或职务、职称等。如："中国科学院和中国工程院院士顾诵芬参加了会议""中共中央总书记江泽民视察成都飞机工业公司""中央军委主席胡锦涛观看演习"。

（三）人物的职务记叙一般采用现在进行时，忌用"时任"，如"国家副主席王震"，不用"时任国家副主席王震"。

（四）遵循"人随事出"原则。

（五）除引号引用的内容外，一般禁用第一人称。"我党"应写成"中国共产党"，"我军"应写成"中国人民解放军"。"我""我们""我厂""我所""我基地""我部"等禁用。在不引起歧义的情况下，也可以使用简称，如"党""军队""工厂""基地"等。

（六）"我国"尽可能写成"中国"。为避免句式单调，以及兼顾人们的习惯和情感，"我国""中国"有时可以交替使用。例：至1956年年底，我国基本上完成了对生产资料私有制的社会主义改造。社会主义的社会制度在中国基本建立起来了。

第二十二条　人名、党派、政府机构、报刊等译名，均以新华社的最新译名为准。外国人名在第一次出现时，须用括号注明其外文原名。

第二十三条　书中的外文科技名词、术语、人名、地名、公司、企业、组织、机构等，凡已有固定译名的，一律采用固定译名。译名以《中国大百科全书·航空航天》为准，尚未包括的以《航空工业科技词典》为准。做到书稿前后统一，并可在第一次出现时用圆括号加注原文，如主动控制技术（active control technology）。专用科技词语忌用简称，如"平视显示器"不要简写成"平显"，"惯性导航"不要简写成"惯导"。

第二十四条　飞机、发动机型号的规范表达，参照HB 6126—1987《航空主机产品型号命名》。

（一）中国产飞机、发动机的表示法

1. 用代表型号用途的汉字（或字母）直接加阿拉伯数字表示。中间不用连接符"－"，也不用汉语拼音字母。如：歼5，歼6，歼7，歼8Ⅱ，歼10，强5，轰6，教8，歼轰7，运12，直9，ARJ21；涡喷8，涡桨9，涡喷7乙Ⅲ。

2. 对于具有一定含义的产品称谓，如：东风 113，须加上引号。如"东风" 113 号，"猎鹰" L15 高级教练机。

3. 属于仿制的飞机和发动机，第一次出现时应在括号内注明原准机型号。如：歼 6（МиГ – 19）、涡喷 6（РД – 9Ь）等。

（二）前苏联和俄罗斯产飞机、发动机的表达法

用汉字译名，依次加上半字连接符"–"和阿拉伯数字表示。

如：苏 – 27，米格 – 21，安 – 12，米 – 8，图 – 16。

（三）其他国家产飞机、发动机的表达法

参照航空工业出版社出版的《世界飞机手册》。如：F – 6，A320，波音 747，MD – 82。

第二十五条 导弹的名称表示法

采用系列号 + 数码 + 改型序号 + 汉字全称，如"霹雳" 2 号空空导弹，"海鹰" 1 号导弹等。

第二十六条 国产的机载设备的表示法：

采用汉语拼音代号 + 数码 + 改型序号 + 全称，如 HTY – 3 火箭弹射座椅、JF30 无刷交流电机等。

第二十七条 材料名称的表示法：

采用国家或部颁标准使用的规格编号，如：GH140 高温合金、TC4 钛合金等。

第二十八条 型号第一次使用旧型号、代号表达时，为了便于读懂或考证，应注明此后的新型号、代号。

第二十九条 ××工程的表达，禁止"××"混用阿拉伯数字和汉字，要求统一使用通俗易解的"汉字"，避免使用敏感的"阿拉伯数字"代号。

第三十条 武器装备型号名称，如××号工程的表达，禁止"××"混用阿拉伯数字和汉字，要求以该工程上级机关正式批复的立项文件为依据（如果没有立项文件或立项文件中没有出现"××号工程"，就以上级机关首次出现该工程的其他正式文件为依据），统一使用汉字或阿拉伯数字。如：使用"八二工程"，不用"82 工程"。

第三十一条 日后易使人概念模糊或不规范化的简称，应写全称。

如："党中央"应写成"中共中央"，"三反"应写成"反贪污、反浪费、反官僚主义"，"文革"应写成"文化大革命"，"建国前（后）"应写成"中华人民共和国成立前（后）"，"四个现代化"应写成"工业、农业、国防和科学技术现代化"，"四有"应写成"有理想、有道德、有文化、有纪律"等。同篇中如再出现，

也可先用全称，并在括号内注明"简称"后用简称。

第三十二条 忌用概念含混不清的代称。

如："大家认为""组织上（领导上、上级）决定""种种原因"等词句忌用。是什么原因就写什么原因，谁决定的就写谁决定。

第三十三条 对历史上各时期的政府、军队的称谓要规范化。

如："清朝政府"不要写成"满清政府"；国民党统治下的政府依历史时期分别写为"武汉国民政府""南京国民政府""汪伪南京政府"；"满洲国"前必须加"伪"字；国民党军队1928年以前称"国民革命军""北洋军××部队"，1928年以后的国民党军队称"国民党军队"；日本侵略军通称"日本侵略军"，一般不称"日寇"或"日本鬼子"。

第三十四条 解放前中国共产党的组织，按当时名称书写，不要称作"地下党"，党员不要称为"地下党员"。中国共产党领导下的武装力量，应按当时编制序列书写。

第三十五条 "其他"用"他"不用"它"；"台账""记账""账册"用"账"，不用"帐"；"像……一样"用"像"不用"象"；一个五年计划时期，简称时统用"一五"期间；统一按党和国家文件提法："左倾错误"和"左的偏差"，"左"字不带引号；有余数的人和物，一般用"余"不用"多"；人数的记述，单位"人"不用"名"。

五、入史人物管理

第三十六条 总史、专业史、专题史、企事业单位史中记叙的各类人物应做到大体平衡。注意领导正职之间、副职之间以及不同副职之间的平衡；注意领导与其他人物之间的平衡；注意专家、劳模、总部机关负责人、厂所负责人、总设计师、总指挥、试飞员等之间的平衡；注意记叙航空工业普通员工，体现人民群众创造历史。

第三十七条 总史及大事记中副部级、集团公司副总经理级、党组成员及以上级别领导的任命应记叙齐全；企事业单位史及大事记中本单位负责人的任命一般应记叙齐全。

第三十八条 总史中单位领导一般只记叙到副部级（含集团公司副总经理级）；企事业单位史领导一般只记叙到本单位副职。

第三十九条 同一级职务的人物放在一起排列，不能单列。

第四十条 总史以记叙航空工业人物为主，对非航空工业人物，一般只记载对航空工业有特别贡献和重要影响，或在某些场合有必要出现的人物；企事业单位史以记叙本单位人物为主，对非本单位人物，一般只记载对本单位有特别贡献和重要影响，或某些场合有必要出现的人物。

六、纪年、时间

第四十一条 公历世纪、年代、年、月、日和时刻的记述，按国家质量监督检验检疫总局、国家标准化管理委员会 2011 年 7 月 29 日发布、2011 年 11 月 1 日实施的《出版物上数字用法》书写。

第四十二条 纪年以 1949 年为界，即在中华人民共和国成立以前，采取以朝代年号加注相应的公元纪年的方法，除民国用阿拉伯数字纪年外，其他均用汉字数字纪年，并用括号注明公元纪年。如：清德宗光绪二十六年（1900 年）、民国 26 年（1937 年）。在中华人民共和国成立后，则一律采用公元纪年的方法。

第四十三条 公元前的世纪、年代须加"公元前"三个字，如"公元前 11 世纪""公元前 221 年"。

公元后的世纪、年代可省去"公元"二字，如"20 世纪中叶""1912—1985 年"。但 100 以内的年代须加"公元"二字，如"公元 8 年""公元 76 年"。

起讫年代跨越公元前后的，应写作"公元前××年—公元××年"。

第四十四条 民国时期农历与公历混用，书写年月时应鉴别清楚。如为农历则应冠以"农历"两字，括号内注明公历年月日，如民国 5 年农历正月初十（1916 年 2 月 12 日）。

第四十五条 公历年代使用阿拉伯数字规范表达，如使用"20 世纪 80 年代"，禁用"卜世纪 80 年代""20 世纪八十年代"或"二十世纪 80 年代"。

第四十六条 用"星期"，不用"礼拜"。

第四十七条 表述时间时，忌用不具体的时间概念和时间代用词，如"前年""上午""今年""今年来""明年""上月""本月""下月""昨天""今天""明天""不久以前""目前""大跃进时期""经济困难时期""林彪事件发生后"等。如需记述具有特定含义的历史时期，应同时写明时间。如："1958 年大跃进时期""1959—1961 年经济困难时期""1966—1976 年'文化大革命'时期""1971 年 9 月 13 日林彪事件发生后"等。

第四十八条 表述历史事件的初始发生时间时，直接书写具体事件初始时间，不用加"早在"。如使用"1952 年"，不用"早在 1952 年"。

第四十九条 大事记记叙具体某年某月某日中发生的事件时，一般用现在进行时，不用过去时的"已"和"了"。

七、数字、量和单位

第五十条 数字用法必须按照国家质量监督检验检疫总局 2011 年 7 月 29 日发布、2011 年 11 月 1 日实施的国家标准《出版物上数字用法》书写。

第五十一条 计量单位名称、符号的使用，应符合国家技术监督局 1993 年 12 月批准、1994 年 7 月实施的国家标准《量和单位》(GB 3100~3102—93)的规定。

第五十二条 历史上使用的旧计量单位名称，可照实记录，但要在括号内注明与法定计量单位的换算结果。

如："石""斗"和英制的"哩""码""磅"等，1955 年 3 月前的旧人民币一律折算成新人民币。

第五十三条 在文字间一般不得夹杂使用计量单位符号、物理符号、化学分子式或其他符号，须用汉字表示。

如：速度用千米/秒，长度用米，面积用米^2，降雨量用毫米等；"水温为 55℃"，不能写为"H_2O 温度为 55 摄氏度"。

第五十四条 计量单位一律使用国际通行的法定单位，禁用非法定单位或已经废除的名称。

如：长度中的"公尺""公分""公厘"，体积中的"公升"，质量中的"公斤"等，应改作"米""厘米""毫米""千克""升"等。

第五十五条 量名称不能使用已经废弃的旧名称。

如："重量"应为"质量"，"比重"应改为"密度"，"电流强度"应为"电流"。

第五十六条 量符号一律用斜体字母。

如：体积 V，时间 t，质量 m，电流 I。

第五十七条 单位国家符号一律用正体字母，并正确使用大小写。一般单位符号为小写体（只有单位"升"的符号例外，可用大写体"L"），来源于人名的单位符号，其首字母应该大写。

如：m（米）、A（电流）、g（克）、s（秒）、t（吨）等是一般单位符号，用小写。Pa（帕）、J（焦）、Hz（赫）等单位符号来源于人名，首字母用大写。

八、引文、注释

第五十八条 对需要说明的引用文件、讲话出处、专用名词、特定事物等，应给予注释，使正文更通顺、更易懂。引文的注释可在保证全书前后统一的基础上，灵活选用当页注、章末注或书末注，注码应标在正文所注文字的右上角，采用［1］［2］［3］……数字序号。

第五十九条　注释应简洁明了，避免因内容太多太长而冲击正文。

第六十条　引用书籍中的资料，如引用专著，应在注释中注明作者、书名、版本、页码、出版项（出版地、出版单位、出版时间）。如：吕思勉：《史学与史籍七种》，第1版，76页，上海，上海古籍出版社，2009。

第六十一条　引用文件中的资料，应在注释中注明发文单位、年月、字别文号、标题。如：国务院国函〔1999〕57号文件《国务院关于组建中国航空工业第一集团公司有关问题的批复》。

第六十二条　引用志书中的资料应在注释中注明朝代、志名（或书名）、卷次。如：清同治《苏州府志》二十一卷；民国《吴县志》三十六卷。

第六十三条　引用报刊中的资料，应注明作者姓名、篇名、报刊名称、年月（刊期）。如：高建设：以崇高历史责任感组织好修史立传的伟大工程，2010年3月23日《中国航空报》。

第六十四条　引用原文要加引号，转述大意则不加引号，也不作注释，但在文前用直述的方式说明出处。

第六十五条　引文一般应直接引用原著，如找不到原著而只能转引时，要注明转引自何书、何文。引文必须与原文一致，不得任意改动，若原文有错字也照写，但要在错字后面加（　）标明正字。

九、附录及图表

第六十六条　附录作为正文的补充，主要包括单位名称沿革、组织机构设置、领导班子成员名单、荣誉榜（含型号立项者、重要科研成果及主要完成人、先进工作者、劳动模范等）等内容。

第六十七条　图表主题要突出，设计要合理，画面要清晰，含义应与书中文字的内容相一致，但要避免与文字重复。图表一般不应太多，以免冲击正文。

第六十八条　图表一般穿插在相关文字的后面或附近，使图表和文字相配，或者将图（照片）集中在书正文的前面。

第六十九条　表格应有表头，表头要素包括名称、时间、内容、计量单位等。

第七十条　表题中其"表"字能略则略。表中不带"备注"，必要时在文后说明，用"注"表示。表内相同文字，不得以"同"或"同×"代替，"续表"两字左右居中，数字要个对个、百对百、千对千对齐。表的左右两端画线，采取"封闭"表式，表内格线尽量减少。

第七十一条 图的序号应按章编排；表序以章节顺序和表格顺序组成。

十、说　明

第七十二条 本规定仅对《中国航空工业史丛书》行文中常见事项进行统一规定。规定中有些内容为相关标准和规范中唯一性规定，另有一些内容是在相关标准和规范有多种可选择书写方式的基础上做了统一的规定，还有些内容并不适合人物·史料资料部分。

第六编
企事业史大纲

中航工业金城史大纲（节选）

中航工业金城（511厂）史第一卷（1985—2001）大纲

第一编　保军转民中的转型与聚势突破（1985—1986）

第一章　20世纪80年代中期国内形势

　　　　航空工业状况概述，而立之年后的金城生存状态，在制军民品状况、产值、利润诸数据、生产组织系统、设计研发系统（设计室设置及其产品）、后勤管理系统及房屋情况、金城周边地段状态。

第二章　转变思路破困局

　　　　陈路光厂长传达航空工业部保军转民精神（1985.2.1）

　　　　航空工业部莫文祥部长来金城谈发展民品（2.1）

　　　　陈路光厂长要求摩托车及发动机上量，经济总量占三分之一（3.7）

　　　　CJ70的诞生

　第一节　AX-100前期谈判

　　　　A100与AX-100（2011.9.20）；

　　　　签订技术合作备忘录（4.12）；签订摩托技术合同（5.2）

　第二节　内外联动谋发展

　　　　从"肥水不流外人田"到"肥水对流"（4.6）

　　　　南京市领导马昭宏在金城开现场会，以金城为龙头数家企业联动（1986.1.15）

　　　　金城与南京玉河机械厂成立南京市摩托车总公司（12.12）

　第三节　开阔思路拓市场

　　　　西华门饭店开张（12.17）

　　　　南京液压气动公司成立（1987.3.3）

第三章　聚焦市场定目标

　　　　金城党委扩大会提出"一个中心、两个系统、一个笼子、一个基地"目标（1986.12.15）

金城在手的几个军品项目

第四章　扬长避短创新业

金城获航空工业部2000万元摩托车发动机技改建线款（1986.5）

第一套15吨液压绞盘装置在沪调试（1986.10.27）

第二编　转型思路的确定与军民品的初步发力（1986—1990）

第一章　集思广益树信心

陈立群出任金城厂厂长（1987.3）

工厂管理委员会建立（6.5）

唯一出路是改革、最大优势在液压（13届2次职代会厂长报告）

11家厂所院校汇集建立扬子液压机电集团（1987.9.15）

第二章　步步发力出成效

AX-100摩托车面世（1988.2.22）；80年代中后期金城经济数据

金城被命名为全国企业整顿先进单位（1986.1）

"计算机辅助质量管理软件"达到国内先进水平（1986.1）

金城考虑与自己专业相关的中长期军品研制

第三章　凝心聚力促增长

金城民品重点发展摩托车、绞盘提升回转装置、缓冲器和以液压系统为核心的专用设备

成立以陈立群为首的上量领导小组（1988.3）

金城温岭摩托车分厂建立（1988.9.9）

建立摩托车生产线（1989.2.23）

与日本铃木续签5年技术合作合同（1990.7）

第四章　上下同心齐努力

530辆摩托车销往国外（1988.5）

新建日本技术UNIC热处理厂房竣工（1988.10）

CJ-70、CJ-70A摩托车获得出口质量许可证（1989.4.25）

厂庆40周年，陈立群号召广大职工克服严重困难，创造业绩，重振雄风（1989.9.12）

第五章　"三联"方式显活力

联老乡；联老外；联老师

第六章　破茧化蝶焕新生

金城被江苏省授予省级先进企业（1988.10.21）

金城被评为全国设备管理优秀企业单位（1988.3.17），国家计量先进企业（1988.12.13）

发动机装配生产线投入使用（1990.3.1）

147F系列汽油机获得国家生产许可证（1990.3.1）

金城大礼堂改建为摩托车整车装配厂房

整车装配生产线竣工并投入使用（1990.9）

金城起步将军品液压技术引入民用液压领域，与加拿大客户合作生产高压叶片泵

航空航天工业部林宗棠部长视察金城（1990.9.25）

第三编　转型的深化与摩托产业飞速发展（1990—1996）

第一章　车水马龙提车忙

金城厂基本摆脱困境，走上良性发展轨道（1991.3.4 陈立群厂长讲话）

1991年上半年产值、销售收入过亿，实现历史突破

AX-100摩托车通过国家级鉴定达到世界80年代中期水平（9.27）

金城摩托产值、销售收入、利润进入全行业前8位（10.24—26）

金城摩托车市场红火需求旺，卡车排队提货忙

第二章　增产扩张上规模

AX-100摩托车发动机生产线通过国家级验收，年产量达到5万辆（12.22）

金城摩托车集团顺德分厂组建（12.30）

陈立群厂长说：金城厂要形成两个生产核心——摩托车核心和液压机电核心（1992.1.4）

AX-100摩托车被评为航空航天工业部优质产品（1992.6）

金城摩托车获全国摩托车质量检测总分第一（1992.4.24）

金城厂主要财务指标进入航空航天工业部前列（1992.4）

林宗棠部长要求金城赶嘉陵、超嘉陵　在国际上创一流（1991.9.14—16）

金城机械厂廊坊分厂、兖州曲轴厂挂牌成立（1992.5.27—29）

拥有132家企业、3万余人跨行业、跨部门、跨地区的金城摩托车集团成立（1992.6.28）

第三章　技术改造大投入

　　金城投资1亿元建立摩托车发动机壳体柔性生产线、智能化工件传输生产线、工件自动化装配生产线和整车装配试验线（1992.12.5）

　　购买美国DYNA公司柔性加工生产线签约（1993.2.8）

第四章　金城金狮喜结缘

　　马来西亚金狮集团董事长钟廷森访问金城、签署合资合作意向书（1993.9.9）

　　航空工业和摩托车行业投资额最大的中外合资企业南京金城机械有限公司获批成立（1994.3.11）

　　马来西亚副总理安瓦尔专程访问金城，出席摩托车发动机柔性加工生产线头产剪彩仪式（1999.8.10）

第五章　合资合作添新叶

　　日本铃木株式会社铃木修社长访问金城（1993.7.11—13）

　　与铃木公司合资兴建铃木摩托车有限公司签约（1994.3.2）

　　南京金城铃木摩托车有限公司召开首次董事会（1996.3.14）

第六章　湖熟建起摩托城

　　金城摩托车城破土兴建（1993.9.15），金城被评为"中国明星企业"，"金城"牌摩托车、147F系列汽油机被评为"中国名牌产品"（1994.9.4）

　　朱镕基视察金城并发表讲话，题写"金城"两字（12.14）

　　陈立群厂长获得中国企业家"金球奖"（1995.3.22）

　　摩托车生产发展目标：1995年150万辆；1997年100万辆；2000年150万辆（1994.9.13）

　　江苏省政府召开专题"完善和发展金城集团"大会（1995.12.28）

　　金城摩托车城主题工程开工（1996.1.15）

　　金城摩托车城投产运行（1996.12.18）

第四编　市场竞争白热化与军民品多点开花（1996—2001）

第一章　群雄逐鹿战事紧

　　1992年后以销售收入计算，金城在全国500家规模最大工业企业中排名状况

　　20世纪90年代金城与几大摩托车厂商产销对比

　　外来金鸟抵金陵，小天使降临迎喝彩（1996.10.10）

生产市场火爆景　家门销车风波起（1996）

第二章　快速反应声声催

江苏省委书记陈焕友来金城，希望工程发展壮大（1996.2.16）

民用液压高压叶片泵合作生产渐显强劲势头

上马德国采埃孚转向泵项目（1998.4.19）

金城与采埃孚签订叶片泵专有技术转让合同（6.11）

金城深圳徕利安公司研制出GPS移动监控系统，涉足智能交通（ITS）领域（1999.4）

金城采埃孚转向泵投入生产（1999.10）

第三章　技术中心喜登场

金城获准为扩大开展博士后工作试点企业（1998.2.16）

JC–CIMS应用工程通过省级验收鉴定（5.9）

获江苏省科技进步一等奖（11.19）

全国CIMS应用领先企业奖（12.18）

JC–CIMS二期工程通过国家验收（2000.11.5—6）

参加"863计划"十五周年成就展

第四章　秣马厉兵促销售

适应市场需要　金城摩托车集团销售有限公司开始运行（1995.3.19）

为应对市场形势变化，金城派出包括董事、公司副总经理、党委副书记等34人赴9省进行为期半年的销售（1996.7.3）

第五章　新品迭出花竞放

金城JC123–7A等四型摩托车和247F发动机通过国家鉴定（1995.3.18）

金城"欧宝路"面向市场

民用液压中心成立（2001.6.19）

金城电动车江宁生产基地生产线投产（2001.7.1）

第六章　军民结合谋发展

金城完美、积极履行"保军转民、以民养军"使命

陈立群厂长荣获"航空金奖""航空工业劳动模范标兵"（1996.4.26）

吴邦国副总理视察金城，要求挑好军民品两副担子，着眼国内、国外两个市场（1996.4.10）

金城集团有限公司成立，原南京金城机械厂注销（1996.6.28）

全力支持军品科研生产项目

修史撷英

  2000万元无偿支持黎明公司（1996）
  南京航空机电液压工程研究中心在浦口建设（1998.8.31），金城自筹部分资金积极投入
  斯贝发动机实现国产化（2001.1.20）
  应急动力装置研制技术获得国家科技进步二等奖（2001.2）

第七章 转变机制强体魄
  人事用工制度改革（向金润发输出员工、定岗减员内部退养）职工住房分配制度改革 职工医疗制度改革

点评：

  历史造就了金城。中航工业金城从20世纪80年代中期"保军转民中的转型与聚势突破"，到80年代后期"转型思路的确定与军民品的初步发力"、90年代"转型的深化与摩托车产业飞速发展"和"市场竞争白热化与军民品多点开花"，以优越绩效跨入21世纪（2001年）。金城从单一的"金城机械厂"（1987年）壮大为拥有11家厂所院校汇集的"扬子液压机电集团"（1992年）和有132家企业3万余人组成的跨行业、跨地区、跨部门的"金城摩托车集团"，成为全国知名企业，从发挥航空技术优势走向军民结合、军民融合发展，成为航空工业利税大户；从国内市场走向国际市场成为我国摩托车行业出口大户，在国内外市场享有声誉。

  大纲主线突出，脉络清晰。中航工业金城（511厂）史第一卷（1985—2001）大纲有四编，总体框架依时间轴分为四个时间段，符合"卷、编、章、节、目"的结构要求，主线突出，史实脉络清晰，基本满足撰修史的"时间、地点、人物、背景、过程、结果"六要素。如第一编围绕"保军转民中的转型与聚势突破"，从第一章"20世纪80年代中期国内形势"谈起，引出第二章"转变思路破困局"，通过第三章"聚焦市场定目标"，到第四章"扬长避短创新业"，清楚地展现了金城转型初期走出困境创新业的历史。

  题目精练，秀出能力和水平。中航工业金城（511厂）史第一卷（1985—2001）大纲的编、章、节的题目比较精练醒目，易懂易记。从中可以品出511厂史的编撰者反复推敲的用心和精雕细琢的严谨，既符合史实，又体现了一定的文笔水平，值得从事撰修史工作的人员学习。

  几点建议再商榷。一是中航工业金城（511厂）史第一卷（1985—2001）大纲从第二编至第四编，没有"节"的提纲，与第一编的结构不一致；二是第二章第一节"AX-100前期谈判"中有2011年时间，在第三节"开阔思路拓市场"中有

1987年，超出了第一编的1985—1986年时限；三是在第二编至第四编题目有"转型的思路（深化）与军民品（摩托车产业）、市场竞争白热化育军民品"的内容，但在其章节中基本没有军品的转型思路（深化）和市场竞争白热化的题目，军民品内容有些失衡；四是在产品型号的用法上应符合中航工业修史规范；五是四个时间段的时间顺序上前后交叉，是否按顺序说为好；六是应补充金城摩托车国际市场开拓的艰辛历程等内容。需要指出的是，一本史书原则上全书各章是大排序的，而不只是在编内排序，即"编"大排序，而"章"在全书排序，"节"在章内排序，让读者一看即可知全书有几编共几章。

（点评人：杨源）

中航工业西航史大纲（节选）

第一编 综　述

第一章　简要发展历程
　第一节　工厂（公司）沿革
　第二节　简要发展历程
第二章　西航集团公司概况
　第一节　基本概况
　第二节　军品现有品种及荣誉

第二编　分层经营　转变机制确保企业生存（1984—1997）

第三章　转变经营机制，采取应变措施
　第一节　军品订货降到谷底
　第二节　转变观念，适应市场发展
　第三节　设立"经济特区"
　第四节　提出"16字方针"
　第五节　实行联产、联利经营承包责任制
　第六节　实行"一长三师"行政领导体制
　第七节　改革人事和劳动分配机制
　第八节　开展横向经济大联合
　第九节　在军转民中落实"保军"措施
第四章　围绕航空主业，开发衍生产品
　第一节　研制开发6000马力①工业燃汽轮机
　第二节　自行设计、联合研制13000马力船用燃气轮机
　第三节　努力开拓民机市场，积极介入燃机修理
　第四节　取得乌克兰某大档功率燃气轮机生产许可证

---

① 1马力=745.7瓦。

第五章　分层经营，民品开发呈现多元化
　第一节　保军转民，制定民品发展战略
　第二节　民品开发形成多元化

第六章　坚持军工主业不动摇
　第一节　"昆仑"发动机零组件试制
　第二节　"中推"核心机预研
　第三节　斯贝发动机国产化工程全面展开
　第四节　涡喷8发动机延寿及涡喷8D发动机研制

第七章　外贸生产定位与发展
　第一节　转变观念，外贸生产渐有起色
　第二节　扩大外贸自主权，建立机电产品出口基地
　第三节　筹建"亚洲航空零部件制造技术中心"
　第四节　成立西罗、安泰公司，筹备成立维德公司

第八章　搞好预防控制，首次通过质量体系认证
　第一节　贯彻"南京紧急质量工作会议"精神
　第二节　首次通过军工产品质量体系认证
　第三节　国庆35周年阅兵服务保障受表彰

第九章　科研为转轨变型服务
　第一节　技术开发助企业走出困境
　第二节　斯贝新技术应用见成效
　第三节　实验室建设上等级
　第四节　加强技术基础工作

第十章　治理整顿，深化改革，加强管理
　第一节　对症下药，实行"小宏观"调控
　第二节　法律顾问机构成立
　第三节　加强审计监督
　第四节　改革人事劳动分配财务制度
　第五节　强化各项专业管理
　第六节　"12·8"特大交通事故教训深刻

第三编　主辅分离　军品科研迎来新的机遇（1998—2005）

第十一章　成立西航集团，实行现代企业制度

第一节　企业改制，成立西航集团
第二节　实施债权转股权
第三节　主辅分离，辅业改制
第四节　实施社企分离

第十二章　某工程迎来发展新机遇
第一节　江泽民总书记视察西航
第二节　进行技术改造与军品科研生产线调整
第三节　提出发展新思路

第十三章　"秦岭"通过技术鉴定，完成工艺定型
第一节　攻克难关，完成国产化零组件试制
第二节　"秦岭"发动机国产化工程胜利结束
第三节　堪用斯贝发动机修理
第四节　完成"秦岭"发动机工艺定型和领先试用

第十四章　突出发展航空技术转移业务
第一节　成功研制某大档功率燃气发生器
第二节　积极配合 QD128 燃气轮机生产
第三节　完成 CR-9000 轻型燃气轮机预研设计

第十五章　提高外贸转包生产国际合作水平
第一节　积极开拓外贸转包生产发展新模式
第二节　建立专业化转包生产厂
第三节　商泰进出口公司成立
第四节　维德风电设备有限责任公司成立

第十六章　为军品科研让路，民品生产结构调整
第一节　铝业装饰不断做大做强
第二节　纺织机械显露市场危机
第三节　高线轧机有喜有忧
第四节　第三产业民品生产不断扩大
第五节　民品生产产品结构调整
第六节　新形势下的对外投资

第十七章　外场服务与质量管理
第一节　完成国庆阅兵保障任务
第二节　深入开展质量整风

第三节 推广应用六西格玛
第四节 大力推行 SPC 管理

第十八章 科技和信息化建设带动企业发展
  第一节 技术开发与创新
  第二节 产学研合作与交流
  第三节 信息化建设快速发展
  第四节 实验室建设再上新台阶
  第五节 标准化与档案管理

第十九章 加强基础管理，提高经济效益
  第一节 深化劳动人事制度改革
  第二节 减员增效、下岗分流、实施再就业
  第三节 建立财务管理五大体系
  第四节 应用现代化管理方法组织生产
  第五节 物资器材采购供应
  第六节 设备与能源管理
  第七节 动能保障与通信联建
  第八节 实行安全环保目标管理

第四编　管理创新　率先求变实现快速发展（2006—2010）

第二十章 适应企业发展需求，实施机构变革
  第一节 实施专业化整合，打造优良制造中心
  第二节 西安航空动力股份有限公司挂牌
  第三节 适应上市要求，进行"大部制"机构改革
  第四节 实施主辅分离　加快辅业改制
  第五节 整合资源　构建外贸转包生产新机制
  第六节 全面推进市场体系建设

第二十一章 创新生产管理，提高生产效率
  第一节 批产实行"10月对10月"考核
  第二节 建立"三纵三横"生产计划管理模式
  第三节 十大创新措施提升生产管理
  第四节 降低库存，减少资金占用
  第五节 外委外协生产管理

第二十二章　加快技术改造，提升竞争能力
　　第一节　军品批产、研制技术改造
　　第二节　外贸生产技术改造
　　第三节　民品生产技术改造

第二十三章　军品批产与科研任务发展势头良好
　　第一节　"秦岭"发动机通过生产定型
　　第二节　斯贝 MK202 与"秦岭"发动机修理
　　第三节　燃气轮机的研制
　　第四节　航空动力获得武器装备科研生产许可资质

第二十四章　外贸转包生产快速发展
　　第一节　积极开拓国际航空和非航空产品市场
　　第二节　中国航空制造业首份风险收益共享（RSP）协议
　　第三节　与斯奈克玛公司签订长期采购谅解备忘录
　　第四节　投资成立西安西航集团莱特航空制造技术有限公司
　　第五节　加入英国航空工业转包产业联盟协会
　　第六节　公司首获 GE 医疗集团全球最佳供应商奖
　　第七节　公司获美国联合技术公司金牌供应商资格
　　第八节　积极应对全球金融危机不利影响
　　第九节　与意大利艾维欧公司建立合资企业
　　第十节　外贸特种工艺取得 NADCAP 认证

第二十五章　航空动力上市与资本化运作
　　第一节　"228"重大项目启动
　　第二节　借壳 S 吉生化
　　第三节　成立证券投资部
　　第四节　股权分置改革
　　第五节　航空动力登陆 A 股市场
　　第六节　规范化运作与信息披露
　　第七节　成功融资 20 亿元
　　第八节　航空动力上市一周年
　　第九节　启动"721"项目

第二十六章　非航产品开发和非航事业部成立
　　第一节　非航空产品工作会议与成立市场与国际合作部

第二节 国家重点科研项目——神光工程
第三节 "西航牌"铝合金型材获得国家免检资格证书
第四节 通过融资租赁实现首条高速线材生产线集成制造
第五节 制定非航空产品发展纲要
第六节 组建成立安庆西航机械设备制造有限公司
第七节 组建非航空事业部
第八节 斯特林太阳能发电装置项目通过专家评审

第二十七章 引入管理工具，开展管理创新
第一节 推行综合平衡计分卡
第二节 推行西航特色管理
第三节 设立"总经理管理创新奖"
第四节 承接中航工业战略，提出"八大转变"价值模式
第五节 创新求变，打造企业核心竞争力平台
第六节 实行十大指标考核体系
第七节 构建经济运行指标评价体系
第八节 实施倒推计算年度收入利润
第九节 建立管理行为责任制

第二十八章 改革创新，推进技术进步
第一节 国家认定企业技术中心成立
第二节 产学研中心建设
第三节 博士后科研工作站建立
第四节 公司首届科技大会召开
第五节 技术难题立项招标攻关
第六节 标准化工作与知识产权
第七节 计量检测技术研究与发展
第八节 信息化建设与数字化制造技术应用
第九节 情报与档案

第二十九章 工艺技术管理
第一节 工艺规划与工艺管理
第二节 型号工艺技术管理
第三节 型号定型技术管理

第三十章 质量管理

第一节　质量检验机构变革

第二节　质量管理体系建设

第三节　"三老四严"管理运动

第四节　贯彻空军标

第五节　空、海军第二方审核

第六节　新时代认证审核

第七节　外贸体系审核

第八节　质量目标管理

第九节　质量整顿与质量典型案例

第三十一章　人力资源管理体系变革

第一节　新的员工岗位管理体系构建

第二节　实施劳动组织方式创新

第三节　实施人才队伍管理创新

第四节　实施员工薪酬体系变革

第五节　完善企业社会保险管理

第六节　人才服务业务开发与拓展

第三十二章　外场服务

第一节　成立外场技术服务处

第二节　2007、2010"和平使命"联合军演

第三节　海军应急保障演练

第四节　李维东、张军被特招入伍

第五节　"4·23任务"、阅兵保障

第六节　涡喷8发动机外场延寿

第七节　创新外场技术服务管理

第三十三章　安全生产与环境保护

第一节　组织机构变化与安全环保体系建设

第二节　大安全观的实施

第三节　安全生产活动

第四节　环境保护与环境监管

第五节　应急管理

第三十四章　内控防范体系建设

第一节　内部控制风险防范管理

第二节　优化审计回访流程，巩固审计成果

第三节　整合相关业务　增强法律风险防范体系

第四节　规范采购行为

第五节　强化财务管理

第三十五章　基建技改

第一节　机构调整与完成的工程

第二节　土地证变化情况

第三节　房屋面积增减情况

第五编　党群工作　为企业发展提供保障（1984—2010）

第三十六章　党建工作

第一节　党组织在企业中职能作用的演变

第二节　党的组织建设

第三节　党的思想建设

第四节　干部队伍建设

第五节　创先争优活动

第三十七章　宣传思想教育

第一节　宣传媒体不断拓展

第二节　思想政治教育

第三节　精神文明建设

第四节　普法工作

第三十八章　企业文化建设

第一节　工厂早期的企业文化

第二节　贯彻落实《集团文化建设纲要》的企业文化建设

第三节　西航特色文化理念体系

第四节　50年厂庆系列活动

第三十九章　纪检监察

第一节　建立反腐防线

第二节　开展监督检查工作

第三节　查处违法违纪案件

第四十章　工会

第一节　职代会制度建设与完善

第二节　民主管理
第三节　维护职工利益与帮扶基金
第四节　文体活动
第五节　职工教育
第六节　"创争"活动和班组建设
第七节　劳动竞赛活动

第四十一章　共青团工作
第一节　加强青年特色教育
第二节　开展主题实践活动
第三节　少先队工作

第四十二章　武装保卫工作
第一节　打击刑事犯罪
第二节　打击非法活动
第三节　搞好生产保卫
第四节　加强综合治理
第五节　消防、警卫、交通管理
第六节　人防武装

第四十三章　保密工作
第一节　保密制度体系建设
第二节　保密管理
第三节　保密资格审查认证

第四十四章　信访调解工作
第一节　信访工作
第二节　调解工作

点评：

　　编制企事业史大纲是一部厂、所史编纂成败的关键环节之一，合理完善的企事业史大纲将指导企事业史编撰的整个过程，也直接影响一部史的质量和写作进度。

　　西航史大纲，紧紧围绕西航生产关系的变革和生产力的发展，通过体现大的变化，将企业从1984年到2010年长达26年的历史划分为三个发展阶段，即：第二编　分层经营　转变机制确保企业生存（1984—1997）；第三编　主辅分离　军品科研迎来新的机遇（1998—2005）；第四编　管理创新　率先求变实现快速发展

(2006—2010)。每编标题前一句话讲生产关系的变革，后一句话主要讲生产力的发展，合在一起则体现了这一编生产关系和生产力的相互影响及各种综合关系的合力，抓住了工厂改革和发展的主线，工厂历史发展的脉络清晰。而且，每一编标题的结构和字数，做到了大体整齐、统一，带给读者视觉上的享受。大纲第一编综述部分内容，其实可以分情况放入正文其他部分或放入前言和后记，这样可以使这部史读起来更加流畅。

大纲标题大量以发生的具有重要影响的典型大事命题，如第二编第三章第三节设立"经济特区"和第四节提出"16字方针"，富有时代特点和本厂特点。相信只要20世纪80年代在西航工作过的职工，看到上述标题眼睛会一亮，同时激起精神上的共鸣，这种做法值得提倡。而且，标题较多使用主谓结构、动宾结构和偏正结构，主谓结构如"军品订货降到谷底"，动宾结构如"开展横向经济大联合"，偏正结构如"昆仑发动机零组件（的）试制"。实践证明，这三种结构简洁明了，易于体现事物特点，后两种结构还易于体现中性、客观。但只有经过广泛征求各方意见和反复精雕细琢后才能做到。

将党群工作单立一编，既突出了科研、生产、经营和管理等工作的主线地位，又强调了党群工作的重要性。但党群工作编中的各章，也可通过划分阶段来突出重点，横向分章记叙则稍显着墨平均。

（点评人：刘朝晖）

中航工业成发史大纲（节选）

第一编 在"二五"计划中建厂（1958—1962年）（略）

第二编 工厂建成生产发展的四年（1963—1966年）

第五章 军品零备件生产的新发展 ······ 45
 第一节 为部队服务增加零备件生产 ······ 45
 第二节 正确处理整机和零备件的生产关系 ······ 46

第六章 涡喷6发动机的试制和批生产 ······ 48
 第一节 涡喷6发动机的试制准备 ······ 48
 第二节 涡喷6发动机的试制 ······ 53
 第三节 涡喷6发动机转入批生产 ······ 56

第七章 技术革新和科研 ······ 58
 第一节 技术革新、科研与生产的紧密结合 ······ 58
 第二节 技术革新、科研活动"三结合"的成效 ······ 61
 第三节 技术革新和科研中的问题 ······ 66

第八章 工厂基本建成 ······ 67
 第一节 基本建设国家验收 ······ 67
 第二节 建立健全各种规章制度 ······ 76
 第三节 狠抓"三基"工作，开展文化技术培训 ······ 77

第九章 加强管理改革体制 ······ 80
 第一节 加强企业管理，经济效益逐年提高 ······ 80
 第二节 管理体制改革的尝试 ······ 86

第十章 工厂发展中的政治工作 ······ 91
 第一节 厂首届党代会的召开和建立健全政治工作体系 ······ 91
 第二节 围绕生产开展政治思想工作的原则 ······ 92
 第三节 改善工作方法健全工作制度 ······ 93
 第四节 加强党的建设 ······ 95

第五节　第二届党员代表大会 …………………………………………… 96

第三编　"文化大革命"的十年（1966—1976 年）

第十一章　"文化大革命" ………………………………………………………… 99
　　第一节　运动开始公司局势逐步混乱 …………………………………… 99
　　第二节　斗干夺权实行军管 ……………………………………………… 101
　　第三节　武斗升级停工停产 ……………………………………………… 102
　　第四节　革委会成立进行"斗、批、改" ………………………………… 104
　　第五节　"批林批孔"工厂再度混乱 …………………………………… 106
　　第六节　整顿夭折到粉碎"四人帮" …………………………………… 108
第十二章　艰难曲折中的科研工作 …………………………………………… 111
　　第一节　涡喷 6 发动机的延寿 …………………………………………… 111
　　第二节　涡喷 6 发动机的改型 …………………………………………… 117
　　第三节　涡喷 6 发动机的设计、工艺改进 ……………………………… 123
　　第四节　发动机改型的经验教训 ………………………………………… 126
　　第五节　涡扇 8（即 915）发动机的测绘仿制 ………………………… 127
第十三章　断断续续的生产 ……………………………………………………… 129
　　第一节　涡喷 6 发动机的生产 …………………………………………… 129
　　第二节　零备件生产 ……………………………………………………… 132
　　第三节　涡喷 6 发动机的修理 …………………………………………… 133
　　第四节　援建新厂 ………………………………………………………… 136
　　第五节　严重的质量事故沉痛的历史教训 ……………………………… 139
　　第六节　连年亏损靠国家贷款过日子 …………………………………… 143

第四编　在整顿中前进（1976—1982 年）（略）

第五编　改革开放积极探新路　转轨变型实施军转民（1983—1990 年）（略）

第六编　大刀阔斧推进改革　面向市场谋求发展（1991—2000 年）

第二十五章　恢复军品生产实行军民结合 …………………………………… 230
　　第一节　坚持"航空为本，军品第一"方针恢复涡喷 6 整机生产 …… 230
　　第二节　积极开发军品保持军品不断 …………………………………… 232

第三节　加大航空外贸技改投入 FT8 动力涡轮研制成功 …………………… 234
　　第四节　引进 4JB1 散件装试成功 TRT 脱颖而出 ……………………………… 237
　　第五节　制定《"九五"规划和十年发展目标纲要》……………………………… 243
第二十六章　外引内联资产重组走合作发展道路（三大合资公司成立）………… 245
　　第一节　与"老外"合资成立成都艾特公司 ……………………………………… 245
　　第二节　与"老大"合资成立东川公司 …………………………………………… 247
　　第三节　与"老乡"合资成立成都科龙公司 ……………………………………… 248
第二十七章　解放思想深化改革积极探索股份制改造 ………………………………… 250
　　第一节　大胆进行股份制试点　成立新星电器股份公司 …………………… 250
　　第二节　积极组建成发燃机股份有限公司 ……………………………………… 251
第二十八章　推进产权多元化　产品规模化　组织集团化　加快现代企业制度
　　　　　　建设 ……………………………………………………………………… 253
　　第一节　转换经营机制建立现代企业制度 ……………………………………… 253
　　第二节　推进三项制度改革建立激励与约束机制 ……………………………… 261
　　第三节　在结构调整中实施减员增效下岗分流再就业工程 …………………… 264
　　第四节　实施社会保险制度改革完善社会保障体系 …………………………… 267
　　第五节　建立科学决策程序发挥科技委决策参谋作用 ………………………… 269
　　第六节　推进资产重组工厂制向公司制转变 …………………………………… 270

　　　　第七编　攻坚破难扭亏脱困　调整搬迁二次创业（2001—2005 年）（略）

　　　　第八编　夯实基础　蓄势待发　志在航空　持续发展（2006—2008 年）（略）

　　　　　　　第九编　改进加强党的建设　保证和促进企业发展

第三十八章　学习贯彻中央精神促进企业转机建制 …………………………………… 364
　　第一节　落实三个《条例》转变党的工作方式 …………………………………… 364
　　第二节　核查清理"三种人"全面开展整党 ……………………………………… 368
　　第三节　经受"六四"考验坚定应对政治风波 …………………………………… 371
　　第四节　召开工厂第五、六、七次党代会 ………………………………………… 372
第三十九章　贯彻落实十四届四中全会精神积极加强和改进企业党建工作 ……… 374
　　第一节　贯彻落实"三句话"进一步完善领导体制 ……………………………… 374
　　第二节　开展"三基""双基"教育提高思想认识 ………………………………… 376

第六编　企事业史大纲

　　第三节　学习中央《通知》精神加强改进企业党的建设……………377
　　第四节　加强党风廉政建设建立反腐倡廉长效机制……………379
　　第五节　召开工厂第八次和第九次（集团公司第一次）党代会……………380
第四十章　凝聚人心共渡难关履行职责保驾护航……………381
　　第一节　发挥政治核心作用促进企业改革、发展和稳定……………381
　　第二节　贯彻十六大精神开展先进性教育……………386
　　第三节　学习贯彻十七大精神促进公司跨越发展……………389
　　第四节　认真开展普法教育促进公司依法治企……………390
　　第五节　召开工厂第十次（集团公司第二次）党代会……………391
第四十一章　推进企业文化建设开展凝聚力工程……………392
　　第一节　传承创新思想政治工作　培育推进成发企业文化……………392
　　第二节　企业越是困难越是要开展航空凝聚力工程……………395
第四十二章　公司群团组织认真履行职能积极工作……………397
　　第一节　发挥工会自身优势认真开展各项工作……………397
　　第二节　团委结合青年特点有针对性开展工作……………400
　　第三节　科协团结激励科技人员促进公司科技进步……………401
　　第四节　关心老同志做好老龄工作……………402

第十编　传承创新　铸成发明日辉煌（略）

点评：

　　中国有句成语叫"纲举目张"，意思是提起渔网的总线，所有的网眼就都张开了。同样道理，史书的大纲写得好，这本书至少已经成功了一半。集团公司这次组织各成员单位编修企事业单位史，总的计划是用两年时间，在实际撰写中，绝大多数单位编写大纲都用了一年左右时间，也可以佐证这一点。其实史纲的形成过程，也是史料资料的收集过程和理清企事业单位发展轨迹的过程。史纲写成了，一部企事业史也就基本形成了。

　　我们许多单位都曾经长期纠结与"史"与"志"的区别，其实只要看看大纲，就能看出二者的明显不同。比如《中国航空工业志》，无论是哪个阶段的，大纲基本内容为：航空产品研制、非航空产品研制、科研、技术改造、管理、党建、工会及共青团……根本看不出到底是《航空工业部志》，还是《航空总公司志》，其实具体到每个单位也是一样，不看书名，我们无从分辨是《沈飞志》还是《成飞志》，基本都一样。

修史撷英

但"史"的大纲就完全不同了。一是要有发展阶段的划分；二是每个阶段都有一个能够高度概括这一阶段特点的标题；三是标题尽可能表述事物发展的状态或特点，尽量避免简单的动词或名词性短语。正是因为这样，每个单位的大纲应该是有明显区别的，我们仅从大纲就能看出这个单位大体发展历程、特点等。

从中航工业成都发动机（集团）有限公司（简称中航工业成发）史的大纲看，就基本符合上述史书大纲的特点，特别需要指出的是，中航工业成发把"党的建设"内容单独设置一编，这应该说是一个不小的创新。这样处理的优点是突出党建工作的重要性，同时避免了党建等相关工作与企业科研生产混在一起而带来的杂乱。当然，缺点也是显而易见的，就是一定程度上割裂了党的政治核心作用与企业改革发展之间的联系。但两害相权取其轻，中航工业成发的这种做法还是值得肯定的。

（点评人：康凯）

第七编
企事业史稿

中航工业襄阳医院史（1972—2012）
（节选）

第一编 医院的创建
（1972年4月—1982年4月）

1972年4月—1982年4月，是襄阳医院（364医院）组建和基本建设的阶段。这一阶段，在六院和第三机械工业部的领导下，在609、610所和其他兄弟单位的大力支持下，第一批建设者们从四面八方来到湖北省襄樊市（现襄阳市）南门外郑家山下，在此安营扎寨，在一片荒坡上开始了艰苦的创业。

这一阶段，是医院组建和建设过程中最艰难困苦的时期，也是干部职工的思想面貌和精神状态最好的时期。他们怀着美好的理想和憧憬，意气风发，艰苦创业，不计报酬，没有怨言，边建设，边学习，不仅顺利完成了基建任务，而且培养了一批合格的专业技术人员。经过10年的艰苦努力，终于在1982年4月15日正式开诊，奠定了医院发展的基础。这一阶段，被职工们誉为"激情燃烧的年代"，在医院的发展史上令人难忘。

第一章 国务院、中央军委的批复与医院的组建

第一节 医院的筹建

1972年4月，根据组织安排，从609、610所选调王发科、张杰、左遐福、霍建惠、郭九泉等5人组成364医院筹建组，由王发科任组长，张杰任副组长，负责筹建364医院的前期选址工作。1972年11月17日，《国务院、中央军委关于解决民航、六院医疗问题的批复》正式批复空军党委，在鄂西北襄樊市建立一所100张床位的医院，以解决中国人民解放军航空研究院中南地区所属单位的伤病员、职业

病患者、疑难病患者进行门诊和会诊。

在王发科和张杰的主持下，筹备组编报了364医院设计任务书。1973年9月19日，六院《关于四所医院营房筹建问题的通知》确定：364医院定点在襄樊南门外郑家山下，由609所负责代理营房筹建。在筹建组的积极争取下，六院将襄樊城内原三机部办事处房子的大部分作为医院筹建使用。1973年9月18日，六院划归三机部建制领导以后，筹建领导小组于1974年2月23日上报了《三机部六院襄樊医院定点报告》，1974年3月5日，六院正式确定襄樊医院名称为《襄樊第三六四医院》（即三机部六院第四医院之意）。1974年3月15日，湖北省革命委员会基本建设委员会批复同意襄樊医院定点方案。按照1974年4月8日在北京召开的医院筹建工作会议精神，对医院建设所需的各类人员进行了调查摸底。期间，610所军代表李阳贵、王明山、吴代远等人和筹建领导小组成员同时来到郑家山，协助筹建领导小组完成了选址、定点及设计任务书的工作。安喜臣、肖新民等一批干部、医疗专家、骨干相继来医院报到。1974年7月，三机部六院批复《关于三六四医院扩初设计的批复》获得建设投资200万元，医院的基本建设正式拉开了序幕。

第二节 医院的基本建设

1974年8月，王发科调成都363医院任领导小组组长。张杰担任364医院筹建组组长。1975年，364医院临时党委成立，张杰担任临时党委书记。他提出了"自力更生，独立建院"的指导思想，成立了基建办公室，开始有计划地招工和调入人员。1979年8月，王国庆调任364医院院长。经过三年的筹划，基建工作于1975年10月破土动工。1976年1月，易素群、谢体秀等一批下乡知青招工来到医院和先期到达的邹玉珍、刘宪生等人组成了第一批创业者中的青年突击队。由肖新民任队长。他们在一片荒草丛生、野兔出没、毒蛇乱窜的乱坟岗地上开始了艰苦的创业历程。没有房，就借住在603厂的厂房里，没有床就打地铺，没有食堂，自己从家里带饭。白天卸水泥、扛沙包、挖地基、打预制板，晚上学习医疗知识，还要轮流守夜看工地。为了赶工期，晚上经常挑灯夜战，没有加班费，没有奖金，所有的报酬，就是两个馒头一碗菜汤。但是，没有任何人抱怨，他们怀着火热的激情，日夜奋战在工地上，干部职工的心贴在一起，汗流在一起，保证了基建的顺利进行，在第一批创业者之后，三机部又从各单位抽调了部分人员，源源不断地来到医院，壮大了职工队伍。

经过近8年的建设，终于按设计要求完成了基建计划。1982年12月，医院向航空工业部提交了竣工验收报告。报告称，截止到 1981 年年底，累计完成征购土地面积 66.65 亩，租地 6.67 亩。建筑面积 12941 米^2，其中：医疗及辅助用房 9707 米^2，宿舍 3234 米^2。附属工程完成了电源外线 1200 米，电力电缆 500 米，水源管线 1500 米，200 吨钢筋砼水池 1 座，50 吨钢筋砼清水池 1 座，污水处理站一套，砼道路 5273 米^2，通信线路 10 对 1.5 千米，热力管线 1095 米。完成国家预算内投资 311.1 万元。其中，建安工程 242.9 万元，设备 33.4 万元。六院投资 23 万元，其中，建安工程 17.3 万元，设备 4.9 万元，其他 0.8 万元。累计拨款总额 348 万元，投资支出 326.64 万元，库存资金 21.54 万元。

第二章　医院正式开诊及主要任务

在完成基建任务的同时，医院临时党委按照医院开诊的实际需求，积极创造条件，做好开诊的各项准备工作。为了培养专业技术人员，根据不同的专业需求，1977 年，院临时党委把招工回城的知青分别送往上海第一医学院、上海中医学院、成都护校、襄樊市卫校以及襄阳地区中心医院等院校学习或培训深造，毕业回院后与各医疗单位调入的专家组成了医院的第一批医疗团队，为医院开诊做好了人才技术准备。

同时，在院临时党委统一领导下，组织成立了党、政、医、技、后等各个部门，设党委办公室、行政办公室、医务处、门诊部、住院部、基建办等管理科室。医疗部门设两个内科、外科、检验科、放射科、五官科、妇产科、小儿科、药械科等。开设床位 100 张，配备职工 175 人，其中医务人员 98 人，主治医师以上的人员 12 名。建立了必要的规章制度，具备了开院开诊的能力。1982 年 4 月 7 日，三机部六院下发医院开诊通知，确定医院 1982 年 4 月 15 日门诊和住院部同时开放，主要服务对象是三机部驻襄阳地区的 609 所、610 所、510 厂、520 厂、3015 厂，荆门的 605 所、322 厂，洛阳的 612 所、613 所。在完成本部系统医疗任务的前提下，其他服务对象由医院与地方相关单位商定。

1982 年 4 月 15 日，医院正式开诊。院领导班子主要成员是：张杰、张步信任临时党委书记，王国庆任院长，朱志鸿任业务副院长，杨金祥任行政副院长。1982 年 7 月，张杰、张步信同时离休，朱志鸿任临时党委代理书记，王国庆、杨金祥职务不变，潘保银任业务副院长。

1982 年 5 月，航空工业部正式确定医院名称为：航空工业部第 364 医院。

第一编小结

364 医院 40 年历史是一部穷则思变、艰辛跋涉、不倦探索的历史。364 医院的发展历程错综复杂，成功与失误交织，经验与教训都比较丰富。

医院创建于"文化大革命"末期，在一个完全陌生、荒凉偏僻的环境中，提出了"自力更生，独立建院"的指导思想，在上级批准的建设规划基础上有超前意识，提出了修改设计要求并得到批准，克服了经费紧张的重重困难，艰苦创业，制定了"以基建为中心，以医疗主楼为重点"的建设方针，以基建为中心凝聚干部职工人心，在一穷二白的基础上把医院建设起来，全院建筑及附属工程共 24 项，其中，优良工程 16 项，合格工程 8 项，没有出现不合格工程，这是非常不容易的。建院过程中，领导带头，医院所有的干部、医生、护士、工人都必须参加基建劳动，不仅保证了工程进度，而且密切了干群关系，增进了相互之间的了解与感情，培育了职工的集体荣誉感和团队精神。

干部职工在医院近 8 年的基本建设中所形成的"自力更生，独立建院，勤俭节约，同甘共苦，团结一致，攻艰克难"精神，为医院的建成与开业提供了最宝贵的动力支持，成为这一时期干部职工始终保持火热激情的生动写照。

医院在创建和基本建设中存在的问题也是显而易见的，并且对医院未来发展的负面影响长期存在。

首先是医院的选址受当时三线建设"靠山、分散、隐蔽"六字方针指导思想的影响，医院定点在城乡结合部，过于偏僻，人烟稀少，交通不便，患者到医院就医极不方便。先天不足的矛盾一直困扰了医院几十年，导致医院错过发展的黄金时期，直到 2011 年在市内建设新院区，才实现了主战场的转移。

同时，医院建设布局不合理、不专业，工艺设计缺陷多，致使许多医疗科室在后来不断地进行局部更改和补缺。部分基础生活设施建设不完善，给职工生活带来许多不便。

还有，医院正式开诊时正处于改革开放初期，从四面八方调入和招工进入医院的人员在文化素质、思想观念、利益诉求、品质品行等方面参差不齐，差异很大，各种利益碰撞所产生的矛盾已逐步暴露出来，"文革"遗风和计划经济时代的烙印在部分职工思想上根深蒂固，潜在的不稳定因素不时表现出来，给医院今后的一系列改革和管理带来了极大的困难。

点评：

364医院在中航工业几百家成员单位、数十万职工的大家庭中仅是一个名气不大的"小单位"，与"老大哥"相比，医院历史也不长，只有40年左右。但是，他们遵循"以铜为鉴，可以正衣冠，以史为鉴，可以知兴替""治天下者以史为鉴，治郡国者以志为鉴"的思想，积极参加中航工业这次规模空前的修史活动，并作为一项"存史、资政、育人"的重大建设性工程。

中航工业364医院史是这次企事业单位修史中的一部精品，有几点鲜明特色值得大家学习。

一是文体（体裁）规范、文笔清新、文字简练。修史过程中很多单位遇到的最大问题是史志体不分，一些单位是按志体的形式修史，还有一些单位写成了史志体。由于文体不清，一些单位修史的篇幅过长、面过宽，导致主题不明确，主线不突出。364医院很好地把握住史书的两个基本特点，"志横史纵、志详史略"，他们选取对医院发展进程最有影响的事件和人物，连点成线，按时间顺序展开，突出一个"变"字，侧重于医院历史纵向的叙述，敢于取舍、主题鲜明、主线突出。第一编从1972年写到1982年，10年创业历史他们仅用了4000多字，文字很简练。

二是有叙、有议、有评价，议论恰如其分，评价实事求是。

他们本着"存真去虚，忠实记录，功过俱修，喜忧皆纂，秉笔直书，有史有论，论从史出"的原则，采取夹叙夹议、先叙后议、史论结合的方式进行叙述，尽最大努力公正客观地还原历史和作历史结论。比如文中开头有一段写到，"这一阶段，是医院组建和建设过程中最艰难困苦的时期，也是干部职工的思想面貌和精神状态最好的时期。"就是夹叙夹议，恰如其分。

另外，他们在每一编结尾都有一节总体评价。这种做法也是一些单位认为不好写和不敢写的。他们认为，通过修史认清医院发展中的是非得失，深刻总结经验教训，探索医院发展规律，为后来者少走弯路、不走错路提供借鉴。从某种意义上说，教训比经验更重要。

（点评人：李长江）

中航工业贵航史（节选）

第一编

第六章 011基地三线建设调整改造

为解决三线建设中存在的历史遗留问题，1983年年底国务院做出了对三线企业进行"调整改造、发挥作用"的重大决策。011基地经过"七五""八五""九五"历时15年的三线调整改造，使所属企事业单位布局趋于合理，一批企事业单位摆脱了地域区位偏僻、自然环境恶劣、工作生活条件艰苦、人才流失严重、职工队伍不稳、生产能力难以发挥、民品开发能力薄弱、不适应市场经济要求的窘迫局面。实施以脱险搬迁为主要内容的三线调整改造是三线企业的第二次创业，调整改造取得的明显成效，对三线企业在新的历史条件下的生存发展，起到了至关重要的作用。

第一节 三线建设调整改造的由来

从1964年开始到1980年，在我国中西部腹地展开了规模宏大的三线建设。经过将近20年的建设，国家共投资2000亿元，初步形成了以交通、能源为基础，以国防科技工业为重点，原材料与机械加工相配套，科研与生产相结合，门类比较齐全的战略后方基地。在三线先后建成400多个军工企业、80多个军工科研院所，航空、航天、兵器、造船、电子、核工业等行业基本齐全，生产能力占全国国防科技工业的一半左右，科研院所的科技人员占40%，成为国防科技工业的主力和精华所在。

根据国家的战略决策和统一规划，航空工业共在三线地区投建企事业单位137个，占全行业单位数的54.12%，职工人数约33.4万人，占全行业职工总数的62.18%。其中，除去位于三线地区中心城市的单位，在三线山区和偏僻地区的单位有103个，占全行业单位数的40.4%，职工约20.3万人，占全行业职工总数的

37.35%。

地处贵州省的011基地作为一个整体,是航空工业在三线地区最大的单位。到1985年年底,011基地共建成企事业单位46个,占航空工业在三线地区企事业单位总数的33.57%;共有建筑面积3316370米^2,其中生产性建筑面积1411195米^2;金切锻压设备9654台;职工66153人。

由于历史原因,三线建设的主要出发点是"准备打仗",而且要立足于"早打、大打、打核战争",加之受到"左"的思想影响和"文化大革命"十年动乱的干扰破坏,在三线建设中存在不少问题和失误,造成许多工厂"先天不足",留下比较严重的隐患。主要表现在,片面强调"靠山、分散、隐蔽",工厂钻山进沟太深,布局过于分散,割裂了合理的生产工艺流程;项目仓促上马,忽视了可行性论证和地质勘探工作,受山体崩塌、泥石流地质危害和水质污染或严重缺水等问题干扰;随意简化设计,忽视工程质量,过分强调"先生产,后生活",造成企业生产不便,职工生活困难;单一军品生产,产品结构不合理,经济效益差,企业缺乏自我生存发展的能力。这些矛盾和问题在由计划经济转向市场经济的过渡中,显得尤为突出。

一、011基地建设初期存在的诸多问题

布局分散。到1985年,经过20年的建设发展,011基地已基本形成一个飞机、航空发动机、空空导弹、航空辅机和专业化配套比较齐全、技术比较先进的航空工业战略后方基地。但是,在建设初期,由于过分强调"山、散、洞"和"以隐蔽为中心"的建设方针,致使基地内各厂布局分散,整个基地分布在贵州省境内的2个地区(毕节、安顺),3个市(贵阳、安顺、遵义),6个县(镇宁、平坝、安顺、清镇、修文、黔西)的范围内,从镇宁的154厂到遵义的315厂相距314千米,从安顺基地机关到黔西的143厂相距220千米,而143厂距发动机主机厂也达100千米以上,使协调生产、零部件转运困难重重。另外,建厂的基建标准偏低,许多工厂并未完全建成就匆忙竣工验收,以后虽做了一次补充调整设计,但也是修修补补,没有一个完整的规划。即使这样,此次的补充设计也没有认真地贯彻执行。在体制上,从1981年开始,原本比较完整的011基地被分割成三大块(基地加飞机和发动机两个公司),不但使得机构更加重叠,机关人员增多,而且平添了更多的辅助部门,基地的作用没有得到充分发挥。

基建标准偏低,遗留问题多。建设初期,基建标准偏低,厂房既小又矮,采光不足,机床排列拥挤。有些厂房还出现地基下沉或裂缝,多已不能用于生产而只能

改作他用，如 3047 厂的 11 号厂房。职工宿舍大都是"干打垒"结构，每平方米造价仅 35 元，且无独立的自来水和卫生设施，均需改建或重建。另外，在生产性建筑中的遗留问题更多，如：生产、辅助面积不足，配套设施不全，机械加工能力不够，特别是风、水、电、气四大动力不配套，急需加以解决。生活福利设施也不全，医疗卫生、教育、文娱和体育场所等均需兴建。

多数工厂的厂区建设均是小而分散，厂房零零落落，相距很远，"村落化""羊拉屎""瓜蔓式"的厂房布局比比皆是。比较典型的如 150 厂，该厂是 011 基地建设初期基建歼灭战的三厂一库（100 厂、150 厂、170 厂、418 库）项目之一。为贯彻"以隐蔽为中心"的建设方针，进行了设计大修改，新打了 3 个人工洞，镶、嵌、埋、贴、坐了 6 个厂房，还搞了一个"落地拱"厂房和所谓的"电镀村"的电镀车间，这些共占全厂生产性面积的 60% 以上。

环境污染严重。据不完全统计，011 基地所属 144 厂、222 厂、315 厂、143 厂、385 厂、501 厂、3027 厂、3037 厂、3047 厂、3057 厂、3117 厂、418 库等 12 个单位的水源、水质问题需要解决。其中，385 厂水源中铀含量超标 32～160 倍，氡浓度超标 10.6 倍，砷含量超标 0.01 毫克/升，还存在对人体有害的其他微量元素。144 厂多次发现水池中汞、镉、铬等各种重金属离子大大超过国家标准，有时水中细菌污染超标几百倍。108 厂厂区特种元素放射量为 1.74～1.23 雷姆，而国家标准允许量为 0.005 雷姆，超标 148～246 倍。第一设计所所区天然放射性物质对空气有严重污染，空气中氡浓度超标。

产品方向更改，造成企业亏损。有些工厂原设计时产品方向就有缺陷，以后确定的任务又发生改变，如 3008 厂为汽车大修厂，3057 厂为机床大修厂，3117 厂为辅机标准件厂，因布局分散，各厂相距较远，汽车、机床的大修及标准件制造，均已改由各厂自行承担，上述工厂原设计时所确定的任务实已丧失。166 厂原设计是为歼 8 飞机配套，定点生产恒速装置，但后来确定歼 8 不装恒速装置，工厂也就没有了产品；222 厂老产品"霹雳"2 号空空导弹停产后，新型号导弹始终未明确，造成工厂军品任务断绝；3047 厂原设计是航空工装元件厂，建厂的目的是为各主机厂提供工装元件，但由于以后各主机厂都补充了工装制造能力，基本上不再需要该厂的工装元件，因此使得该厂任务计划锐减，从而造成长期亏损。

厂办"小社会"，企业负担重；生活艰苦，职工队伍不稳。011 基地所属单位地处大三线，一家工厂就是一个小社会，厂内各种辅助机构，包括学校、医院、粮站、商店、银行、邮局以及公、检、法机构等一应俱全，有些由工厂自办，有些需工厂提供居住、办公场所，如此使得非生产性人员和设施增多，造成成本增加和产品价格偏高。三线职工生活艰苦，蔬菜、肉食等副食品得不到正常供应；厂内医疗设施简陋，技术力量薄弱，职工和家属一旦患上较重的疾病就不易医治。在子女教育方面，厂校的师资匮乏，教学质量不高，子女升学就业困难。上述种种因素的叠加，造成三线职工人心思"调"，人才流失严重。据统计，仅1978—1982年的5年中，全基地知识分子外流达1000人以上。

地处大三线的国防科技工业企事业单位的状况大体相当，011基地的上述问题，只是大三线建设中诸多单位的一个缩影。

二、三线调整改造的序幕

为解决三线建设中存在的历史遗留问题，克服三线企业生产不便、职工生活困难的状况，充分发挥三线企业的作用，1983年12月3日，国务院发出《关于成立三线建设调整改造规划办公室的通知》，做出了对三线企业进行"调整改造、发挥作用"的重大决策。国家主席李先念曾强调指出："抓三线建设调整改造，对稳定和鼓励在三线工作的同志的情绪，会发生很大的作用。在三线建设过程中，由于受到林彪的干扰破坏，不少工矿企业确实需要调整和改造。但就整个三线建设来说，还是很有意义的。可以继续调整我国不合理的工业布局，改变三线地区的落后面貌，促进内地经济的发展。同时，从长远看，战争的危险还存在，一旦爆发战争，我们的后方就会有比较雄厚的物质基础。当然，我们现在的财力物力有限，像以前那样搞不可能，但我们心里要想着三线。经过调查研究和统一规划，在一定时候和力所能及的情况下，应该把那些有条件、有前途的工程项目搞起来，使三线建设发挥越来越大的作用。"因此，三线调整改造在一定意义上说，作为三线建设的延伸，是三线建设的完善和发展阶段。

1984年2月，国务院三线调整改造办公室主任鲁大东带队考察了011基地企事业单位。同年8月，航空工业部转发国务院、中央军委及国防科工委文件，将011基地所属108厂、143厂、150厂、154厂、3037厂和501厂在大方老厂区的留守部分，列为三线艰苦地区三类区单位。

1984年11月初，国务院三线调整改造办公室第二次成员会议讨论通过了《"七五"三线地区企事业单位调整方案》，调整项目共119个，其中航空工业部调整单位18个。随即，011基地开始了三线调整改造规划的前期工作，并于同年12月提出了《关于9个工厂调整搬迁的初步意见的请示》上报航空工业部。

1985年7月15日，国务院三线调整改造办公室发出《关于贯彻执行国家计委〈关于三线地区企事业单位调整方案的批复〉的通知》，同意011基地8个工厂

(108厂、385厂、143厂、183厂、154厂、3027厂、3037厂、3047厂)调迁或就近进行调整改造,同意166厂转产民品;同时还初步确定了投资规模。

1986年8月,随着基地三线调整建设办公室的成立,011基地的三线调整改造工作全面展开。

为了确保三线企业按国家要求实施调整改造,贵州省人民政府及各项目迁入地的地方政府和省计委、省国防科工办等政府职能部门,在征地、安全、消防、环保、水、电、气、交通等各方面,给予了三线调迁企业以大力支持。贵阳市人民政府为了支持三线调整改造工作,1986年就发布了《关于对迁入贵阳市的三线企业实行优惠措施的通知》等3份文件。

三线企业调整改造的主要任务有三个方面:一是企业布局调整。重点解决选址不当,产品无明确方向,生产难以维持,没有发展前途的企业问题,并提出关、停、并、转、迁等五种方式。二是产品结构调整。考虑到三线企业是在准备打仗的思想指导下建立起来的,主要承担军品生产任务,或生产为军工配套的产品。随着国际国内形势的变化以及经济体制的转型,军工企业必须按照"军民结合、平战结合、军品优先、以民养军"的方针,进行产品结构调整。调整的方向应围绕国家重点建设和国民经济技术改造的需要,形成一批各具特色、在国际国内市场上有竞争能力的拳头产品。通过调整,使三线军工企业,包括原来为军工配套服务的企业,尽快转变为军民结合型企业。三是技术改造。要围绕企业布局调整和产品结构调整制订技术改造规划,发展优势产品,开发新产品新技术,加大技术引进力度,体现技术进步要求。

第二节　011基地三线调整改造方案及其实施情况(略)

第三节　三线建设调整改造取得的成绩

实施以脱险搬迁为主要内容的三线调整改造是三线企业的第二次创业,对这些企业在新的历史条件下的生存发展,起到了至关重要的作用。

一、调整改造改变了三线企业的不合理布局,摆脱了困境和险情

011基地通过"七五"到"九五"时期的三线布局调整和脱险调迁,一些企业从黔西、镇宁、修文、清镇等边远山区集中到贵阳市和安顺市、平坝县的附近,形

成了沿贵黄高等级公路的三点一线布局，使基地的生产布局趋于合理，企业结构和产品结构得到改善，从根本上改善了科研、生产、经营环境和生活条件。

三线调整搬迁使一批长期受自然灾害威胁和偏远地理环境制约的三线单位，改变了交通不便、信息不灵、运输成本偏高的不平等竞争地位，从根本上改善了企业的外部环境，为其生存发展和步入市场经济提供了新的机遇，使其技术人才和设备优势得以较好发挥，生产经营得到长足的发展，经济效益逐步回升。列入调整计划的三线企业过去大多处境艰难，国家每年用于补亏、停缓建维护及灾害治理费用数额大、负担重。调整后不仅取消了大量国家补贴补亏，而且节约了生产和运输成本，工厂经营环境和经济效益都有较大改善。

这些三线军工企业从偏僻的山沟，集中搬迁到中心城市，实现了新的厂容厂貌，不仅从根本上改善了生产条件，而且改善了职工的生活环境，提高了企业市场竞争能力和经济效益。

143厂是航空发动机燃油附件制造厂。老厂址位于贵州省黔西县的深山峡谷中，距离大中城市很远，为011基地进山最深的企业。每逢冬季，受冻雨凌冻影响，山路交通受阻，物资进不去，产品运不出，危重病人也不能及时医治，给工厂发展和职工正常生活带来巨大困难，科技人员三分之一外流，"老的留不住，新的不愿来"，工厂科研、生产难以维持，发展无望。1986年5月，该厂获批调整到贵阳市小河区建设，1991年10月完成搬迁。在搬迁过程中，深入开展"创三新"（新的厂容厂貌、新的思想作风、新的科研生产水平）等一系列活动。全厂职工在"生产保调迁，调迁促生产"的口号鼓舞下，生产积极性空前高涨，1990年虽然受到军品陡降和民品市场疲软的影响，年产值仍达到2388万元，实现利润655万元，均创历史最好水平。1994年产值首次超过亿元，实现了二次创业的目标。在军品的新机研制和批生产方面，都按期完成各项任务，为国防建设和提高部队战斗力做出了贡献。新址良好的外部环境，为工厂开发民品创造了条件，从大批量生产摩托车发动机零件发展到开发、生产科技含量高、市场占有率高的产品。先后开发成功10个系列军用、民用HSV高速电磁阀，内燃机全电子控制燃油伺服喷射系统和两冲程汽油机电控燃油喷射系统，有的被列为高新技术产业转化推进项目。科技创新使工厂进入国内同行业先进行列，并参与国际市场竞争，实现了从一般民品向高新技术产品的转变，进入了市场经济良性循环发展道路。

154厂是飞机环控系统附件和发动机燃滑油系统附件制造厂。该厂1968年与184厂合并，利用撤销建制的140厂厂址改建。厂址位于贵州省镇宁县山区，受"靠山分散"和"村落化"建设的影响，厂区分布在9千米的山坡地段，最小的厂房仅8米²，厂房和村民住房混合建设，村民和牲畜可以随意进入厂房，是一个典型的"到厂不见厂，进厂不像厂"的三线企业。由于工厂地处偏僻山区，交通不便、信息不灵，加之军品任务陡降、民品开发能力弱，工厂的生存与发展面临严峻的威胁。经国家批准，该厂列入"七五"三线调迁计划，这给工厂和全体职工带来了莫大的希望和鼓舞。工厂领导班子和职工一起艰苦奋斗，节衣缩食。迁建的5年期间，只给职工荣誉奖励不发奖金。一方面筹集资金用于迁建工程，一方面千方百计搞好生产积累资金，先后开发了为工程机械配套的板翅式散热器并建成生产线；为摩托车配套的滤清器；为上海大众桑塔纳轿车配套的铝制散热水箱和空气滤清器等产品。工厂于1992年实现了整体搬迁，当年完成产值，比1991年增长一倍；1997年产值超过1亿元，利税从1991年的125万元增加到1998年的1469万元（其中利润500万元），被贵州省评为百强企业、实现利润和税收"双百佳"企业。

二、调整改造形成了新的科研生产能力

通过脱险搬迁和调整改造，推动了企业结构和产品结构的调整，形成了新的生产能力。搬迁与产品结构调整和技术改造相结合，加快了军转民和技术进步的步伐。企业在调整搬迁中，注意防止简单的厂址位移和低水平重复，结合产品结构调整和军转民技术改造，实现生产方式由粗放型向集约型转变。以军品为主的调迁单位结合布局调整，进一步精干了军工主体，强化了军品科研生产能力，形成了军民结合型企业；以民品为主或全部转民的单位，按支柱民品的生产工艺要求在新址进行建设，通过改造和引进先进工艺装备，进一步提高了技术创新和市场竞争能力。企业调整搬迁后结合军品技术改造，大大提升了新型武器装备的研制能力，为承担国家高新工程任务创造了有利条件。355厂、143厂、3117厂、154厂等单位调迁后科研生产及经济效益都上了一个新台阶，成为本行业或地区的先进企业。

355厂是生产航空电动机构及空气活门和驱动电机的辅机工厂，为"九五"调迁项目。该厂在调迁中坚持"调整搬迁"和"发展生产"两不误，根据生产急需情况安排厂房建设，建成一个，投产一个，充分发挥投资效益。在国家和省市政府的关心支持下，2003年基本建成，顺利完成搬迁任务。调迁后，企业呈现出良好的生机和活力，成效显著。与调迁前相比，企业所有者权益增长了4倍，达到1.7亿元，销售收入增长3倍多，达到1.8亿元，2002年利税额达到2000多万元。企业生产经营环境显著改善，经济状况步入良性发展阶段，队伍稳定，职工收入逐步增加，凝聚力得到加强，竞争实力和抗御风险能力明显提高。工厂在调迁期间投入14256万元，新增设备537台，其中引进设备28台，能够满足新一代航空产品研制

生产需要，形成轿车刮水器、升降器80万套的生产能力。以调迁做"壳"，技改做"瓤"，在处理两者关系中实现了投资效益最大化。355厂在实施调迁建设的同时，狠抓新品科研和市场开发，加强经营管理。"九五"到"十五"前两年，享受增值税返还、地方各项政策优惠以及基建贷款财政贴息共计4341万元，如果再加上"十五"后三年的退税所得，相当于在新添寨开发区再造一个崭新的现代化工厂。

011基地第一设计所调迁安顺后，科研设计条件得到较大改善，飞机设计技术取得了重大进步。该所在调迁中，分三批投资装备了1000多万元的计算机软硬件设备，开通了金航网、因特网，使该所CAD、CAM的应用先后成为贵州省和全国示范单位。六大计算机网络系统的建设，特别是二维、三维CATIA数字样机技术平台的成功应用，使飞机设计技术发生了质的飞跃，为歼教9型高级教练机的研制成功做出了重大贡献。

143厂在搬迁前，由于受到多方条件的制约，除了军品生产基本保持稳定外，支柱民品尚未形成，整个工厂处于低效运行期，年工业总产值在2000万元左右徘徊。1991年搬迁后，在边搬迁边生产的情况下，由于条件发生了变化，信息灵了，客户多了，当年实现工业总产值3131万元。1992年全部迁建后，生产如虎添翼，完成工业总产值4300万元；1995年的工业总产值达到12011万元，为搬迁前的6倍。

3057厂经过"八五"调整改造，技术装备上了一个新台阶，硬件及环境得到改善，新增了大型设备及高精度设备15台，达到了年产8000型软盒横包烟机25台、6000型软盒横包烟机50台的生产能力。在质量管理方面通过了ISO 9001—2000质量保证体系认证。2002年还与有关部门联合研发了大型自走式采棉机，为发展农业机械迈出了成功的一步，使中国成为继美国、以色列之后，第三个能自主生产大型采棉机整机的国家。

3017厂与3117厂分别是主辅机标准件制造专业化厂，在确定脱险搬迁方案时，为了有利于现有资源的利用，集中力量建设以新型紧固件为主要产品的标准件研究、生产基地，决定进行结构性整合，将两厂合并搬迁至贵阳市白云区，在新址成立中国航空工业标准件制造有限责任公司（代号为3117厂）。资源的整合，增强了航空标准件的制造能力。通过三线调迁建设，结合型号工程约1.5亿元的条件建设和技术改造，在新址建成了新的紧固件生产线，科研、生产出现了新的发展态势，技术水平接近国际先进水平，国家重点型号急需的国产新型紧固件已研制成功并批量供应。除形成满足军品要求的标准件生产能力外，民用产品已形成五大系列，拥有为60万台（套）汽车、80万台（套）摩托车配套的高强度标准件和2亿件其他国际标准紧固件的年生产能力；转向器形成了年产10万套的能力。合并之前的1993年，两厂工业产值仅为4000多万元，2003年达到1.2亿元，利润总额为500万元，职工人均年收入从1993年的不足4000元增长到2002年的10600元，职工人数从1994年的2200人，减至2002年的1300多人。

三、调整搬迁稳定了三线职工队伍

由于011基地所属企业大多地处偏僻、环境艰苦，在改革开放大潮的冲击和军品任务大幅削减的情况下，职工队伍很不稳定，科技人员流失率高达50%左右，大学毕业生留住率不足30%，技术队伍青黄不接现象十分严重，"人才流失"在一定意义上讲是威胁三线单位生存发展更为严重的"险情"。国家实施三线调整改造后，使一度生活在"被遗忘的角落里"、"献了青春献终身，献了终身献子孙"的三线职工受到极大鼓舞，深切感受到党和国家的亲切关怀。有的企业通过制定各种政策来吸引和稳定科技人员，这样做使三线职工和科技人员又有了用武之地，看到了企业的前途和希望，职工队伍的凝聚力大为增强，人才流失现象得到了有效遏制，并为人才的合理流动创造了条件。

通过调整搬迁改善了企业的生产经营环境，也改善了职工的居住生活条件，逐步稳定了职工特别是科技人员队伍。实现搬迁后，愿来的大学毕业生显著增加，即使在"九五"项目尚未建成的搬迁单位，也提高了人才吸引力。有的企业进城后，虽因市场或经营不善等原因进入关闭破产程序，但由于职工再就业环境发生了变化，在城里都有了新的住房及社会保障基本条件，职工思想相对比较稳定。

四、调整改造为实现军民品分线分立创造了条件

企业调迁后实行了军民品分立，大大增强了企业的发展活力。有的结合民品开发成立合资合作企业，按现代企业制度和新项目、新机制运作；有的加大分流力度，划小核算单位实行自主经营、自负盈亏。

188厂通过三线调整搬迁，加快了军转民的步伐，促进了企业产品结构的变化。在新的生产经营环境下，企业与国际接轨，大力开发外贸出口产品。通过几年的努力，外贸出口额从1992年的38万美元，发展到2003年的1107万美元，产品远销美国、欧洲等8个国家或地区。军品和其他民品也因外部环境的改善和自身的努力，大大增强了竞争力，促进了企业更好的发展，经济效益大大提高。全厂2003年完成工业总产值14950万元，比1992年工业总产值1527万元增长了近10倍；实现利润541万元，扭转了当初的亏损局面。

154厂搬迁到贵阳后,实行了军民品分线生产,成立了一个军品车间和三条民品生产线,并进行了三次大的技术改造和"双加"工程,使产品结构实现了根本性转变。工厂在2000年将优良资产剥离,成立贵州永红航空机械有限责任公司,出现了人心思干、振兴向上、持续发展的良好局面,经济效益逐步提高。

3057厂2000年通过公司制改革,建立了法人治理结构,成为自主经营、自负盈亏、自我发展、自我约束的市场竞争主体,增强了企业活力。

五、调整改造推动了企业结构调整和改革脱困

通过调整改造,对企业在山沟时承担的大量社会职能如医院、学校、商店、食堂等进行分离统建,并按市场化进行运作和管理,不搞"小而全""大而全",使各单位大都摆脱了企业办社会的沉重负担,同时也使三线企业原有的教育和医疗机构融入当地社会,得到了长足发展,工厂的服务人员大大减少。调迁单位坚持"能合并搬迁的不单独迁建,能共建公用设施的尽量共建"的原则,不仅有利于企业间的资产重组和优势互补,而且在较大程度上节约了建设投资,有利于深化企业内部改革,促进后勤服务系统社会化,切实减轻国有企业社会负担。"七五"搬迁项目的3027厂、3037厂、3047厂实施了联合迁建,8个迁建工厂在贵阳市小河区共建一所医院(300医院),154厂、3027厂、3037厂、3047厂四家单位共建中、小学。除此之外,由原108厂和385厂合并迁建的188厂、由原3117厂和3107厂合并迁建的3117厂也积累了合并搬迁的经验。355厂调迁后,对原厂址并不丢弃,结合企业改组改制,成功地对老厂区实施综合治理和再开发再利用,保证了原址国有资产的保值增值。调整搬迁为三线企业改革脱困和改组改制创造了有利的条件。

188厂因调整搬迁背上沉重的债务,经历了连续6年的亏损,但华烽人身处困境,精神不倒,在极度困难的情况下,全厂职工团结在党委周围,发扬"华烽人救华烽厂"的企业精神,宁可四个月不发工资,也要挤出资金保生产投入。确立"外树形象,内树信心,上靠政策,下靠改革"的治厂方针,用企业精神统一职工的思想,用治厂方针规范企业行为。重点抓好领导班子建设,抓好干部队伍建设,抓好职工队伍建设。党政一把手在困境中处处以身作则,使广大职工在困难中看到了希望。各级干部吃苦在前,无私奉献,努力拼搏,做知难而进的带头人,对广大职工开展了克服困难、树立信心、战胜困难的教育。经过顽强拼搏,终于在1998年实现了扭亏为盈。

六、三线调迁建设推动了地方经济的发展

由于三线调整改造为单位注入了大量资金,也为当地城市开发建设起到了推动

作用，同时也促进了企业对内对外开放。通过对生产要素在地域空间上的优化组合，使一批具有技术、人才优势的三线单位，按照专业化分工协作关系在新的优势区位，重新聚合在一起，大大增强了对外合作和自我发展的能力。随着这些调迁项目的陆续建成投产，使一批新的工业小区和企业群体应运而生。011基地"七五"8个迁建工厂落户贵阳经济技术开发区，与原地处该区的011基地所属128厂、185厂、3127厂等形成了航空工业企业群，企业的群体效应使小河镇的建设也得到迅速发展，房地产业、建筑业、商业一片生机蓬勃，直接促成了贵阳市小河区行政区划的确立和贵阳国家级经济技术开发区的升级。无论是在贵阳小河的国家级经济技术开发区，还是安顺新兴的经济技术开发区，迁入的三线航空工业企事业单位，通过共用当地的基础设施，共享技术、经济、信息资源和彼此间要素的流动，产生了巨大的集聚效应和扩散效应，形成了较强的经济势能和辐射力，这些企业都成为了开发区的经济支柱和骨干。凭借这些开发区的辐射功能，军工企业加强了与地方企业的交流与合作，更紧密地与地方经济融为一体，直接带动和促进了地方经济的发展。

第四节 011基地三线调整改造中的主要经验教训

一、贯彻"调整改造、发挥作用"方针，是统筹调整搬迁任务的宗旨

011基地部分企业搬迁前的生产、生活确实存在许多困难，有些企业因产品、任务不适应要求或国家进行调整而未真正建成，加上选址不当，自然灾害严重，威胁国家财产和职工、家属的生命安全，困难更为突出。对于这些单位来说，调整搬迁、改善生产生活环境是非常迫切的期盼。能不能调整搬迁、如何搬迁等都关系着每个职工的切身利益。如何统一思想，便是搞好调整搬迁的首要问题。调整搬迁的事实证明，只有用国家关于三线建设要"调整改造、发挥作用"的方针和有关调整的政策、指导原则来统一思想，搬迁才能成功，三线企业才能为国防科技工业的振兴发挥作用。143厂、154厂等做得比较好的调整搬迁单位，正是因为对国家的方针、政策和指导思想认真学习、深入理解、坚决贯彻，所以调整方案比较切合实际，实施过程始终得到全体职工的拥护和支持，真正做到了齐心协力处理好迁建、搬迁，生产、发展之间的关系，处理好眼前利益和长远利益的关系，较好地完成了调整搬迁任务。

二、落实"调整促科研生产,科研生产保调整"的指导思想,是实施调整搬迁任务的基础

"七五""八五"三线调整改造项目,国家投资较小。011基地"七五"五个项目8个调迁单位,共完成投资54019万元,而国家投入仅为1703万元,占总投资的3.15%。而后又改为拨改贷,贷款额增加,债务负担沉重,给调迁企业带来较大的困难。"八五"调整改造项目,从总体上分析,由于国家投资力度仍然较小,项目建设周期长,其间又经历物价上涨,建设项目虽经多次调整概算,超概算仍十分突出。从实施项目的整体效果分析,"八五"调整项目对整个国防科技工业结构布局调整的带动和影响作用不大。在三线调整改造中,有些企业靠举债搬迁,虽然1997年国家实施债转股的政策,但这些企业因债务结构不符合实施债转股条件而无法执行相关政策,最终走上破产之路。

当然,从"七五"开始的三线调整改造工作,是在比较特殊的条件下进行的,国家在"文化大革命"之后,正处于全面恢复时期,经济实力有限。许多单位军品任务陡降,民品刚刚起步,正是最困难的时期。有无一定的自筹能力便成为能否进行调整和调整快慢的关键。011基地列入调整计划的单位,把职工的喜悦心情和高昂的积极性引导到促进科研、生产的发展上来,努力提高经济效益,以筹集更多的资金来保证搬迁工作的顺利进行。特别是154厂几乎达到了"拼命"的程度。他们大力开发产品,扩大生产,创收节支,不仅为调整搬迁提供了更多的资金,而且为调迁后继续发展、偿还贷款本息打下了好的基础。个别单位指导思想不对头,采取"自己吃光花光,等着别人帮忙"的错误态度,最终自食"苦果",教训十分惨痛。个别享受"单给"政策的单位,因自筹资金困难较大而难于实施,有的就地改造项目效果不够理想。

三、应用好的经验,扎实细致地做好调迁组织工作,是完成调整搬迁任务的保证

三线调整改造是一项新的工作,大家都在摸索中前进。及时了解、认真学习兄弟单位、部门、地区的好经验,并应用到自己的工作中去,是搞好调整的捷径。143厂、154厂等单位善于学习和应用别人的好经验,使本单位的调整工作做得更好。实践证明,无论是调迁工程建设,还是组织实施搬迁,都是一项复杂的系统工程。在建设中要精心筹划、精心设计、精心施工;在搬迁过程中更是关系家家户户,要保证大量设备、物资和人员安全搬迁,更是一件艰巨的任务。很多单位提前

一两年就开始编制搬迁计划，反复论证、反复改进。正是这种认真细致扎实的工作，在数万人的大搬迁中，未发生重大的人员伤亡事故，保证了调整搬迁任务得以安全、顺利地完成。

回顾011基地三线调整改造的过程，有不少不足之处和教训值得记取。比如：对于既无军品、又无规模生产民品的三线特困企业，缺少深入研究相应的解决措施，未能有效地帮助企业通过调整改造摆脱困境、发挥作用，成为历史的遗憾。对于一些合并搬迁的单位，也缺少细致、扎实的工作，出现不少矛盾和问题，有的甚至陷入破产的地步。对有些搬迁企业面临经济负担很重，抗风险能力很弱等问题，未能引起特别关注，致使个别工厂在较长时间内不能摆脱困境而变成了亏损企业，甚至关闭破产。这些事实说明，在三线调整改造工作中，决策机关无论是出主意，还是做事情，都应该认真、务实，顾及"后果"。

在20世纪60年代开始的大三线建设中，为了国家的安全和人民的幸福，011基地数万建设者和创业者所表现出来的艰苦奋斗、无私奉献的崇高品质，为后人留下了宝贵的精神财富。80年代开始的三线调整改造历程，所走过的是充满喜悦和艰辛的路，是激动人心和艰苦奋斗的路，是创业和成功的路。历史将永远铭记为三线建设"献了青春献终身，献了终身献子孙"的老一代创业者的功绩；永远感激在调整改造、二次创业中做出新贡献和再创辉煌业绩的三线人！

011基地三线调整改造工作的15年历程，已充分证明党中央、国务院关于三线建设"调整改造，发挥作用"的决策是十分必要的、是完全正确的。

点评：

20世纪60年代前期开始，中共中央、毛泽东主席为了预防国际反华势力可能发动的突然袭击，做了要准备打仗的部署，其中重要的一个举措就是调整压缩一线、二线地区的项目安排，加强三线地区的建设。航空工业的三线建设首先是在贵州展开的。经中央批准，在安顺地区建设一个歼击机基地，代号011基地，该基地由34个工厂及仓库、油库等12项辅助设施组成，分散在5个专区10个县市。1966年，由一线的航空工业老厂调集领导骨干、技术人员和工人1万多人奔赴渺无人烟的荒山野岭，以战天斗地的英雄气概和大无畏的革命精神，开始了基地的建设。

节选的这部分中航工业贵航史内容，主要讲的是20世纪80年代开始，国家针对三线建设历史遗留问题而开展的三线建设调整改造的历史。就叙史而言，这部分内容写得是非常优秀的，主要表现在以下几点：

一、开篇即用精练的文字，向读者介绍了第六章的主要内容，使读者能够提纲挈领，对全文有个大致了解。

二、整个第六章共分为四节，分别叙述了项目的背景、实施过程、成绩、主要经验教训，结构清晰，逻辑严谨。

三、第一节"三线建设调整改造的由来"，从宏观上介绍了整个项目的大背景，为后面的内容起到了重要的铺垫，使后面的内容得以顺理成章；第四节"主要经验教训"，全面总结了工作中的得与失，应该说这是我们修史工作最重要的成果，这部分内容也成为本章的一个亮点。

四、宏观与微观处理得比较合理。011基地由几十家单位组成，如何平衡这些单位的关系，是具有挑战性的。我们可以看到，本章既有国家层面较为宏观的大背景，同时对所属的具体单位都有提及，非常难得。

(点评人：康凯)

中航工业陕西华燕航空仪表有限公司史（1985—2010）（节选）

第六章 脱险搬迁篇

发生于1987—1997年的脱险搬迁，堪称141厂历史上浓墨重彩的一笔，是华燕人艰苦奋斗、摆脱险境、走出山沟、谋求发展的重大实践。有人称它为"二次建厂"，也有人称它为"二次创业"。

经过脱险搬迁，一座交通便利、环境优美、设施配套的现代化工厂矗立在与历史文化名城汉中市一江之隔的大河坎经济技术开发区，为企业长期、健康、稳定的发展奠定了坚实的基础。

第一节 决策背景

一、险情威胁

141厂原址位于南郑县新集镇华山沟，距离汉中市31千米。原址于1969年开工建设，到1973年基建收尾，基本建成。原址生活区在建设时，正处在"文化大革命"期间，受"左"的思想的影响，为追求建设速度与施工进度，忽视了基本建设程序，没有进行地基钻探勘测分析就开始设计、施工，因此埋下了隐患。

原址建成后，生活区77%的建筑物从1978年开始相继开裂。1978年8月，204号住宅楼最先开裂；同年205号住宅楼和311号职工医院跟着发生开裂；1979年4月，201号住宅楼、113号托儿所和105号木工房的木模间也发生了裂隙。

裂隙所形成的危房，给职工生命安全带来了严重的威胁。对此，工厂领导非常重视，采取了必要措施。一方面，尝试进行危房加固，1980年曾对204号住宅楼以及子弟学校教学楼进行加固，加固费用占到原值的53%，加固两年后又发生新的开裂。另一方面，根据房屋开裂严重程度，将人员从危楼中撤离出来，并把险情及时向航空工业部、国务院"三线办"反映、报告。上级部门对险情也高度重视，先后多次派人到工厂了解察看险情。航空工业部第三勘测公司分别在1980年8月、1984年3月来厂对生活区的地基进行钻探取样分析，最终确定生活区大部分地段的土质为Ⅲ级膨胀土，具有干旱收缩、遇水膨胀的特性，并给出了"危房无彻底根治措施"的结论性意见。

除此之外，由于厂区、生活区建在山坡地段，经常受到滑坡滚石的威胁。尤其在雨季，基础松动的石头从山上飞滚而下，有几次竟砸向了住宅楼二楼阳台。类似险情，促使工厂领导萌生了脱险搬迁之念头。

二、民品上量急需建线

此时正值"六五"时期，军品任务急骤下降，工厂在实施"保军转民"发展战略的过程中，成功开发出"化纤纺织假捻机增速轮"和"化纤高速纺织机械精密配件"两大系列民品，新开发的"气流纺纱器"样机已研制成功。其中，1980年开始研制的增速轮系列最先进入成熟阶段，1985年年产达到2万套（当年订货量5万套），市场供不应求，成为第一个上量的支柱民品；1982年开始研制的高速纺织机械精密配件，1985年同样进入批量生产阶段，市场形势也很好，年产达到1万台（套）；新研制的气流纺纱器，已经航空工业部民品办批准，列入工厂支柱民品项目。伴随着民品快速发展与上量，生产场地日趋紧张，军民品混线生产所带来的矛盾也日益凸现，建立适应大批量生产的民品生产专线，很快提上了议事日程。

三、酝酿与决策

在原址扩充建立民品生产线，不但面临险情的威胁，而且没有可供建线的发展余地，势必又要新征坡地。南郑县政府此前已有通知，原址附近农民耕地面积人均不足七分[①]，今后不再办批原址征地事宜。此外，考虑到原址地处山区，交通不便，对生产经营、职工生活带来的影响越来越大，生产成本居高不下，职工人心不稳。加之当地水质氟含量偏低，汞含量偏高，对人体健康不利。因此，工厂领导从1984年就酝酿、琢磨，可否利用民品易地建线，一步一步地使职工脱离险境、搬出山区？

刚刚走马上任的厂长梁振河与党委书记刘英在深入交换意见后，组织班子成员就建立民品线与脱险搬迁之事集思广益、综合分析、研究政策、审慎决策，在1985年1月26日的厂务会上，提出了"以建窗口、搞开发为主旨，以易地建立民品生产线为突破，以分批脱险为步骤，逐步实现工厂整体脱险、搬出山沟之目标"的战

---

① 1［市］分 = 66.7米²。

略决策。这一决策，在当时工厂财力十分单薄、人的思想尚未彻底摆脱计划经济思想影响的情况下，显示出超常的智慧与胆识，极具创意。

第二节　选址大河坎——易地建线

一、选址

为了易地建线，工厂从1984年年底开始，先后派副厂长何春明、企管办主任高庆奎等人分别赴江苏连云港、河北香河、陕西汉中等地考察调研，从地理位置、投资环境、建设难易程度、招商引资优惠条件等方面综合分析与比较，并经1985年12月10日厂务会最终敲定：在陕西省南郑县大河坎镇建立民品生产线。

大河坎，位于汉江南岸，距离汉中市2千米，生活设施比较配套，是经陕西省政府批准设立的南郑县工业开发区，又是南郑县的工业经济繁华镇。南郑县的领导在工厂调研选点期间多次来厂，热切希望工厂留在县内，为发展县域经济继续贡献力量，并表示提供政策许可范围内最大的优惠与方便。

在大河坎建线，一是便于进货、发货，便于与基地内各厂联系协作，便于接待客商。二是该镇地势平坦，易于建设。除征地条件优惠外，村委会还允许征地费欠本付息。三是有利于取得国家政策上的支持。1984年，国务院、中央军委以国发〔1984〕76号文批准了国防科工委等部门《关于解决三线艰苦地区国防科技工业离退休人员安置和职工夫妻长期两地分居问题的报告》。该报告提出："在二、三类地区工作的离退休干部和在这类地区工作满20年的退休工人，可在所在地区交通、医疗等条件比较方便的中小城市安置。"这一条对在大河坎建设民品生产线的同时，建设必要的生活福利设施提供了政策依据。

1986年8月29日，工厂以厂办字〔1986〕第123号文正式向航空工业部上报了《关于在南郑县大河坎镇建立民品生产线及生活福利设施的请示》，航空工业部计划司很快在1986年9月24日做出批复（航空部计划司计字〔1986〕62号）："为了民品生产取得更好的经济效益，部原则同意141厂在南郑县大河坎建立民品生产线及相应的生活福利设施。"依据批复要求，工厂在1986年10月30日上报了《在大河坎建立民品生产线及生活福利设施的可行性分析报告》。航空工业部在《关于141厂在大河坎建立民品生产线可行性报告的批复》（航计〔1987〕646号）中批示："为了进一步把企业搞活，更好地发挥企业技术优势，为我国纺织行业技术改造提供设备，同时解决本厂离退休职工建房场地，经研究同意141厂将部分民品生产线迁至大河坎镇。"

二、易地建线与第一步搬迁

获导上级批文并经过地方有关部门对设计方案认真评审后,工厂分两次征地99亩,迅速展开"三通一平"、勘测、设计等施工前的各项准备工作。1987年5月11日,工厂成立了大河坎工地建设指挥部,任命何春明为总指挥,基建科科长丁志杰为副总指挥,并将基建科、供应科基建材料室划归指挥部。1987年6月17日,大河坎工地在简单而隆重的奠基仪式之后,正式破土动工。建厂以来大规模的脱险搬迁工程就此拉开了序幕。

基建科的同志们从此吃住在临时搭建的暂设工棚之中。他们一个个既是指挥员,又是战斗员,带领民工不但承担了厂区和生活区水电、道路、绿化的全部施工任务,还承担了60%以上住宅楼和福利设施的施工建设任务。参与土建工程的还有江南建安公司、陕西中航工程承包公司等。

经过将近两年半的建设,5号机加厂房,1号、2号、3号、4号、10号、15号住宅楼以及职工食堂、高位水塔陆续建成。1989年8月八车间率先搬迁,1990年1月六车间也完成了搬迁,成为工厂首批一前一后搬入大河坎新厂的两个车间。232名单身职工、117户职工家属喜迁新居。从加强管理考虑,工厂组建了大河坎民品分厂,组织、协调两个车间的生产与生活问题。至此,年产(能力)2万套纺纱器与年产(能力)20万套纺织机械精密配件为主的民品生产线初具规模,并很快达产达效。当年民品产值突破1000万元,占工厂总产值的80%,创历史最好水平,在1990年民品技改建线验收时,受到陕西省、航空航天工业部、纺织工业部专家与领导的高度赞扬与好评。新研制的ZFQ-1转杯气流纺纱器于1989年5月14日被评为陕西省科技一等奖。

第三节 跻身国家"八五"三线调迁规划,实现整体性脱险搬迁

一、立项审批——"一〇四一工程"

易地建线首告大捷,为工厂尽快整体脱险搬迁开了个好头,全厂职工为之振奋,工厂领导对带领职工搬出山沟的信心与决心更加坚定。加之"七五"期间,国家陆续出台了一些有关三线军工企业脱险调迁的政策,国务院"三线办"刘涤华局

长、肖乾银副局长、郭自强处长、付显效处长以及陕西省"三线办"文继祥副处长等领导也先后来厂察看了险情。正可谓天赐良机，水到渠成。为了挤进"笼子"，赶上国家"八五"三线调迁"班车"，工厂抓住机遇，于1990年6月14日正式向〇一二基地、航空航天工业部提出了将工厂整体脱险搬迁大河坎列入国家"八五"三线调迁计划的申请（厂计〔1990〕68号文）。

上级机关接到工厂申请后，在拟议同意工厂申请的同时，明示要将基地内同样提出脱险搬迁申请的101厂，与141厂合并为一个搬迁项目进行申报。于是，由航空航天工业部第三设计院（简称三院）出面，协助141厂、101厂在1990年11月编制了《国营第141厂、101厂脱险搬迁方案论证报告》。此报告经国务院三线建设调整改造规划办公室1991年第8次成员会议审查批准，并经国家计委审批，同意以"一〇四一工程"列入国家"八五"三线脱险调整规划。

1991年8月30日，航空航天工业部随即下达了《关于141厂等三单位脱险搬迁至南郑县大河坎建设的立项批复》（航计〔1991〕1620号文），同意工厂从原址整体脱险搬迁到陕西省南郑县大河坎工业开发区，以"一〇四一工程"立项，进行建设。

总算立项了，但还需对项目可行性做进一步论证。1991年9月，三院在深入141厂、101厂考察调研的基础上，提出了《"一〇四一工程"可行性研究报告》（图号M1041K-1）。该报告经航空工业经济研究和工程咨询中心评估，认为"灾情严重，项目可行"。航空航天工业部据此于1992年1月20日做出《关于"一〇四一工程"可行性研究报告的批复》（航计〔1992〕122号），认为项目可行，可以转入工程设计环节。

1992年5月，三院在141厂、101厂配合下，很快完成了"一〇四一工程"初步设计，并于1992年5月16日在汉中召开了由部、省、地、县有关单位参加的"一〇四一工程"初步设计评审会。在初步设计通过与会专家的评审后，1992年6月26日，航空航天工业部最终下达了《关于一〇四一工程初步设计的批复》（航建〔1992〕1356号），对"一〇四一工程"建设规模、投资额度、完成期限做出了明确批示。

二、加快步伐、抓紧建设，实现第二步搬迁

从上级部门接到工厂申请、拟议同意将工厂脱险搬迁纳入"八五"调迁规划，到上级部门正式下达脱险搬迁设计批复，涉及环节繁多，前后用了两年多时间。工厂领导事前已充分预计到这一情况，考虑到工厂脱险搬迁势在必行，以及部机关拟

议同意工厂脱险搬迁的态度，同时为了压缩建设周期，尽可能降低调迁成本，张国华厂长审时度势，当机立断：两条腿走路，双管齐下，在履行报批手续的同时，紧锣密鼓，抓紧实施整体性脱险搬迁工作。

为了加强对脱险搬迁工作的组织领导，1991年1月工厂指派副厂长陆雷专门负责整体脱险搬迁工作。1991年3月16日，工厂下发了《抓紧做好三线调整搬迁工作的通知》，对脱险搬迁工作进行了全面部署。有关部门也相继修订完善了《大河坎新厂职工住房分配方案》。1991年6月5日，张国华厂长、刘平贵书记一同到南郑县政府就工厂脱险搬迁进度向县领导通报，并就下一步征地事宜进行了协商。基建科的同志一过完春节，在科长丁志杰的带领下，一边组织2号装配楼收尾施工，一边利用民品建线所剩地皮与工厂自筹资金，迅速启动了5号、6号、7号、8号、9号、11号、12号、13号、14号住宅楼的施工建设，并创造了八栋住宅楼当年开工、当年交付的基建纪录，为实现工厂生产经营重心转移，即第二步搬迁创造了条件。

1992年1月15日，工厂第二步搬迁启动。李智文副厂长担任搬迁总指挥，用14天时间，将厂部、机关科室、军品生产线全部迁到新址。工厂生产经营重心、指挥中心由华山沟转移到了大河坎新厂，脱险搬迁取得了决定性进展。本次搬迁有300余户。鉴于住房紧张，不少新婚夫妇两家暂时合住一套两室一厅的房子，单身职工6人合住一套，大家都能体谅工厂的难处，互相之间和睦相处。生产经营重心、指挥中心转移后，工厂在原址设立了三分厂，主管原址15车间和17车间的生产工作，组织协调表热、计量、动力、供应、生产、检验、运输、子弟学校、后勤等单位向原址派出留守人员的工作，还负责管理留守的退休人员。

三、实施"一〇四一工程"，实现整体性脱险搬迁

由于有了第二步搬迁与大河坎新厂前期建设，"一〇四一工程"就成了名副其实的"掐头去尾"工程。该工程原本是按141厂、101厂两厂合并的思路进行设计的，在实施时两厂情况存在差异，很难做到同步建设。为了不影响工厂建设进度，工厂在征得上级部门同意的前提下，改动原设计，单独实施了141厂部分项目。资金不足，工厂征得银行同意，动员职工踊跃集资800余万元。1992年8月，工厂新征土地125亩，圈建了围墙，完成了"三通一平"，并在年底前完成了工程的初步勘察与详勘，土建工程相继开工。

1993年，是实施"掐头去尾"工程大干快上的关键一年。20号动力机加厂房、计量站、2号变电站、发电机房、空压站、热交换站、16号住宅楼、101号住宅楼、

102号住宅楼、单身楼、职工浴室以及室外水电暖配套设施、污水管线等工程全面开工，建设场面十分火热。5月25日，国务院"三线办"副主任王春才一行来厂视察，王春才对工程进展表示满意，指示工厂要继续抓紧建设，尽早实现脱险调迁。

1994年年初，第三步搬迁条件基本具备。1月22日，工厂启动了第三步搬迁工作。由党委书记刘平贵挂帅，成立了以三分厂厂长高明实、副厂长常向东分别为总指挥、副总指挥的搬迁指挥部，组织原址职工先搬家属、后搬设备。不到半个月时间，原址人员、设备基本全部搬出华山沟（表热设备仍留原址，职工利用通勤车去原址上下班），入驻大河坎新区。全厂职工无不为之欢欣鼓舞，在大河坎新区迎来了整体搬迁后的第一个新春佳节，热热闹闹地过了一个团圆年。除夕夜，喜庆的鞭炮声震耳欲聋，响彻崭新的华燕小区。

1997年4月，21号表热处理厂房、污水处理站竣工交付。5月13日，表热设备与原址遗留物资全迁到了大河坎。至此，工厂彻底告别了华山沟，告别了险情，整体性脱险搬迁工程取得了预期的成果。之后，随着科技楼与305号、306号、307号、308号、309号住宅楼、子弟学校教学楼等最后一批"去尾"工程的陆续交付使用，所有设施基本配套，"一〇四一工程"（141厂部分）画上了圆满的句号。2002年，该工程顺利通过了国家验收。

……

第六节 总体评价

工厂搬出华山沟，首先是摆脱了原址险情的威胁。从1979年到1989年，不少职工曾居住过危楼，人身安全没有保障，以至于人心惶惶。搬迁使职工走出了险境，生命的价值得到尊重，广大职工又一次感受到党和政府对三线职工的关爱之情。

第二是人居环境得到改善，提升了企业的向心力、凝聚力。工厂原址距离城镇较远，位置偏僻、交通不便，子女上学、职工就医、日用品采购等存在诸多问题。由此导致人心不稳、人才流失，严重制约了工厂的发展。搬迁后，上述问题有了明显改善，生活上的后顾之忧不同程度得到缓解。随着企业的发展，职工队伍逐步趋于稳定、出现了向良性循环发展的趋势。

第三是促进了企业生产经营工作快速发展。搬迁为企业带来了一系列新的变化，生产成本降低了，企业办社会的负担减轻了，与市场的联系更加紧密了，企业需要的人才留住了，企业在市场的竞争力提升了。正是由于这些变化，工厂不仅没有因搬迁负债较重而陷入低迷，反而走上了快速发展的道路。搬迁前，工厂年产值不足1000万元，2010年已超过了2亿元。面对生产经营形势巨大的变化，许多职工感触颇深，"如果没有当年的脱险搬迁，哪有企业今日的发展。"

点评：

  这是一篇写得较好的企事业史。首先，文章主线突出，结构严谨，记叙清楚。全章围绕工厂脱险搬迁，按照事件自然发展的时间顺序，依次记叙起因、经过、结果和经验教训。具体如下：第一，章前面有"帽"（学术名为无题述），它简单描述了脱险搬迁的地位、意义和结果等，反映出其"二次建厂"和"二次创业"的特点，让人一看就能了解全章的整体面貌。第二，背景（起因）交代得明白，即工厂原址受到险情威胁和民品上量急需建线。第三，经过记叙得清楚，从新厂选址到第一步搬迁，然后第二步搬迁，最后实现整体搬迁；从民品异地建线立项到跻身国家"八五"三线调迁规划项目，到最后通过验收，全都一清二楚。第三，结尾有"靴"，总体为搬迁做出三条评价，点明搬迁事件的结果。全章逻辑清晰、层次分明，干净利索地勾画出历史发展的轮廓。

  其次，本章较好地解决了史中写人和议论的问题。采用"以事记人"的方法，把对华燕厂真正有贡献的人物记入历史，把人物突出的贡献写入历史，避免了入史人物均衡的麻烦，也避免了一些史书单写领导列席会议的单调。同时，采取史论结合、论从史出的方法，不显生硬、自然而然地做到客观评价，读者易于接受。如写脱险搬迁的决策：刚刚走马上任的厂长梁振河与党委书记刘英，在1985年1月26日的厂务会上，提出了"以建窗口、搞开发为主旨，以易地建立民品生产线为突破，以分批脱险为步骤，逐步实现工厂整体脱险、搬出山沟之目标"的战略决策。这一决策，在当时工厂财力十分单薄、人的思想尚未彻底摆脱计划经济思想影响的情况下，显示出超常的智慧与胆识，极具创意。再如对搬迁的评价，甚至以记叙职工感触的口吻实现史论结合：经过脱险搬迁，一座交通便利、环境优美、设施配套的现代化工厂矗立在与历史文化名城汉中市一江之隔的大河坎经济技术开发区，为企业长期、健康、稳定的发展奠定了坚实的基础。搬迁前，工厂年产值不足1000万元，2010年已超过了2亿元。面对生产经营形势巨大的变化，许多职工感触颇深，"如果没有当年的脱险搬迁，哪有企业今日的发展。"这两种方法文中大量运用，往往通过先记史实后议论，再摆史实再议论，将记叙和议论浑然融为一体。

  最后，本章注意到史的生动可读性。当描写搬迁的艰苦和广大职工的支持时，

修史撷英

书中写到：鉴于住房紧张，不少新婚夫妇两家暂时合住一套两室一厅的房子，单身职工6人合住一套，大家都能体谅工厂的难处，互相之间和睦相处。当整体搬迁成功后，又写到：全厂职工无不为之欢欣鼓舞，在大河坎新区迎来了整体搬迁后第一个新春佳节，热热闹闹地度过了一个团圆年。除夕夜，喜庆的鞭炮声震耳欲聋，响彻崭新的华燕小区。寥寥数笔，喜庆的气氛跃然纸上。

由于在中航工业航史办成立之前华燕厂史就已基本修完，造成的不足是整部史"志"体成分偏多。

（点评人：刘朝晖）

中航工业动控所史（节选）

第一章　在地方办航空中诞生

第一节　"两个大搞"与"三江"办航空

20世纪60年代早期，空军加强了战备飞行训练，需要储备大量的零备件以便对军用飞机进行及时维修。而航空工业部门的生产能力不足，难以满足空军需求。1963年年底，国务院国防工办负责同志带领辽宁省有关部门一起，对辽、沈一带的地方企业进行了调查研究，最终提出请他们帮助生产航空零备件。经过一年多准备，到1965年这些工厂已经能够生产出火焰筒等一批零备件供部队使用。此时，江苏省也在省内开展了这方面的工作。航空工业管理部门准备将活塞×发动机的零备件转请江苏省的地方工厂生产。活塞×发动机是初教×飞机的动力装置。江苏省觉得这种发动机技术要求不是太高，希望生产技术要求高一些的涡轮喷气发动机的零备件。

1969年7月，林彪[注1]提出"大搞直升机、大搞运输机"的口号（简称"两个大搞"）。而航空工业部门的实际情况是：在计划经济的体制下，工厂的生产能力不能充分发挥，对研制、生产直升机、运输机则感到无力应付。军委办事组号召各大军区发动有条件的省、市研制、生产直升机和运输机。许多省、市成立了革命委员会，军队干部"三结合"进入党政机关，在地方工作中起着支配作用。所以，全国许多地方对这一号召执行得很坚决，表现出高度的热情。加上军委办事组取代了国务院的许多职能，军工部门分得大量的经费，正愁这些费用消化不了。航空工业部门因此而有足够的财力和技术去支持地方搞航空工业。南京军区和北京军区及其他一些地方相继掀起了地方办航空的热潮。

航空工业系统原来批量生产的直升机只有直×，是以活塞×发动机作为动力的。1966年年初，新型号的直×直升机和×发动机分别由哈尔滨飞机制造公司（简称哈飞）[注2]和哈尔滨东安发动机制造公司（简称东安）[注2]进行方案设计，1968年经总参谋部、国防工办、国防科委批准列为国家任务。1968年5月，第三机械工业部（简称三机部）决定飞机由中国直升机设计研究所（简称直升机所）设计，哈飞负责制造；发动机由中国航空动力机械研究所（简称动研所）[注2]和东安联合研制。1969年2月，直×直升机通过了静力试验，同年12月10日首飞成功。1969年10月，经周恩来总理批准，哈飞和东安奉命在江西景德镇包建一个直升机工厂——国营乐河机械厂（简称乐河厂）[注2]。

此时，根据"两个大搞"的方针，在产品尚未研制定型的情况下，航空工业领导小组决定由"三江"即江苏（动员生产线）、黑龙江（哈飞厂、东安厂）和江西（乐河厂、昌河厂）同时生产直×直升机及其×发动机。由此，在全国就形成了"三江"办航空的局面。

第二节　无锡生产航空发动机

江苏省承担直×直升机及配套×发动机的研制和生产任务，依靠的是本省雄厚的工业基础，先进的生产、加工能力和强大的工艺、技术力量。

江苏省的航空产品动员生产线是由南京军区在1970年5月开始组建的，共动员了7个市、6个地区共470多个工厂（后调整为240个工厂），采取"一厂一件，百家成线；一厂一角，百家协作"的方式，组织进行直×直升机及配套×发动机的试制工作，代号"五号工程"。直×直升机动员生产线相对集中在常州市，而×发动机动员生产线则相对集中在无锡市。

无锡市试制×发动机始于1970年5月，整个试制工作是在三机部及120厂的大力协助下进行的。无锡市是以"一厂一角，百家协作"的方式来组织加工生产的。

在无锡市革命委员会下设置了军工组，统一管理和指挥整个试制工作。根据专家们调查研究后提出的建议，尽可能选择工艺相近的几个工程布置一个"生产角"，发动机总装工作安排在无锡动力机厂，因为它当时已生产过柴油机上的废气涡轮增压器，对叶片机的制造已有了一些经验。除了增添一些加工设备外，还在该厂新建了试车台。发动机燃烧室的冲压件安排在拥有大型压力机的无锡锅炉厂。它的压力机原是用于冲制锅炉封头的。喷嘴等精细件理所当然由无锡油嘴油泵厂承担。加工精度要求较高的体内减速器则由无锡机床厂制造，该厂的加工技术水平较高，且有一定的技术锅炉基础，由三机部投资给它配备了瑞士精密镗床，以便其有能力生产精密的螺旋伞齿轮。

试制工作一开始，参加这项工作的领导、干部和工人都表现出了极大的热情。

由于这是响应"两个大搞"号召的具体行动，所以军队干部也很积极。因为许多地方机构和工厂企业还处在军管之下。另外，无锡市的地方军工企业较少，由市政府直接指挥下的军工任务则更少，搞军工搞航空还带有一些神秘色彩。由每个工厂抽出少数人去组成这个军工的一角。例如，无锡市将发动机叶片的抛光任务交给了纺织厂。纺织女工长期巡车，每天在布机"弄堂"中来回行走，比较劳累，现在可以坐着进行叶片抛光，觉得这是组织对自己的照顾。因此，所有参加发动机试制的人员热情都很高。加上有东安提供全面技术支援与全套工艺装备，100多个工厂按图样齐头并进，因此试制进度极快。经过4个月的紧张工作，无锡试制的×发动机在1970年9月27日就完成了总装，并上台架进行了试车。

×发动机是以苏联阿依-24涡轮螺旋桨发动机为原型机改型设计的，原计划用于安-24小型客机。在改型设计中发现了三个主要问题：一是直升机在飞行中会自行掉高度，这对于经常低空飞行的直升机是不允许的；二是直×直升机在转场飞行时轴承抱轴，旋翼卡死，导致飞机坠落，造成事故；三是压气机二级动叶折断。这些问题，经过分析计算和试验研究，都找到了原因，采取了相应措施，得到了解决。随后，发动机进入设计定型阶段。

1976年9月6日，×发动机开始进行国家鉴定的长期试车。经过18天281小时长试，通过了国家鉴定试车。1977年2月28日，国家航空产品定型委员会通知，批准×发动机设计定型。

直×直升机设计定型后，转入批生产难度较大。一厂一角的组织方式满足不了成批生产的要求。工厂的这"一角"只接受本工厂的直接领导。而每个工厂又各有各的主要任务，工厂领导忙于本厂的主要任务，逐渐对"一角"的军工任务关注少了。这种体制对于生产航空发动机这样复杂的产品是很不适应的，进度无法一致起来，质量更无法保证。在研制的后期就已经暴露出许多矛盾，转入批生产后，矛盾更为突出。人们初干航空的火热激情已经退去，唯有无锡市军工组时刻关心发动机任务的完成。为了完成任务，常常不得不越级指挥。为了提高军工组的权威，无锡市将军工组由动力机厂迁入市政府办公。为了便于管理，军工组将分散在全市100多个工厂的生产点收缩到6个系统39个工厂。还采取了其他一些措施，但仍然不能从根本上解决问题，产品质量难以保证。对军工任务来说，是一个致命问题。进入批生产后，空军代表正式介入，觉得问题很大，但也未能有助于此问题的解决。

1979年2月，三机部召开领导干部会议。在会上接到正式通知，空军没有将直×直升机列入其装备计划。因此，江苏省失去了空军的订货任务。×发动机也未有其他用户订货，无锡动员生产线只能停产，历时9年的无锡地方办航空工业工作

修史撷英

也就此结束。

第三节 "研究所"与"总装厂"

组建"研究所"与"总装厂",起源于地方办航空。

1970年,江苏省在三机部的支援和帮助下,开始制造直×直升机。直升机生产安排在常州市。直升机的动力装置×发动机的生产安排在无锡市。

×发动机是东安在阿依-24涡轮螺旋桨发动机基础上改型设计而成的。从1966年4月开始改型设计,到1967年1月13日,首台样机已经上台架调试。到1969年12月初,发动机通过了400小时长期试车。研制速度很快。但由于经验不足,改型设计中有些设计问题没有研究透彻,留下了一些隐患,导致直升机在1972年的转场飞行中发生坠机事故。1972年10月,在北京召开的事故分析会议认为:直升机尚不到试制阶段,应当退回研制,首先需要进行设计定型。当时仍是"文化大革命"时期,东安的技术人员已被大批分散。因此,1973年4月,三机部在江苏省召开协调会决定由无锡市担任发动机主制单位。三机部从东安、动研所抽调技术人员组成设计组,协助无锡市搞设计定型。在实际工作中,感到发动机设计人员过少,每当出现设计或工艺技术问题时,都要请三机部临时抽调技术人员来江苏组成攻关组。工作缺乏连续性,影响了研制进度。因此,三机部建议江苏省组建自己的技术队伍。1974年6月19日,江苏省正式向三机部提出支援技术人员的请求,成立江苏省自己的设计室。三机部表示同意。1974年10月22日,江苏省革命委员会下发《关于组建直六飞机发动机设计所的批复》(苏革委〔1974〕30号),决定在常州市和无锡市分别组建飞机和发动机设计所,编制各为50人,所需人员从三机部系统调进。研究所为省直属单位,行政经费由省财政支出,科研经费由三机部划拨,所长由总装厂主要领导兼任,以利于所的建设和厂、所的结合。

1975年1月16日,无锡市革命委员会发布《关于建立江苏无锡发动机设计研究所的通知》(锡革发〔75〕第4号)决定:即日起按苏革委〔1974〕30号文精神,建立江苏无锡发动机设计研究所[注2];研究所性质是省属事业单位,其党政工作归属无锡市重工机电系统党的核心小组和革命委员会领导;业务技术归江苏省军工小组领导。从此,进入了筹建江苏无锡发动机设计研究所阶段。

首先是引进人员。1975年年初,无锡市已与三机部及各发动机厂、所展开联系,研究协调拟调人员的名单。第一个从三机部系统调入无锡市的是洪亚新同志。他长期在三机部部机关和贵州省国防工业系统工作,有着丰富的工作经验和协调能力。洪亚新同志于1975年2月3日到无锡市委组织部报到,随后便投入研究所的筹建工作。引进人员的工作,是一项非常重要且复杂的工作,需花费大量的精力。1974年9月,三机部在南京召开人事会议,就初步议定过有关厂所为江苏省建研究所抽调的人员名额。但当正式启动这项工作时,逐个厂、所协调抽调的具体人员时,却又困难重重了。经过几个月的努力,从1975年5月开始,调进的人员陆续到所报到。同时立即开始投入到了×发动机的研制工作。到1975年年底,全所共有人员26名。在调来的人员中,许多人工作经验丰富,技术水平较高,是发动机行业中的知名人士。

其次是创造基本的工作条件。此项工作主要是确定所的代号、制印,寻找办公地点及职工宿舍,以及准备办公用的必不可少的各种器具用品等。1975年3月6日,三机部以〔75〕三计字230号文确定组建江苏省无锡发动机设计研究所(代号为××研究所)。当时,地方承办的航空工业,其厂、所一般都没有代号。可以说,这是对江苏地方办航空的特别优待。有了代号,向三机部各厂、所调拨技术资料就比较方便。这件事是三机部驻江苏联络组大力促成的。制备所的印章时,无锡市曾经为印章上是否需刻上"革命委员会"几字而犹豫不决。后来,江苏省军工组制备并颁发了印章——江苏省××研究所。

寻找办公地点和职工宿舍工作得到无锡市军工组和无锡动力机厂的大力支持。早期来无锡报到的人员,没有职工宿舍,就借动力机厂的招待所临时居住。没有办公用房,就临时在无锡当地同事的家中商量工作。因为无锡动力机厂革命委员会主任兼任江苏省无锡发动机设计研究所所长的原因,江苏省无锡发动机设计研究所就向无锡动力机厂请求支持。厂里答应借9间办公室给江苏省无锡发动机设计研究所。1975年5月3日,江苏省无锡发动机设计研究所就正式在无锡动力机厂开始办公,直到1978年10月上旬离开,共三年零五个月。随着从外地引进的技术人员的陆续到来,9间办公室已不够用。因调入的人员中有一部分原来已在无锡市军工组协助工作多年,后面调进的同志,也需要经常跟随军工组的同志下厂了解情况。因此,江苏省无锡发动机设计研究所的技术部门就暂借无锡市军工组的地方办公,只有行政部门仍然设在无锡动力机厂办公。1975年,还从9间房中抽出2间作单身宿舍。职工住房问题比较棘手。无锡动力机厂原先答应把他们的职工单身宿舍借给江苏省无锡发动机设计研究所,提供给从外地调入的人员居住。后来却突然变卦,不但职工单身宿舍不借,还通知连动力机厂的招待所也不能住了。但江苏省无锡发动机设计研究所进人的第一批调令已经发出。万般无奈之下,只能借旅馆临时住下。这些人员很长时间居住在旅馆里,导致户口无法报,给生活带来了很大的不方便。

特别是给子女的上学带来许多困难。早在1974年下半年，无锡市军工组得知将组建发动机设计室时，就主动打报告向江苏省申请拨款建造一幢宿舍。房子于1974年年底动工，1975年10月完工。10月23日，全所职工搬家，迁入新宿舍。同时，划出第五层楼用作单身宿舍。

至此，一个新的研究所——江苏无锡发动机设计研究所，建立了起来。

关于总装厂。按照江苏省1974年制订的规划，原准备对动力机厂进行技术改造，使之成为军民结合、以航空产品为主的企业。而后情况却发生了变化。动力机厂当时已经在生产第一机械工业部的产品12V135柴油机及废气涡轮增压器，要把它转为航空工业系统的工厂，涉及到方方面面，会有各种阻力。鉴于这些原因，1975年年中，江苏省军工组就开始酝酿另选厂址，准备新建一个专门承担×发动机总装任务的新厂。总装厂的建设，与研究所关系极大。因为按照厂、所结合的原则，研究所与工厂建在一起，工厂建起来了，研究所也就定了。所以，研究所也积极参与了遴选新厂址的工作。无锡市军工组抓得很紧，组织察看了青山湾、芦村、舜柯山西麓、横山、东大池等地方。此外，还到一些工厂进行过考察，希望选到理想的地方。直到1976年3月，各方面的意见基本倾向于在无锡市西郊荣巷一带建总装厂。这里是一片平整的稻田地，地势平坦，南北高低落差不超过2米。地处太湖之滨，靠近梅园，附近有贯通东西南北的公路干线，是一块难得的好地方。如果不是地方办航空工业的话，征用这样的土地，是难以得到上级部门同意的。另外当时规定，建厂投资全部由三机部出，建成后为无锡市所属工厂。

1976年8月23日，江苏省计委下发《关于直六发动机总装厂厂址的批复》（苏革计〔76〕279号），批复无锡市计委和工交办公室，同意发动机总装厂厂址（包括研究所）选定在市西郊东大池口荣巷河塔公社龙山大队。1977年6月4日，无锡市批准征地方案。1977年6月8日，无锡市计委以锡革计基字〔77〕第25号文转发了江苏省计委关于769厂和江苏省无锡发动机设计研究所征用土地批准通知。同意为新建769厂（龙山机械厂）和江苏省无锡发动机设计研究所征用郊区河塔公社龙山大队土地274.6亩，随即正式开始征地。按无锡市城建局的规则，厂、所前至锡梅路间的空地9.8亩，由厂所一起征用。龙山机械厂很快办好了手续、建好围墙，开始基建。总装厂又叫动力机厂分厂，自定为769厂。1979年年初正式挂牌，定名为国营龙山机械厂。按照最初设计方案，建成后的龙山机械厂具有年产120台×发动机的生产能力。后因×发动机停产下马，龙山机械厂最终未能建成。1981年，龙山机械厂正式关、停、并、转，由江苏省无锡发动机设计研究所接收。

[注1]：林彪提出"大搞直升机，大搞运输机"口号的背景

1969年7月12日，中共中央政治局常委、中共中央副主席、中央军委副主席林彪在会议上提出：空军要大搞直升机，大搞运输机。将来战争打起来靠地面机动很困难。靠运输机、直升机，机动要快。我们国家大、国土宽广、国防线很长，大搞运输机、直升机可以对付敌人的原子突击，保持机动，可以避免沾染性，可以防止细菌战。今后战争打起来，大城市、铁路、交通要破坏；部队集中不易分散，分散不易集中，主要靠飞机。直升机还可以搞破袭战，可以夜间飞，可以复杂气象飞，可以空降，可以机降。运输机、直升机都可以搞武装的。运输机要大，载人多，用短跑道，或垂直起飞。运输机、直升机，一是适应原子战争需要；二是适应防线宽、海岸线长，突然集中，突然分散。伞兵结合机降，主要搞机降。只有空中才能迅速机动，迅速集中，迅速分散。对于原子战争，逼得我们不得不拿出钱来搞飞机。对付苏修将来放进来打，我们打他也得靠飞机，夜间突然去，突然回来。

第二天，空军司令员吴法宪在空军党委常委扩大会上传达林彪关于"大搞直升机，大搞运输机"的指示。简称"两个大搞"。

[注2]：单位名称参照《中国航空工业名称沿革》。此注中的哈飞的前身是国营伟建机器厂，1986年更名为哈尔滨飞机制造公司；东安的前身是国营东安机械厂，1990年更名为哈尔滨东安发动机制造公司；动研所此前为株洲航空动力机械研究所，经多次更名后于2001年正式为中国航空动力机械研究所；乐河厂是1985年搬迁至江苏常州后的兰翔机械厂的前身；江苏无锡发动机设计研究所1998年更名为中国航空动力控制系统研究所（简称动控所）的前身。

点评：

总体感觉：全章围绕地方办航空的历史，展现了动控所诞生的历程，主线突出，脉络清晰，总体结构尚可。

中航工业动控所的诞生，源于20世纪60年代中后期的国家"地方办航空"。从1970年江苏省在三机部支持下开始制造直×直升机，1974年10月江苏省正式批准在无锡市组建"直六飞机发动机设计所"，到1975年3月三机部确定江苏省无锡发动机设计研究所代号为××研究所。至此，动控所踩着"两个大搞"和"三江"办航空的车轮步入了航空工业舞台。然而至1979年2月，由于直×直升机未列入空军装备计划，历时9年的无锡地方办航空的工作就此结束。动控所从此没有型号任务。

读后感到动控所从诞生初期的"没奶吃"发展到今天，实属不易；后人应珍惜这段历史，再续动控所持续发展的新篇章。

全章分三节。从第一节的"两个大搞"与"三江"办航空说起，把当时地方办航空的背景展现在读者面前；第二节的"无锡生产航空发动机"（当然，此题目可再斟酌），把当时江苏省动员7个市、6个地区共470余家工厂，采取"一厂一

件、百家成线,一厂一角、百家协作"方式的地方办航空和×发动机动员生产线相对集中在无锡市的历史状况交代得比较清楚;第三节把在无锡组建"研究所"与"总装厂"的来龙去脉及"总装厂"因×发动机停产而被动控所接收的史实介绍清楚了。

  注意点:一些表述应按照中航工业航史办《修史略要》及相关规定准确把握,例如:第三节的"直六飞机与直X飞机"二者是同一个产品吗?还有"江苏无锡发动机设计研究所"与"江苏省无锡发动机设计研究所"是一个单位名称,前后应统一或至少有说明。

(点评人:杨源)

中航工业东安史（节选）

第三编　实施名牌战略建立公司制企业的准备（1991—1998）

第十一章　涡桨 5 甲 – I 发动机叶片排故和涡桨 5E 发动机、直升机传动系统等产品的研制生产

进入 20 世纪 90 年代，东安公司的航空产品主要是 60 年代研制生产的涡桨 5 系列发动机和 80 年代引进的直 9 传动系统两大类支柱产品。同时还承担着涡桨 5 型发动机、××发动机附件传动机匣以及航机陆用等产品的研制与开发。

第一节　涡桨 5 甲 – I 发动机叶片排故（略）

第二节　成功研制涡桨 5E 发动机

运 7 飞机交付民航使用后，国家非常支持使用国产民航客机，国家领导人亲自登上运 7 飞机视察和试乘，称运 7 飞机为中国航空工业的"英俊少年"，提出支线飞机要立足国内，购买运 7 飞机财政给予 50% 价格补贴，对于飞机改进也给予大力支持。

运 7 飞机在使用中用户陆续反映了一系列飞机、发动机和机载设备的技术质量问题，其中比较集中的意见有飞机舱内噪声大、发动机油耗高等。1985 年，当时国务院副总理李鹏亲自与美国通用（GE）电气公司来华访问的副总裁提议中美合作，改进涡桨 5 甲 – I 发动机耗油率偏高的问题。

国家领导人的重视也促使航空工业部很快启动了涡桨 5 甲 – I 发动机降油耗工程。先是国内 606 所、608 所和 624 所各成立了由副总设计师领衔的专门队伍，分

别提出改进设计方案，公司设计所和各研究所开展了密切合作，经分析论证和压气机性能试验、整机全流程性能测试等验证试验，航空工业部决定由606所为总设计师单位，公司为行政总指挥和副总设计师单位开展涡桨5甲-Ⅰ发动机降油耗工程。

就在国内降油耗工程积极开展但尚未取得预期成果时，美国GE公司对李鹏副总理的提议做出了积极的响应，表示愿与中方合作，很快就向中方提出了"涡桨5甲-Ⅰ发动机研究"的专题报告。为此，航空工业部决定，停止国内项目，转向国际合作。1987年6月，中方与美方签订了涡桨5甲-Ⅰ发动机降低耗油率的技术咨询合同，合同标的是在不改变原有发动机功率等使用指标的条件下，经改进设计使发动机耗油率降低9.4%，发动机首翻期达到3000小时（当时使用中的涡桨5甲-Ⅰ发动机首翻期2000小时，计划目标3000小时）。

这是一个有很大技术难度的工程。耗油率降低9.4%，使起飞状态耗油率达到250克/（马力·小时），当时已是一个相对先进的指标，而不改变发动机使用功率且首翻期要达到3000小时，意味着不能提高起飞功率、也不能提高涡轮前温度，唯一的途径是提高发动机部件效率，GE公司为此做出了很大努力。GE公司总工程师亲自领导制订技术方案，富有工程设计经验的工程师具体实施。由于GE公司有大量成功的航空发动机研制经验，有庞大的数据库，很快就提出了改进设计的总体方案，即重新设计涡轮部件，改进压气机和燃烧室部件，其他部件和控制系统作适应性改进。为实施合作项目，中方又进行了发动机全流程性能参数测量。中方派出了由606所和公司组成的联合工作组赴美国参与结构设计。1988年10月，完成设计出图工作，发动机型号定为涡桨5E发动机，代号WJ5E。

1988年年底，公司开始涡桨5E型发动机的研制工作，这是公司、606所与美国GE公司合作研制的新型国内支线运7-200B客机的动力装置。涡桨5E型发动机采用了GE公司多项先进技术，例如：压气机蜂窝封严、涡轮热定心弹性环、涡轮W环热封严、叶片圆角处理等，提高了压气机、涡轮的效率，降低了油耗，提高了发动机的可靠性。这些零部件的研制，提高了公司发动机制造工艺水平。

1990年6月，涡桨5E发动机Ⅰ级涡轮导向器在美国GE公司完成了空气流量试验，9月，所有零部件加工完成，发动机在厂内进行了试车。12月，通过航空航天工业部性能评审鉴定。1991年11月—1993年9月，发动机在西安航空航天工业部飞行试验研究院完成了型号合格审定验证试飞。涡桨5E发动机作为一架运7飞机的右发，在高温38℃、高寒-36℃及海拔近3000米高度等不同条件下飞行62架次132小时，试飞顺利，试飞员评价明显优于涡桨5甲-Ⅰ型发动机。

在此期间，公司对发动机进行了两次150小时的持久试验，在试验前后按有关部门批准的校准试验大纲进行了10个项目的校准试验。发动机性能、功率响应时间等各项数据均达到设计要求。

在型号合格审定试飞中，公司根据适航取证要求，编制了适航取证验证计划，按民航适航条例 CCAR-33 部逐条逐款对照检查型号合格的符合性，按 CCAR-21 部逐条逐款对照检查生产许可质量保证能力和产品制造的符合性；编制了数十份符合性分析论证报告，进行了大量的验证试验，通过了民航适航审定专家的严格审查。根据适航要求开展的试验，有许多是第一次进行，例如燃油系统防火试验，压气机转子、涡轮盘、桨轴和弹性轴低循环疲劳试验，发动机吞冰、吞水、超温、超转试验，发动机功率响应试验，发动机低温点火试验，发动机持久试车，等等。对于民用航空发动机，这些试验是达到安全使用的最低要求，都是非常必要的，只是公司过去没有做过，没有经验，为此我们付出了加倍的努力。为了达到适航要求，进行了设计改进，设计制造了许多试验器，点火器低温试验还利用哈尔滨的特殊地理条件，在冬季最冷天的半夜进行。这些试验不但满足了涡桨5E发动机的型号合格取证要求，同时也满足了涡桨5甲-Ⅰ发动机的型号合格取证要求。

1993年12月31日，涡桨5E型发动机获得型号合格证。这是新中国成立以来第一个获得型号合格证的涡轮螺旋桨发动机，1994年被定为国家级新产品，1995年获得了部级科技进步二等奖。其性能和可靠性均优于同期国内使用的国外同类机种。涡桨5E发动机在2000小时领先使用中，贵州航空公司的机务工程师，飞行、地勤人员一致反映该发动机性能稳定、故障率低、功率大、温度特性好。与同类机型相比，燃油消耗率降低10%左右，而且和涡桨5甲-Ⅰ型发动机互换性和匹配性好，在高温、高原地区可以满载起飞。

1995年7月涡桨5E发动机取得民航适航司颁发的生产许可证。1997年领先使用突破3000小时。因运7民航客机的取消，从1999年起，该发动机很少生产。

涡桨5甲-Ⅰ发动机也在1994年10月31日获得补发的发动机型号合格证。

第三节 涡桨5系列发动机生产线的技术改造

1992年，公司根据航空航天工业部及国家经贸委的批复文件，开始实施对涡桨5系列发动机生产线的技术改造。

涡桨5系列发动机是公司改型研制的单轴涡轮螺旋桨发动机，具有起飞功率大，温度特性好，使用安全可靠等优点，是国产运7飞机的主要动力装置，在国内

100多条航线上随飞机进行载客运营，有着需求迅速增长的趋势。但是，随着产量的逐步增加，在涡桨 5 系列发动机生产中暴露出越来越多的问题，如：生产工艺和检测手段落后，加工设备陈旧、老化、故障频繁，涡轮工作叶片寿命低等。生产线的改造主要就是针对这些问题进行的。

涡桨 5 系列发动机生产线是按照低投入高产出的改造原则进行。在原有的生产线基础之上，针对薄弱环节进行必要的补充和完善，在重点改造发动机叶片毛坯精铸和冷加工生产线的同时，兼顾其他生产线及辅助系统。到 1996 年底改造项目接近完成时，生产线已由原来 30 台的年生产能力提高到年产整机 70 台、备件 20 台（套），承担修理发动机 70 台的生产能力，投入产出比为 1∶1.21，发动机关键零部件加工的工艺随着改造的实施，一些深层次设计、制造问题得到解决。

在技术改造中，公司充分挖掘内部潜力，发挥技术优势，改造工程收到了投资少、见效快的效果。这一改造项目历时 6 年，总投资 1.24 亿元。1998 年 4 月，涡桨 5 系列发动机生产线技术改造项目通过了由中国航空工业总公司、黑龙江省及哈尔滨市有关部门组成的验收委员会和专家组的竣工验收。

第四节　直升机传动系统的研制生产（略）

第五节　××发动机附件传动组件的研制（略）

第六节　航机陆用产品的开发

1978 年，国家经委根据石油部当时的需要，要求用涡桨 5 原型机改进设计研制燃油地面电站（代号 WJ5G1）。1979 年工厂完成了三台散装 750 千瓦三相交流发电机组（HD-750），其中有一台运往新疆独山子炼油厂试用。

一、WJ5G2 燃机的研制

1981 年，公司自主研发了燃用天然气的 WJ5G2 燃机，并成套生产了一台 1000 千瓦集装式航机电站（HD-1000），作为厂内备用电源和试验用电站。后来经过改进，研制出输出功率 1250 千瓦的集装箱式航机电站 YD-1250（燃用天然气）。YD-1250 的 1 号机组于 1984 年 10 月在大庆试车成功，输出功率达到满负荷 1250 千瓦，并网投入运行。1993 年 2 号机组又在大庆油田并网运行。一直到 2001 年，两台机组交给用户处理，公司维护人员撤回。截止到 2001 年，这 2 台机组累计运行约 12 万小时，发电约 1.2 亿度。

二、WJ5A1G1 的研制

1987 年 3 月，为了满足国内石油化工等工业部门能源综合利用和开发的需要，针对中原油田第二气体处理厂的燃气轮机天然气压缩机组的后继机问题，因原采用的涡轴 5 发动机停产，航空工业部确定东安公司进行涡桨 5 甲 - Ⅰ 改型双轴式燃气轮机的研发。型号命名为 WJ5A1G1，由动控所主设计，公司负责生产。后来公司又进行了改进设计，1990 年 12 月完成总装。1994 年在厂内完成全部试验，1995 年 12 月通过了部级评审和鉴定。后因中原油田第二气体处理厂选用了国外燃气轮机，该机型没有正式投入生产。

三、WJ5A1G2 燃机的研制

1991 年，公司开始进行燃用天然气的 WJ5A1G2 型燃气轮机的研发，这是涡桨 5 甲 - Ⅰ 航空发动机改型后的单轴式工业燃气轮机。1992 年 3 月完成工程设计，12 月完成首台燃机装配，1993 年 5 月在大庆油田 YD - 1250 的 1 号发电机组上投入使用。1995 年 12 月，WJ5A1G2 型燃气轮机通过了部级研制和使用鉴定。该燃机共生产 2 台（套）用于大庆油田的 YD - 1250 机组。

四、QD - 12 燃机发电机组的研制

1990 年，公司开始为山西石店煤矿设计研制燃用焦炉煤气的 QD - 12 燃机发电机组。1992 年 12 月首台 QD - 12 燃机发电机组运往山西石店，机组发电功率达到 1250 千瓦。1995 年 6 月，机组在山西石店完成 600 小时交付运行。QD - 12 机组共生产 1 台（套）。1996 年由于山西石店电站停运返厂。

五、1600 千瓦燃机发电机组的研制

1995 年，邮电部、航空工业总公司决定联合研制 1600 千瓦燃机发电机组，作为通信用应急备用电源应用于广州电信局。航空工业总公司确定项目由公司承担。这个项目是由公司、邮电部郑州设计院和广州电信局联合研发的，燃机由涡桨 5 甲 - Ⅰ 发动机改型而成，型号为 WJ5A1G2A，燃机发电机组型号为 QD - 16。这台机组完工后于 1998 年 8 月通过邮电部、广州电信局的出厂验收鉴定。12 月在广州市电信局海珠分局所属客村机楼投入使用。1999 年 2 月，QD - 16 型燃机机组通过批生产鉴定，准许投入电信市场使用。QD - 16 机组先后共交付 4 台，分别用于广

州电信、中讯邮电设计院、上海电信公司和吉林移动公司。QD-16燃机发电机组研制成功，填补了电信用燃机备用电源领域的国内空白，2001年9月荣获2000年度黑龙江省优秀科技新产品二等奖。

航机陆用产品经历20余年的摸索，以其技术先进、运行安全稳定、排放清洁环保等特点，为航空发动机在其他工业部门应用开辟了新的领域。在燃机成套装备研制中，公司相关干部、工程技术人员和工人，从设计、制造、试验等方面，对涡桨5系列发动机做了大量地面适用性改进，积累了大量经验，技术水平得到提高，产品性能不断提升，销售逐渐扩大。从单台研制开始到小批量生产，为公司培育了新的经济增长点，也为后续产品开发和市场开发打下了基础。

点评：

中航工业哈尔滨东安发动机（集团）有限公司（简称中航工业东安）是我国航空工业最早建设的"六大修理厂"之一，以及我国"一五"计划154个重点项目之一。研制生产了我国"第一台涡轮轴航空发动机""第一台涡轮螺旋桨航空发动机""第一台微型汽车发动机"等。记录好这样一个比新中国历史还要长（中航工业东安创建于1948年）的工业企业的发展历程，得出一些有真知灼见的见解或者规律性的认识，对于系统研究我国航空工业史、乃至我国的工业史，都是有重要参考和借鉴意义的。

通过《中航工业东安史》节选的这部分内容，有以下两点值得我们在修史的过程中学习：

一是文字比较精练、严谨，没有过多"虚"的内容。在实际修史工作中，我们在这方面做得还不够好。不管什么内容，总是习惯性地加上"在上级的关心、支持、指导下"等一类官话、套话，这一方面与文风有关，另一方面也与没有把握好"文约事丰"的基本要求有关。

二是事件记叙详略得当，过程清晰、完整。文中重点对涡桨5E发动机的改进改型过程做了叙述，使读者能够清晰地了解该产品研制的背景、过程、结果。而像航机陆用产品，则是简单记述。这种处理方法，既突出了主体，同时又在避免冗长的前提下，保证了内容的完整性。

当然，这部分内容也存在一个明显的不足：评论的内容稍显薄弱。一部好的历史，应该是夹叙夹议的，通过记叙来摆事实，通过议论来讲道理。如果作者能在记述事件的过程中适当加以评论，进而点明收获、指出不足，显然就更好了。

（点评人：康凯）

第八编

企事业大事记

中航工业陕西航空工业管理局
大事记（1973—2012）

1979 年

1月5日—12月 按照中共中央的干部政策，陕西省第三机械工业局在陕航系统开展落实干部政策工作，对"文化大革命"中和历次运动中，各单位反映的干部政治问题逐一复查。先后对212厂22名、514厂20名、西安航校12名、618所25名、172厂21名、114厂21名、115厂40名、148厂16名、430厂54名、603所14名、5702厂22名、113厂29名人员的单位上报审查意见进行批复。

1980年省三机局继续推进落实干部政策工作，涉及113厂、114厂、430厂、148厂、5702厂、618所、603所、407站、西安航校、115厂、514厂、630所、172厂、212厂、012基地、407库14个单位144名干部。

1月16日—9月14日 陕西省第三机械工业局开展"文化大革命"后第一次技术职称评定活动。1月16日、2月3日、2月7日，分别授予113厂共45名员工工程师、助理工程师、技师职称；2月6日，授予114厂42名员工工程师、技师职称；3月12日，授予631所58名员工工程师、技师职称；5月7日，授予623所65名员工工程师职称；5月7日，授予局机关9名员工工程师职称；7月3日、9月14日，授予362医院3名员工主治医师、医师、会计师职称。

3月8日 根据中共中央十一届三中全会和省委扩大会议精神，从3月8日起，中共陕西省三机局在西安召开党组扩大会议，分析局机关粉碎"四人帮"（江青、张春桥、姚文元、王洪文）以后揭批查运动的形势，总结经验教训，研究工作重点转移。到5月2日，形成党组扩大会议纪要。纪要分三个部分：对三机局组建以来工作的估计、局机关揭批查运动问题、工作着重点转移后的初步设想。会议统一了认识。至此，局机关正式结束揭批查运动，实现了工作重点转移。

3月14日—5月 中共陕西省第三机械工业局党的核心组,上报工办党委、省委组织部批准一批干部任职文件。有:三机局机关16名干部。基层单位有:603所、630所、430厂、172厂、113厂、407库、114厂、国营182厂、国营572厂、611库、国营101厂。1978年下半年至1979年,还对部分基层企事业领导班子进行了调整。

3月16日 根据中共陕西省委纪律检查临时委员会、中共陕西省委组织部建立健全纪律检查机构的要求,中共陕西省第三机械工业局党组批准设立一批县团级单位纪律检查委员会。包括国营141厂、国营173厂、国营3137厂、国营101厂、521厂、国营531厂、3201医院、国营3297厂、国营3157厂、3147厂、国营3317厂、3039安装队、国营3307厂、国营3187厂、3029综合站、国营540厂、国营3217厂。

4月3日—10月 陕西省第三机械工业局政工组下设的群工组在全系统开展五条龙竞赛活动(建设单身宿舍和单身食堂、托儿所、幼儿园、子弟学校、职工医院)。活动成效显著,在陕西省和三机部产生了较大影响。审批建设的五条龙项目有:114厂食堂仓库、212厂职工浴室、家属区上下水、115厂母子宿舍、148厂"五七"工厂、图书阅览室、514厂小车库、技校宿舍、综合加工厂、115厂大集体招工指标。

5月5日 中共陕西省第三机械工业局党组发文上报国防工办党委《关于陕西航空工业系统结束揭批林彪、"四人帮"群众运动的报告》。宣布同"四人帮"篡党夺权阴谋活动有牵连的人和事已经查清,资产阶级帮派体系已被粉碎,遭受林彪、"四人帮"干扰破坏严重单位问题得到解决,绝大多数冤、假、错案已经平反昭雪,全系统群众性揭批查运动可以结束。

6月8日 陕西省第三机械工业局发出《关于迅速掀起增产节约运动的通知》,提出增产节约的目标,即增产5000万元,节约5000万元,多交利润500万元。7月29日,陕西省三机局印发《关于增产节约情况通报》,提出大干8、9月,掀起增产节约的新高潮。

8月6日 陕西省第三机械工业局与8470部队签订借地协议书,将103农场4

号地（河滩地），暂借国防工办三机局 100 亩，土地权归 103 农场。

8 月 20 日 陕西省第三机械工业局制订出陕西省航空工业 1979—1985 年环境保护规划要点。其中，规划目标是实现三年控制，1985 年基本解决污染问题；规划要求是控制污染，解决污染问题；主要措施是加强领导，加强管理，狠抓治理，改革工艺，综合利用，严格执行"三同时"，严格把关，搞好环境监测和科研，开展评比、检查、竞赛活动，建立汇报制度。

11 月 3 日 陕西省第三机械工业局向国防工办党委上报《关于设立三机局党的纪律检查组的请示报告》。1980 年 5 月 10 日，中共陕西省委组织部批准同意陕西省第三机械工业局成立党的纪律检查组，高军任组长，胡建昌、于纬相任副组长。

12 月 4 日 中共陕西省第三机械工业局陕革三机党发【1979】202 号《关于 113 厂、114 厂福利区划分问题的几项决定》。明确了 15 街坊 102、107、108 楼及 24 街坊平房划归权、产生争执的 18 户住房职工混住、房租水电费、131 礼堂产权划归等问题。

点评：

此篇大事记，首先娴熟地使用了编年纪事本末体。为了便于记述清楚持续时间较长事件的始末，采取相对集中的方法记其来龙去脉。这种体例叫编年纪事本末体，即以编年体为主，适当采用纪事本末体，它记事完整且查找方便，为目前大多数大事记采用。如 1 月 5 日—12 月、1 月 16 日—9 月 14 日和 3 月 8 日这三条大事。

其次，将大事时间、地点、人物、背景（原因）、活动（经过）、结果等 6 个要素记叙清楚，这是大事记编写的一般要求。以 3 月 8 日大事为例，它时间发生于 3 月 8 日，地点在西安，人物（此处为机构）为中共陕西省三机局，背景为"根据中共中央十一届三中全会和省委扩大会议精神"，经过是党组扩大会议从 3 月 8 日起进行到 5 月 2 日，结果为"局机关正式结束揭批查运动，实现了工作重点转移。"

再次，按照一定的标准严格挑选大事。比如首次发生的事件往往是大事，"陕西省第三机械工业局开展'文化大革命'后第一次技术职称评定活动"当选，"文化大革命"后第二次、第三次职称评选除非有重要的意义，就没必要入选。

最后，大事的记叙范围要照顾到方方面面，像单位机构的设置与变化（3 月 16 日大事）、开展的重要活动（4 月 3 日—10 月大事）、上级单位对本单位重要问题请

修史撷英

示的批复（11月3日大事，一般比本单位向上级单位请示更应成为大事的时间选取点）、本单位印发的重要文件（6月8日和12月4日大事）、重要合同与协议的签订（8月6日大事），以及事情发生的重要节点（5月5日大事），等等，均应成为大事记的具体记述范围。

另外，大事记中的文件号"【1979】"应为"〔1979〕"，这是引用文件字号时易犯的一个错误，值得注意。

（点评人：刘朝晖）

中航工业洪都大事记（1984—2010）
（节选）

2010 年

1月6日　江西省总工会、人民网江西视窗、中国江西新闻网站联合下发《关于授予李洪应等60位同志为"新中国60年来江西60位最具影响力劳动模范"称号的决定》（赣工决字〔2010〕2号），洪都公司中国工程院院士陆孝彭（已故）、石屏和张波副总经理荣获"新中国60年来江西60位最具影响力的劳动模范"荣誉称号。

1月19日　中航工业分别下发了《关于表彰集团公司优秀领导班子的决定》（航空党组〔2010〕2号）、《关于表彰2009年度"中航工业市场开拓奖"获奖单位和个人的决定》（航空计〔2010〕67号）、《关于表彰2009年度"中航工业风云人物"的决定》（航空政〔2010〕68号），洪都公司荣获"中航工业优秀领导班子"和"优秀海外营销奖"；吴方辉董事长、总经理荣获2009年度"中航工业风云人物"荣誉称号。

同日　中航工业聘任洪都公司张弘副总经理为总体综合设计技术首席技术专家；聘任张波副总经理为武器技术首席技术专家。

同日　洪都公司高级技师龚仲斌、黄群、熊瑛和技师龙建军荣获"江西省首席技师"荣誉称号。

1月21日　洪都公司荣获"国庆60周年阅兵保障服务先进集体"称号，朱敏副总经理荣获"国庆60周年阅兵保障服务先进个人"称号。

1月24日　洪都公司被确定为2009—2010年江西省创新型试点企业。

2月21日 洪都公司董事长、总经理吴方辉获"2009年度江西省优秀企业家"称号,并享受省级劳动模范待遇。

3月5—14日 吴方辉出席全国人大十一届三次全体会议,认真履行人大代表职责,并向大会提交《关于解决国企厂办集体企业生存发展有关问题的建议》。

3月18日 《中国航空工业院士丛书》首发仪式在京举行,《放飞雄鹰——记K8/教8飞机总设计师石屏院士》等6部首发。中航工业副总经理谭瑞松出席首发式并讲话,中航工业副总经理高建设主持仪式。中国工程院院士石屏、屠基达、曹春晓、陈一坚、宋文骢、赵振业、尹泽勇,洪都公司党委副书记熊敏等中航工业所属相关单位领导以及丛书作者、青年代表出席仪式。

3月25日 洪都公司召开干部大会,宣布中航工业党组和防务分公司分党组对企业主要领导的任免决定和建议:宋承志任中航工业洪都董事长、总经理、党委副书记,黄俊勇任党委书记、副董事长、副总经理,免去吴方辉董事长、总经理、党委副书记职务,另有任用。

4月9日 洪都公司发动广大干部职工向西南地区抗旱救灾捐款,参与捐款的干部职工达10107人,共向灾区捐款46万元。

4月19日 青海玉树地震灾害发生后,洪都公司召开紧急动员大会,要求各单位"紧急动员,充分发动,干部带头,自愿捐助"。截至4月23日,洪都公司参与捐款人员达10031人,共向青海玉树地震灾区捐款47.5万元。

5月7日 洪都公司维修电工刘光军获"2009年度中央企业青年岗位能手"荣誉称号。

5月24日 K8E飞机续购40架的最后2架交付埃及空军,标志着K8E飞机续购40架的合同圆满结束。K8E飞机从2001年开始交付,历经10年,2个合同共计120架飞机。

5月26日 中国和埃及合作生产的第120架K8E教练机交付仪式,在埃及首都开罗南郊的阿拉伯军工生产组织（AOI）下属的飞机制造厂（ACF）隆重举行，这是中埃两国航空领域成功合作的又一重要里程碑。

国防科工局领导，中航工业总经理林左鸣、中国驻埃及大使武春华、武官戴少安少将，阿拉伯军工生产组织主席哈姆迪·瓦赫巴中将、总经理尤尼斯少将，埃及空军参谋长劳特菲·穆斯塔法少将、装备部部长约瑟瑞少将等中埃宾客出席了交付仪式。

中航工业中航技公司副总经理吴盛悦、ACF主席阿里·巴黑戈、埃及空军工程部部长穆罕默德·嘎麦尔少将3人共同签署了第120架飞机交接证。

林左鸣在讲话中表示，在过去的10年中，以中航技和洪都公司为代表的中航工业同AOI和埃及空军精诚合作、不懈努力，完成了生产技术的转让；达到了埃方94.3%的本地化制造比例；实现了"埃及的教练机埃及造"的梦想。胡锦涛主席和穆巴拉克总统都曾赞誉此项目为"中埃合作的典范"。现在，中埃双方又在ACF建立了K8E大修线，这为K8E机队提供优质的全寿命服务建立了基础。中航工业将一如既往地向埃及伙伴提供一切技术支持，在K8E机队全寿命周期内提供优质服务和及时供应。

6月17日 洪都公司转包生产的波音787发动机短舱扭力盒RR构型零组件通过美国古德里奇公司首件检验，顺利实现首批交付。波音787项目于2008年2月正式签订合同并启动实施。

7月3日 洪都公司因在转包沈飞公司C系列飞机国际合作项目中做出突出贡献，被中航工业授予"狼团队奖"。

7月14日 洪都航空股票非公开发行成功。本次非公开发行规模为95396570股，发行价格为每股26.58元，共募集资金总额为25.3564亿元，主要用于收购洪都公司拥有的飞机业务及相关资产、投资出口型"猎鹰"L15高级教练机批生产能力建设技术改造项目，以及其他高新技术产品的研制开发。

7月20日 由洪都公司自行研制的新型农林专用飞机——农5B型飞机003架成功实现技术首飞。

7月27日 上午，江西洪都商用飞机股份有限公司8家发起人的领导和代表召开了发起人大会，洪都公司党委书记黄俊勇主持会议，各发起人就《发起人协议》和《公司章程》中的有关条款进行了深入的讨论，并最终达成一致意见。

下午，洪都公司董事长、总经理宋承志在洪都航空宾馆主持了江西洪都商用飞机股份有限公司发起人签约仪式。洪都公司总经济师杨力平代表洪都航空签署《发起人协议》和《公司章程》。

8月9—10日 国家军工保密资格认证委员会审查组一行8人，对洪都公司申请一级保密资格进行了现场审查。洪都公司最终以473分的成绩通过审查，成为中航工业战略重组后第一个一次性通过国家军工保密资格认证委员会现场审查的单位。

8月16日 由国家工业和信息化部、江西省人民政府、中航工业、中国商飞联合主办的江西省航空制造产业合作推进会在江西饭店隆重开幕。开幕式上举行了项目签约仪式，共签约项目48个，签约资金达124.4亿元。洪都公司党委书记黄俊勇、党委副书记车德云、副总经理钱昀分别代表洪都公司与南昌高新区、郑州航空工业管理学院等单位签署项目合作协议。下午，南昌、景德镇、九江市政府及洪都公司、昌飞、直升机所等江西部分航空企业进行了推介交流、合作洽谈和学术交流；杨力平代表洪都公司出席会议并做了推介报告；陈逢春副总经理与郑州航空工业管理学院副院长张锐进行合作洽谈。

同日 10时58分，江西洪都商用飞机股份有限公司（简称洪都商飞）成立揭牌暨南昌航空工业城（民机部件装配厂）项目开工仪式在南昌市高新区昌东镇举行。中航工业党组书记、总经理林左鸣，中国商飞总经理金壮龙出席仪式并作重要讲话。洪都商飞注册资本12亿元，其中中航工业出资占总股本51%，江西省组织省内企业出资占总股本49%。洪都商飞主营业务为国内大型民用客机前机身和中后机身研制及生产、国际航空转包生产。

同日 15时，洪都公司在671号厂房举行了C919大型客机机身等直段部段开铆仪式。金壮龙向黄俊勇授"C919大型客机机身等直段部段攻关队"旗。林左鸣宣布"C919大型客机机身等直段部段开铆"。

8月30日 洪都公司企业级门户平台、PDM平台、协同办公系统（新OA）、协同设计系统、工艺仿真系统、中航CAPP系统、数控机加MES系统、集成质量管理系统、试验数据管理系统及流程管理系统等"十大"信息系统正式上线运行。

9月1日 洪都公司钳焊液压附件厂陈盛彪铣工班组和钣金加工厂高级技师李志宝分别被国务院国资委授予"中央企业红旗班组"和"中央企业先进职工"称号。

10月18日 洪都商飞创立大会暨首届董、监事会在洪都召开。会议通过了《公司章程》和《创立大会决议》，洪都公司的宋承志、黄俊勇、杨力平等当选洪都商飞董事，陈逢春等当选洪都商飞监事。黄俊勇当选洪都商飞董事长、法人代表，杨力平当选洪都商飞总经理。

10月20日 波音对洪都公司的特种工艺过程发出正式批准函，将洪都列入其合格供应商名录，这标志着洪都正式成为波音的特种工艺全球供应商。

10月26日 "猎鹰"L15战斗入门型教练机首飞成功，中航工业防务分公司发来贺信。

10月28日 全国厂务公开协调小组下发《关于表彰全国厂务公开民主管理工作先进单位的决定》（国厂开组发〔2010〕2号），洪都公司获"全国厂务公开民主管理工作先进单位"称号。

11月14—15日 中国人民解放军空军和中航工业共同主办的军事飞行训练国际交流会议在珠海举行。洪都公司作为协办单位参加此次会议的组织协调工作。会议以"人才、变革、发展"为主题，着重讨论了面向未来的军事飞行人员教育训练和教练机体制，交流了各国空军飞行训练体制和教练机装备的现状与未来发展需求，探讨了新一代教练机及其综合训练系统的发展需求。中国人民解放军空军副司令员何为荣，中航工业总经理林左鸣、副总经理李玉海，中航工业防务分公司总经理汪亚卫等领导出席会议并致辞。来自世界各国空军的高级官员、飞行员及军事飞行专家百余人参会。巴基斯坦、斯里兰卡、赞比亚等国空军代表就其本身的教练机训练系统体制、需求和技术要求等方面进行了专题发言。大会共收集了关于教练机训练系统发展趋势、各国教练机装备现状、需求与发展、教练机训练体系的技术和综合保障要求等主题演讲10多篇。宋承志、张弘、石屏等参加会议。张弘做了题为"效基军事飞行综合训练系统发展理念"的交流发言。

会议期间，何为荣等空军首长和林左鸣专门听取了"猎鹰"L15高教机、初教7两型飞机的研制生产情况。林左鸣即兴挥毫"把猎鹰打造成中国又一型名机"。

11月16日 由洪都公司主办的《教练机》杂志在航展期间举行了首发式。中航工业及中航工业防务分公司领导给予高度重视，林左鸣总经理亲自撰写发刊词，李玉海副总经理及防务分公司汪亚卫总经理先后题词祝贺，较好地向国内外用户展示了企业形象，提升了洪都公司教练机基地品牌形象和文化影响力。

同日 下午，中航工业防务分公司主持召开"猎鹰"L15战斗入门型教练机首次参展新闻发布会，向媒体介绍了"猎鹰"L15高教机的有关情况，并回答了记者提问。各家媒体踊跃提问，从飞机的性能、市场、发展方向等提出了很多专业性问题，对"猎鹰"L15高教机表现出强烈关注。

11月16—21日 洪都公司研制生产的初教5、初教7、K8（巴基斯坦）、"猎鹰"L15战斗入门型教练机，组成全系列教练机体系整体参加第八届珠海航展。初教5、K8、"猎鹰"L15飞机分别做了不同形式的飞行表演，成为本届航展一道独特的风景线。空军司令员许其亮，副司令员何为荣、景文春等领导先后参观"猎鹰"L15战斗入门型教练机，并给予高度评价。

11月23日 洪都商飞在江西省工商行政管理局取得法人营业执照，设立登记工作顺利完成。

12月1日 16时38分，C919大型客机铝锂合金机身等直段部段样件下线仪式在公司大飞机装配厂房隆重举行。中国商飞董事长张庆伟、副总经理史坚忠和贺东风，江西省人民政府副省长洪礼和，中航工业副总经理谭瑞松出席仪式。仪式由宋承志主持，黄俊勇作C919大型客机铝锂合金机身等直段部段研制工作汇报；洪礼和、谭瑞松、贺东风分别作重要讲话；张庆伟、洪礼和、谭瑞松共同为C919大型客机铝锂合金机身等直段部段样件揭幕。

12月29日 14时17分,由洪都公司自主研制的新型农林专用飞机农5B飞机004架实现首飞,标志着中国新一代农林专用飞机的研制取得重大突破,为该系列飞机开拓国内外市场打下了坚实基础。

12月31日 16时18分,洪都公司自主研制的新一代初级教练机——初教7飞机首飞取得圆满成功。

〔综述〕 2010年,中航工业洪都顺利通过一级保密资格现场审查,洪都航空顺利通过二级保密资格认证;洪都航空非公开发行取得圆满成功,募集资金25亿元;门户系统等"十大"信息系统同步上线运行;江西洪都商用飞机股份有限公司揭牌(注册)成立;南昌航空工业城(民机部件装配厂)项目顺利开工;C919大型客机铝锂合金机身等直段部段样件如期开铆,并按节点顺利下线交付;K8教练机外贸出口交付创历史新高,圆满完成K8E项目第120架飞机交付;正式成为波音特种工艺全球供应商;农5B飞机03、04架顺利实现技术首飞;初教7飞机成功实现首飞;K8J飞机成功完成专项鉴定试飞;"猎鹰"L15战斗入门型教练机(06架)成功首飞;初教5、初教7、K8、"猎鹰"L15组成教练机体系成功参加第八届珠海航展;参与完成军事飞行训练国际交流会议的举办工作,取得积极成效;国拨固定资产投资预算完成率达100%;安全工作稳定,文明生产井然有序;提前28天全面完成航空产品交付任务。全年累计完成工业总产值50.02亿元,同比减少1.71%;实现营业收入50亿元,同比下降2.62%;实现工业增加值9.4亿元,同比持平;实现出口交付额7538万美元,同比增长23.8%;实现利润总额1.99亿元,同比下降25.48%。非航空产品电动自行车生产10.7万辆,同比增长12.88%;销售11万辆,同比增长21.23%。

点评:

  中航工业洪都2010年大事记采用的是比较标准的编年体文体,以时间为经,以大事为纬,共计38条按编年记事,清晰明白地记述了当年中航工业洪都发生的大事、要事,涉及企业发展的主要方面,勾画出2010年洪都发展的轮廓。

  什么是《大事记》中的"大事"?确定"大事"的标准是什么?这是各单位在撰写大事记中普遍遇到的问题,因为"大事"的概念是相对的,很难有一个统一的标准。在这方面,中航工业洪都2010年大事记是把握得比较好的。

  首先选择这一年当中发生的特别重大的事件,这些事件不但对洪都公司的发展,甚至对中国航空工业的发展都有重大影响。如,"5月26日 中国和埃及合作生产的第120架K8E教练机交付仪式,在埃及首都开罗南郊的阿拉伯军工生产组织下属的飞机制造厂隆重举行,这是中埃两国航空领域成功合作的又一重要里程碑。"又如,"8月16日 10时58分,江西洪都商用飞机股份有限公司成立揭牌暨南昌航空工业城(民机部件装配厂)项目开工仪式在南昌市高新区昌东镇举行。""12月1日 16时38分,C919大型客机铝锂合金机身等直段部段样件下线仪式在公司大飞机装配厂房隆重举行。"像这样的事件还有5条。

另外,他们还选择不平常的事件作为"大事"。如,"由洪都公司自主研制的新型农林专用飞机农5B飞机004架实现首飞;洪都公司自主研制的新一代初级教练机——初教7飞机首飞取得圆满成功"等。

同时,他们还注意选择为后人效法、有教育意义的事件。如,"5月7日 洪都公司维修电工刘光军获'2009年度中央企业青年岗位能手'荣誉称号";还有,"4月19日 青海玉树地震灾害发生后……洪都公司参与捐款人员达10031人,共向青海玉树地震灾区捐款47.5万元。"

这篇大事记文字简练,语言流畅,文风朴实,值得大家借鉴。

(点评人:李长江)

中航工业哈飞大事记（节选）

1992 年

1月5日 国际著名活动家美籍华裔陈香梅女士一行，在哈尔滨市委副书记王先民等市委、市政府领导的陪同下，来公司参观并与公司领导进行了座谈。公司副总经理崔学文对他们的到来表示欢迎并介绍了公司情况。陈香梅女士在抗战时期与美国空军志愿队飞虎大队长陈纳德结为伉俪，加入美国国籍。在美国，她是第一位出任美国政府官员的华裔女性。

1月10日 《哈尔滨日报》公告，公司连续三年被市政府命名为"重合同守信用企业"。

1月13—15日 公司生产的直9国产化首架机直9A-100通过部组织的专家组首飞评审。14日17时30分，通过首飞评审；15日9时15分，预飞成功；15日15时30分，部总工程师张彦仲代表航空航天工业部在首飞批准书上签字，同意实现首飞。

1月16日 上午9时55分，直9国产化直升机在公司机场首飞成功。国防科工委副主任谢光，航空航天工业部部长林宗棠，黑龙江省副省长戴谟安，哈尔滨市市委副书记程道喜、副市长张德楠及国家有关部门领导同志出席首飞仪式，并为首飞剪彩。首飞由试飞大队长、特级飞行员饶毅任总指挥，主、副驾驶分别由试飞副大队长、特级飞行员张幺年和一级飞行员宋家晋担任。首飞仪式后，公司在第一会议室召开庆祝大会。林宗棠部长在会上讲话。

1月23日 公司生产的直9国产化直升机首飞后，国务委员宋健做出批示："这是一项令人高兴的新成就，望哈飞的同志继续努力奋斗，咬住不放，务求尽早达到定型生产的目标。"国产直9直升机各项性能达到或超过"海豚"直升机的指标。

同日 哈尔滨市工会主席高树文，公司党委副书记姜元泰、工会主席高鸣歧等到公司4户生活困难职工家中慰问。

1月24日 冶金工业部副部长兼上海宝山钢铁总厂厂长黎明应公司总经理杨守文的邀请来公司参观。

1月26日 公司在文化宫隆重召开1991年度双文明建设先进集体、先进个人总结表彰大会。大会由工会主席高鸣歧主持，总经理杨守文作竞赛总结报告，副总经理崔学文宣读表彰决定，大会向受到表彰的集体和个人颁奖。党委书记张建理讲了话。

1月31日 公司研制生产的高速线材轧机国产化部件精轧机轧辊箱、增速箱、分速机、夹送辊、拆装测量器具、7号剪刀轴通过黑龙江省国防工办组织的产品鉴定。认为达到80年代中期国外同类产品水平，填补了国内一项空白。

2月11—13日 公司召开第十四届二次职工代表大会。出席会议正式代表767名，列席代表236名。会上，与会代表听取和讨论了总经理杨守文作的题为"发展大好形势，夺取1992年科研生产经营的新胜利"的报告。审议通过了"1991年、1992年公司福利基金决、预算报告""1992年公司经营承包责任制实施方案""1991年公司'双保合同'兑现认定情况报告"和"1992年公司'双保合同'"。杨守文就职工代表提出的问题进行了解答。总经理杨守文与工会主席高鸣歧分别代表行政与全体职工签订了1992年《公司双保合同》。党委书记张建理在会上讲了话。会议明确1992年的经营管理目标是："必保4555，争取5586"。

2月12日 公司与美国PI公司、ITD公司合资兴办的文登飞华生活用品有限公司成立，并在公司召开第一次董事会。这是公司与外商合资兴办的第一家企业，产品是卫生系列产品。

2月21日 中航技与加蓬SAFT公司签订出口哈飞生产的运12飞机合同，这是中国民机首次向西非国家出口。

2月 直9旋翼动平衡试验台荣获国家科学技术进步奖三等奖。

3月1日 公司与英国宇航公司签订了100套BAE146飞机主起落架舱门转包生产合同。

3月10日 为纪念公司建厂40周年，经过近一年时间的征集、确定、制作，体现公司主产品和腾飞精神的新厂徽和印有厂歌和行业精神、哈飞精神（团结奋斗、务实求精、坚韧进取、守纪文明）的大红纪念相册发给全体职工。

同日，公司举办纪念建厂40周年"热爱哈飞、振兴哈飞"职工讲演赛。

3月11日 运12两架海洋型监测飞机飞赴青岛，顺利通过联合国环境计划署官员及专家的工作检查。两架飞机于3月28日赴渤海和黄海海域开始1992年度的海洋环境监测工作。

3月17日 公司在文化宫举行"迎厂庆普及厂歌歌咏比赛决赛"。42个单位，3000多人组成的30个合唱队，经过层层选拔，有14个代表队参加了决赛。242医院、劳动公司合唱队获得一等奖；普教处、保教科、房产处、35车间获得二等奖；16车间等14支代表队获三等奖。

3月22日 飞龙专业航空公司又添新机种。林业部从法国宇航公司购买的8架新制造的"松鼠"直升机，经过轮船和铁路运输，交给飞龙公司维护使用。

3月26日 下午，公司在老干部活动室举行向108名建厂以来历届市以上劳动模范颁发荣誉证书仪式。总经理杨守文、党委书记张建理等党政工团领导代表公司和公司党委向劳模颁发了荣誉证书。

3月 公司被省委、省政府授予"1991年度优秀思想政治工作标兵单位"称号。

4月1日 公司隆重召开庆祝建厂40周年大会。黑龙江省顾问小组主任张向凌、哈尔滨市副市长张德楠、省国防科工办主任张瑞林等省市区领导和公司老领导田汝孚、马真、靖实秋、王福海、李志坚、骆镇锡、马彪、吴道明、扈惠民、洛群力、张育英、刘忠义、陈锦生、刘宝山、周文坤、齐志琨、刘文君、王克艰、周润源、李广恕等人及兄弟单位领导参加了庆祝大会。全国各地50余个部门、单位发来贺电和贺信，并赠送纪念品。大会由党委书记张建理主持。少先队员向大会献词。总经理杨守文做了"发扬优良传统，加快改革开放，为振兴哈飞而奋斗"的讲话。张向凌、张德楠、马真分别在会上讲话。会后，演出了哈飞人自编、自导、自演的三幕九场大型音乐歌舞《哈飞颂》。

同日 经黑龙江省新闻出版局批准，从4月1日起《伟建报》正式更名为《哈飞报》，航空航天工业部部长林宗棠为报纸题写了报名。

4月11日 经航空航天工业部批准，公司首次破格聘任7名35岁以下青年知识分子为高级工程师。他们分别是飞机所蒋达、魏力军、王宁，汽车设计所孙继贤，机加科林超，32车间王斌，民品二室徐英杰。公司为此在第一会议室举行隆重的颁证仪式。

4月18—25日 马来西亚民航局3人审查小组和比尔加雅航空公司5人验收小组，通过对公司运12第57架机英联邦民航局单机适航证审定。这标志着运12飞机按英国CAA的适航标准走完了全过程，将会进一步扩大运12飞机的国际信誉。

4月20日 公司为尼泊尔生产制造的一架运12飞机转场飞往尼泊尔首都加德满都。

4月21日 公司举行出口蒙古运12飞机交接签字仪式。

4月28日 由航空航天工业部举办的部"航空十佳青年"评选结果公布，公司机加科副科长、高级工程师林超荣获"航空优秀青年"称号。

4月30日 在哈尔滨市第二十四届劳模大会上，公司被授予先进单位称号。13车间车工2班被授予"先进集体"称号；总经理杨守文被授予"特等劳动模范"称号；刘仁海、李国华、杨德斌、陈玉萍、卢开仁、周淑兰、王凤鸣、林超、王桥民被授予"劳动模范"称号。

同日 公司出口马来西亚的一架运12飞机交付。这是公司出口英联邦国家的第一架运12飞机。

4月 总经理杨守文荣获哈尔滨市第六届厂长（经理）开拓杯"金杯奖"。

5月12日 航空航天工业部决定，对直9直升机引进工程工作中做出重大贡献的单位和个人给予立功。公司荣立集体功。伍焕生、梁治平、赵玉祥、刘广润、范一喜、孔毅、姜河云、高志纯、李熙正、刘丽飞、饶毅等11人荣立一等功；许祖兴、张幺年等46人荣立二等功；刘振普等125人荣立三等功。

5月14日 建筑面积480米^2、具有欧式建筑风格的公司电视台竣工落成。

5月31日 公司投资兴建的10号锅炉，经过近两年紧张施工，投入试运行，并于当晚并网发电。它的投入使用对彻底缓解公司电力紧张状况和保证生产用气起到积极作用。

5月 1992年度晋升技师工作开始。这是继1988年首次考评技师后公司又开展的第二次全公司性的技师考评工作。

6月9日 公司新开发研制的HFJ1010F微型箱式货车、HFJ1010G微型单排座货车、HFJ1010H微型双排座货车和HFJ1010J全塑箱式货车4种微型系列新车通过部级鉴定。

6月10日 公司由基建处筹建的哈尔滨航空工程建设监理公司正式在哈尔滨市工商局注册登记，并领取了"企业法人营业执照"。这是哈尔滨市首家具有法人资格的建设监理单位。

同日 1991年中国500家最大工业企业评选揭晓，哈飞公司名列315名。

6月上旬 沈阳飞机工业公司、哈尔滨飞机制造公司、成都飞机工业公司、黎明发动机公司、南方航空动力机械公司、南昌飞机制造公司、西安飞机工业公司等7家航空工业企业入选1991年中国500家最大工业企业。

6月30日　公司党委在文化宫隆重召开纪念中国共产党建党71周年暨"三先两优"活动总结表彰会。大会由党委副书记姜元泰主持。会上表彰奖励了先进党组织、优秀共产党员、优秀党务工作者、党风先进集体、党风工作先进个人。党委书记张建理讲了话。

6月　公司研制生产的运12飞机通过英国民航总局（CAA）单机适航审定。

7月2日　公司干部职工为援助韶山兴建永久性纪念项目自愿捐款6万余元。

7月3日　公司3辆HFJ1010E双排座微型汽车组成的可靠性试验队奔赴海南，参加由中汽公司组织的加强汽车工业质量管理，提高汽车产品质量的微型汽车考核试验。这是我国第一次把国内八大家微型汽车生产厂家集中到一起考察。

7月4日　原黑龙江省委书记、最高人民检察院检察长杨易辰，原哈尔滨市委书记处书记林肖硤，在哈尔滨市有关领导的陪同下来公司参观。总经理杨守文、党委书记张建理陪同参观并介绍了公司情况。

同日　航空航天工业部航空系统首届思想政治工作成果评审会在公司召开。来自部机关、科学院及企业的党委书记、宣传部长及有关人员30余人参加会议。会议由部政治部副主任常绍弟主持。部政治部副主任朱立民代表部党组讲话。总经理杨守文、党委书记张建理到会并分别讲话。

同日　运11B型飞机开始取中国民航局型号合格证项目试飞。

7月10日　在中国科协、国家计委和国务院经贸办联合召开的全国"讲理想、比贡献"竞赛活动先进事迹报告会暨科协工作研讨会上，公司科协继1989年被评为全国先进集体后，1991年又被评为全国先进集体，并获"奉献杯"荣誉称号。

同日　公司召开职代会组长、工会委员和各单位党政工领导联席会，讨论通过了"公司关于改进和加强职工医疗管理的暂行规定"。

7月15日 公司取得民用机场许可证，许可证号为D001号。

7月24日 公司召开迎接美国适航当局（FAA）9月份适航审查动员会。这是公司继1990年运12飞机取得英国适航当局（CAA）的型号合格证后，今年又向取FAA证件迈出了新步伐。

7月25日 公司举行1992年度职工技术质量运动会6工种联赛开幕式。同时，市总工会在公司召开第二届技术质量运动会现场经验交流会。公司工会副主席陈铭介绍了"坚持岗位技能培训，开展练兵比武活动，实现岗位达标，促进全员提高"的经验做法。市工会主席高树文讲话。市工会，市属各区、县、局及各企业工会领导出席会议。

7月 公司党委被市委授予"先进党组织"称号。

8月7日 全省有线电视台长工作会议在公司召开。

8月16—21日 公司召开青年工作会议。党委副书记姜元泰做了题为"充分认识青年工作的重要性和紧迫性，把公司青年工作提高到一个新水平"的报告。9车间、汽车研究所分别介绍了经验。团委书记鲍国新以"依靠党的领导，增强团的活力，把公司青年工作提高到一个新水平"为题，表达了公司团委做好青年工作的决心。党委书记张建理、总经理杨守文分别讲话。会议做出了《公司关于加强青年工作的决定》。

9月1日 公司取得省劳动局颁发的"一、二类压力容器生产许可证书"。

9月21日 运12飞机07架剪切机翼一次试装成功；25日，07架机试飞成功；28日，在07架机上进行的运12Ⅳ型飞机研制方案通过部组织的评审立案。至此，运12Ⅳ型飞机研制第一阶段工作圆满完成。飞行员孟宪珍、肖任铃说，飞行感觉良好，飞机改进设计合理。

9月29日 直9国产化的大部件、关键件、重要件、自动倾斜器防扭臂、主减地板前接头、主减地板后接头、主减悬挂装置接头、主减悬挂装置斜支臂、主减撑杆、尾减喇叭管、主旋翼上限动器共 8 项部件通过公司技术鉴定。

9 月 30 日　公司决定 1993 年新建 4 栋职工住宅楼。分别建在北厂和窑地，建筑面积 1300 米^2。位于小食堂和 272 号楼之间的 32 号楼和服务公司冰棍厂门前的 31 号楼，为六层一梯四户的独户楼；窑地 37 号楼为 6 层一梯三户的两屋一厨，四栋楼共有 228 间套。

9 月　二门诊移地新建工程破土动工。新门诊选址在 207 楼以东，是一座建筑面积 5000 米^2 的 6 层建筑。

10 月 3 日　美国联邦航空局（FAA）适航专家一行 15 人及中国民航局和有关部门领导和专家，对运 12 飞机影子审查会在公司第二会议室举行。

10 月 6 日　公司生产的"伟建牌"YSP-15 型液化石油气钢瓶获省著名商标，同时获消费者喜爱的商品荣誉证书。

同日　特设维修中心获美国爱斯泰克公司航空电子设备维修许可证。

10 月 18 日　公司首架直 9 国产化直升机完成昆明高原地区地理气候试验试飞任务，返回公司。

10 月 22 日　市科委在公司召开"放活技术市场，搞活大中型企业现场经验交流会"。全市 40 多家大中型企业的科技干部参加会议。公司介绍了在重视科技开发、促进企业应变能力方面取得的成绩和经验。哈尔滨量具刃具厂和气轮机厂也介绍了他们的做法。洪企鹏副市长出席会议并讲话。

10 月 30 日　公司生产的硬胶囊制造机冷调试成功。首台机将发往吉林省大安医药包装厂。

10 月 31 日　公司在第一会议室召开党政工干部大会，部署职工住宅区集资安装煤气设施工作。公司制定了集资范围和办法；凡承租公司暖气楼房的本公司职工，均要依据有关规定每户按 800 元交纳煤气设施进户安装集资费，其中职工个人承担60%（480元），公司承担40%（320元）。公司还要承担煤气主干线建设费320万元，为此公司为职工安装煤气公共设施共承担570万元。

同日 公司生产的运12飞机在四川康定表演成功。通过此次海拔3460米的高原表演，再一次证明了运12飞机的优良性能，为此航空航天工业部向公司发来贺电表示祝贺。

同日 公司转包生产创汇195万美元，已完成部下达公司的194万美元的计划，实现收汇183万美元。到目前为止，飞机出口和转包生产创汇已超过1亿美元。

10月 中国、法国和新加坡签署《EC120研制合同》。1993年1月开始联合设计。由中国的哈尔滨飞机制造公司、中航技，法国的欧洲直升机公司和新加坡的科技宇航公司联合研制EC120直升机。各方投资，共同设计、共同试制。"共同生产，共担风险，共享利润，共有知识产权。"中方投资占24%，法方投资占61%，新方投资占15%，中方承担前舱罩、机身、整流罩、防火墙、液压系统、燃油系统、通风防雾系统、操纵系统等部件的设计和生产。

整个研制过程分4个阶段：第一阶段定义阶段，主要任务是完成总体方案论证，制定设计、工艺、质量控制规范和基础标准，编写技术、管理文件、明确各阶段的分工与工作计划。第二阶段发展阶段，主要任务是完成设计，试制出2架原型机，进行地面试验、试飞，取得基本的型号合格证，并为下一阶段准备必要的文件、资料。第三阶段工业化阶段，即生产准备阶段，主要任务是使图样、模线、样板、工艺规程、工装、夹具设备等都能适应成批生产的需要。第四阶段生产和销售阶段。

11月12日 公司引进美国大型平板式数控绘图机接收仪式在公司新落成的设计大楼一楼安装现场举行。这台由美国格博科学仪器公司生产的GS3278大型平板式数控绘图机，具有精度高、稳定性好的特点，并有多种接口相通。有效绘图面积3.6米×1.8米。这套高精尖系统是为研制EC120直升机由中航技投资购进的。它的引进为公司的模线绘制提供了最关键和最先进的工具，从而基本上结束了公司长达40年的手工绘制模线的历史，为公司飞机、汽车及主要民品设计一体化奠定了基础。

11月23日 在西班牙首都马德里举行的第17届国际最佳商业信誉奖颁奖大会上,党委书记张建理代表公司领取奖杯。这是公司再次荣获国际最佳商业信誉奖,并正式成为包括五大洲120多个企业参加的商界领袖俱乐部的成员。

11月26日 为"以哈飞公司为试点,推进全市第三产业的发展",张德楠副市长来公司现场办公。

11月30日 公司研制的Ⅲ型玻璃拉管生产线点火热调成功。Ⅲ型玻璃拉管生产线是在对Ⅰ、Ⅱ型的结构、模式进行改造后研制的一种新型生产线。

11月 中国民航局和民航东北管理局分别以1295号文和DB92028号文通知公司,经审查正式批准并认可公司空地勤培训中心培训资格。

12月10日 242医院召开引进俄罗斯眼科新技术成果新闻发布会。

12月22日 公司从4月份开始的首次老技师考聘和新技师聘任工作结束。118名老技师和23名新技师被正式聘任。

12月30日 中国研制的第一台涡桨9发动机装在运12飞机上在陕西阎良首飞成功,该发动机填补了中国小功率涡桨发动机的一项空白。

同日 直9直升机国产化整机通过国家鉴定,这是由公司为总承包单位、国内九部一院上百家厂所研制的、国产化率达72.2%的国产化直升机。

12月 公司转包生产创汇244.44万美元,超额完成部下达194万美元的计划,全年实现收汇275.66万美元。

同月 国防科工委向公司颁发"军工产品承制单位质量保证体系合格证"。这标志着公司的军工产品质量保证体系符合《军工产品质量管理条例》的要求,具备了生产军工产品的能力。

同月 杨守文总经理获"全国重视老年工作领导者功勋奖"荣誉称号。

同月 公司首批集资建房的 1038 户职工迁入新居。

本年度 公司完成工业总产值 58239 万元，完成商品产值 59415 万元，实现销售收入 55101.8 万元，利税总额 4775.4 万元。

点评：

  作为一种公务文书，大事记记载了一个地区（一个单位）的重要活动和重大事件，具有重要的史料价值。正因如此，中航工业绝大多数企事业单位都能够坚持每年出一本大事记。随着时代的发展和时间的积淀，这些大事记的价值日益凸显。中航工业哈尔滨飞机工业集团有限责任公司（中航工业哈飞）在这方面，一直是做得非常优秀的单位。

  但需要引起注意的是，传统意义上每年一本的大事记，我们一般称为"现行大事记"，它有两个局限性：首先是由于缺乏历史纵深，难免对"大事"的判断出现误差，也就是当时认为是大事，可是后来又发现其实不是大事，不应记录却记录了，相反一种情况是，当时认为是小事，而若干年后发现其实是件大事，应该记录却没有记录；第二，由于大事记的主管部门多为经理部、档案馆等具体业务部门，"大事"也多是各部门按要求报上来的，在具体筛选过程中，难免对自己熟悉的、关注的业务记录得多一些，而不熟悉、不关注的业务就记录得少一些。

  这次我们组织各单位编修的大事记叫做"历史大事记"。就是要用历史的视角来重新定义"大事"，最终实现大事记与企事业单位史互相印证、互相补充的目的。

  中航工业哈飞 1992 年大事记，由于保密的原因，删除了一些内容。但仅从节选的这部分内容看，对于"大事"的选取还是很恰当的，能够从多个角度反映单位的生产、科研、经营、管理以及职工文化生活等，并做到了一事一记，文字也很简练。值得我们细细品味。

（点评人：康凯）

中国一航安徽江淮航空供氧制冷设备有限公司大事记

2007 年

1月8日 中国一航安徽江淮航空供氧制冷设备有限公司（简称一航江淮航空）"先进战机机载制氧系统研制"项目获2006年国家国防科技一等奖。

1月10日 一航江淮航空第二届董事会第二次会议在公司召开。会议围绕2006年经营情况及2007年工作安排、副总经理推荐人选、人员重组、竞聘上岗安置方案进行讨论。决定聘任刘义友、邓长权为一航江淮航空副总经理。

1月11日 原江淮仪表厂副厂长、老红军龚德辉同志因病去世，享年91岁。

同日 一航江淮航空在七楼会议室召开中层以上干部会议，宣布部分领导干部分工、职能调整事宜，金从卓为一航江淮航空下属子公司天科公司（简称天科公司）总经理。

1月15日 一航江淮航空工会荣获合肥市总工会颁发的2006年度工会工作目标责任制考核一等奖。这是一航江淮航空工会连续第六年在市总工会目标责任制考核中获得一等奖。

1月17日 中共合肥市委员会（简称合肥市委）批复，同意唐本元同志为中共一航江淮航空纪律检查委员会（简称纪委）书记。

1月22—23日 空军装备部科研订货部批准了《某型供氧系统跳伞脱离装置适应性改进研制技术方案》和《某型供氧系统跳伞脱离装置适应性改进研制鉴定试验大纲》。

1月29—31日 中共一航江淮航空委员会书记马永胜,天科公司总经理金从卓率团赴美参加制冷展。

1月30日 天科公司获合肥市消费者协会颁发的"诚信维权单位"铜牌和"诚信维权先进单位"证书。

天科公司获中国中轻产品质量保障中心颁发的"质量信誉双保障示范单位"铜牌和"质量信誉双保障示范单位"证书。

1月31日 一航江淮航空成立三产公司。三产公司由天综公司、天成公司、江航职工医院、保障服务部等单位组成。

2月8日 解放军空军装备部科研订货部和中国一航航空产品部在合肥主持召开一航江淮航空弹射座椅氧气设备技术鉴定审查会,会议同意该弹射座椅氧气设备通过技术鉴定审查。

2月8—9日 中国一航航定办在合肥主持召开一航江淮航空某型飞机供氧系统设计定型审查会,会议建议航定委批准该供氧系统设计定型。4月12日航空军工产品定型委员会批准该供氧系统设计定型。

2月10日 一航江淮航空首次新春团拜暨迎新春联欢会在新文采国际酒店三楼演艺厅举行,来自公司各单位的员工代表及公司领导、空海军代表、离退休老领导、老同志共300多人参加。

2月12日 中国一航副总经理顾惠忠、办公厅主任王荣阳、机载部部长卢广山、老干局局长高军来一航江淮航空进行新春慰问。

2月14日 中国共产主义青年团一航江淮航空委员会(简称一航江淮航空团委)荣获合肥市先进团委称号。

2月27日 中国一航决定对安徽江淮航空供氧制冷设备有限公司(一航江淮航空)与合肥皖安航空装备有限责任公司(一航皖安公司)实施重组整合(航计〔2007〕150号)。3月9日两厂重组整合工作组在一航江淮航空召开了首次会议。3

月10日中国一航在合肥召开了合肥地区重组整合动员大会。9月25日合肥市工商局预核准一航江淮航空和皖安公司两厂整合新公司名称"航宇救生装备（合肥）有限公司"。10月27日中国一航批复新公司使用"航宇救生装备（合肥）有限公司"名称。

3月15日 天科公司获合肥市消费者协会颁发的"合肥消费和谐优质服务单位"。

3月22日 一航江淮航空召开首届科技大会，表彰了一批为国家重点型号工程做出突出贡献的人员。

3月23日 合肥航空产业园建设项目在合肥市发展计划委员会备案（计备〔2007〕62号）。

3月27日 一航江淮航空2007年度职工代表大会召开。总经理孙兵在会上做了题为"激扬精神，放飞思想，在转型变革中努力构建航空高科技企业"的工作报告，大会通过了《职工住房货币化分配方案》。

3月28日 中国一航航空产品部与空军装备部科研订货部联合批准了某型飞机弹射座椅氧气设备技术鉴定。

3月28—30日 一航江淮航空质量管理体系通过了新时代认证中心组织的军品第5次、民品第1次监督审核。

3月 一航江淮航空参与某型飞机工程研制的机载分子筛供氧系统荣获国家科学技术进步奖特等奖，总经理孙兵获得国家科学技术进步奖特等奖的殊荣。

4月1日 天科公司《新天科》简报创刊，暂定为四开四版，每月一期。

4月2日 一航江淮航空决定自2007年4月份开始，每月第一个星期的星期一下午为公司领导接待日。

4月15日 中共中国一航党组书记、总经理林左鸣,副总经理胡问鸣等集团领导来一航江淮航空调研考察。林左鸣对一航江淮航空新一届领导班子取得的成绩给予高度赞扬,提出以"激情、务实、团结、奋进"作为新的一航江淮航空精神,实现更大的发展。

中国一航领导十分关心一航江淮航空的发展前景,5月8日,林左鸣在北京为一航江淮航空亲笔题词"激情、务实、团结、超越"。

4月16日 合肥航空产业园奠基典礼在合肥包河工业区隆重举行。中国一航总经理林左鸣一行,中共安徽省委常委、合肥市委书记孙金龙等省、市领导,中国人民解放军空、海军代表,安徽省国防科工办、合肥工业大学等领导以及一航江淮航空领导参加了奠基典礼。奠基典礼后,林左鸣、胡问鸣等集团领导会见孙金龙等合肥市领导,共商合作发展大计。

4月24日 一航江淮航空2007年质量工作会议在公司七楼会议室召开。在这次会议上,公司领导首次提出要以世界一流企业为标杆,以铁的纪律抓产品实物质量。

4月26日 总装备部载人航天办公室主任唐贤明少将,工程建设局局长艾光敏等一行在安徽省国防科工办主任吴金山陪同下来一航江淮航空就有关航天产品科研生产情况进行实地调研。

4月30日 一航江淮航空工会、宣传部、团委联合组织举办了《航空人之春》迎"五一"文艺晚会。

5月7日 一航江淮航空与中国航空规划建设发展有限公司中国航空建设发展总公司(简称中航建)签订合肥航空产业园建设项目工程一期总承包合同,总规划用地面积约25.56万米^2,建筑面积约14万米^2,建设总投资64878万元。12月24日中航建合肥项目部与北京建工集团有限责任公司签订了703厂房、705厂房、706厂房、735厂房工程土建及机电安装施工总承包合同协议书。

5月9日 天科公司召开股东会议,聘任孙兵为董事长。

5月15日 航空工业档案馆组织专家组对一航江淮航空"023、024工程建设项目"竣工档案进行验收,验收组同意两个项目通过竣工档案验收。

5月18日 中共中国一航党组书记、总经理林左鸣,党组成员、副总经理胡问鸣一行来一航江淮航空调研。中国一航领导在合肥政务中心同合肥市政府签署《战略合作协议》。合肥市委书记孙金龙、市长吴存荣见证了签字仪式。

6月22日 一航江淮航空与中国科技大学LAMOST光纤定位单元制造项目签字仪式在一航江淮航空四楼会议室举行。

同日 一航江淮航空向明德小学捐赠教育文体器材及资金捐赠仪式在安徽省金寨县梅山镇明德小学举行。

6月30日 一航江淮航空与合肥人民广播电台联合举办的"天鹅杯"魅力新主播暨第十三届节目主持人大赛颁奖典礼在合肥长江剧院举行。

6月 天科公司《武器系统400Hz中频空调》获合肥市第九届青工"五小"科技成果一等奖。

7月2—4日 一航江淮航空"弘扬精神,放飞思想"专题研讨会在技术中心四楼会议室举办。公司中层以上干部通过研讨统一思想、明确思路,为公司发展奠定了思想基础。

7月6日 一航江淮航空保密、保卫工作通过了中国一航的专项检查。

7月20日 一航江淮航空质量管理体系通过了空军装备部组织的二方审核。

7月27日 一航江淮航空投资的合肥江航投资发展有限公司注册成立,注册资本420万元人民币。其中一航江淮航空注资200万元。

7月 天科公司HG-45c、HLD-45c冷量4500瓦高温空调成功为安徽马鞍山钢铁公司配套。

8月5日　一航江淮航空在合肥召开了舰载机供氧系统方案评审会。会议同意该供氧系统方案通过评审，转入下一阶段研制工作。

8月6日　总装备部载人航天工程专家组到一航江淮航空参加气液控制台技术问题归零与验收评审会，评审组同意通过验收。

8月27日　一航江淮航空召开了"枭龙"飞机某型号设计方案评审会，设计方案顺利通过评审。

8月28日　中国一航《关于对一航江淮航空控股的子公司天科公司实施重组改制再批复》（航改〔2007〕691号），将合肥皖安公司持有天科公司的5%股权无偿拨给一航江淮航空，天科公司成为一航江淮航空的全资子公司。

8月　天科公司取得外贸自营及代理业务资格。

9月11日　一航江淮航空、皖安公司与一航万科土地开发合作协议签字仪式在一航江淮航空举行。

9月18日　天科公司获中国市场品牌战略论坛组委会颁发的"中国知名品牌"奖牌。

9月19—22日　新时代审核组对一航江淮航空进行了民品复评后的第二次监督审核和军品综合评议。

9月20日　一航江淮航空设计定型委员会主持召开了某发动机补氧等系统成品的技术鉴定审查会，同意通过技术鉴定。

9月20—21日　空军上海局和中国一航航空产品部在合肥联合主持召开了"空警2000用氧气调节器等五项成品技术鉴定"审查会，会议同意通过该五项成品技术鉴定审查。12月6日中国一航航空产品部与空军装备部科研订货部联合批准了该五项产品技术鉴定。

9月30日 一航江淮航空以司经〔2007〕200号文同意天科公司在一年内以独立资格申办军民品质量体系、军工保密资格、武器装备科研生产许可、总装备部装备承制单位资格和各军兵种装备机关二方审核等认证。

9月 天科公司中央空调陆续出口沙特阿拉伯、也门、约旦等多个国家。

10月 一航江淮航空向一航万科以现金方式注资1125.635万元，拥有股份11.09%。11月8日合肥一航万科地产有限公司注册成立。

11月5日 天科公司制冷设备获得全国工业产品生产许可证。

11月16日 海军装备部上海地区军事代表局在合肥主持召开了舰载供氧装置转型评审会，同意该供氧装置通过转型评审。

11月17日 一航江淮航空举办"建厂45周年暨企业文化节开幕式"。一航江淮航空前身是江淮仪表厂，创建于1962年。

11月21日 合肥市人民代表大会常务委员会主任黄同文、市卫生局局长陈社新来一航江淮航空社区卫生服务中心调研。

11月29日 由总装备部组织的全军武器装备承制单位资格审查组对一航江淮航空进行了现场审查，并对空军装备部二方审核时发现的不符合项进行了现场验证，同意通过审查。

12月3日 一航江淮航空印发《原江淮航空仪表厂破产安置方案》和《竞聘上岗方案》（司人〔2007〕231号）。

同日 一航江淮航空与江苏泰兴航联电连接器厂、泰兴航联电器制造有限公司合资成立泰兴江航供氧设备有限公司（简称泰兴江航），注册资本200万元人民币。其中一航江淮航空向泰兴江航注资80万元现金，占该公司40%的股权。

本年度 一航江淮航空人员总数1349人，其中男性员工1007人，女性员工

342 人；管理技术人员 526 人，技能人员 823 人。中共党员人数达 331 人。从学历结构来看，拥有研究生学历人员 9 人，本科学历 163 人，大学专科学历 342 人，中专学历 141 人，高中及高中以下学历的人员有 694 人。专业技术职务人员中，拥有高级职称人员 74 人，中级职称人员 117 人，初级职称人员 309 人。

全年销售收入 3.2 亿元，较 2006 年增长 33%。

点评：

这篇大事记记录的是江航公司 2007 年发生的大事要事。

大事记作为一种历史记录的文体，一般要求是：按照历史事件发生的时序，采用编年纪事本末体来写作。这样，时间的序列非常清晰，事件的叙述比较完整，使读者既能清楚地找到那一历史时刻发生的大事，而且能够清楚地了解事件发生的过程及前因后果。

大事记的写作同样要求六要素完整，即时间、地点、人物、起因、经过、结果。当然，在具体的写作中间，有些大家共同认知的要素可以省略。这些不能过死，以免成了教条主义。大事记的写作要求文字简洁，不要夸张、渲染，或是发表大段的议论。议论应当在文中自然流露。

江航公司 2007 年大事记，基本符合上述要求，对一年来发生的大事、要事、新事、特事，做了较为全面的记载。所记录的事件，基本符合大事、要事的要求。如，它记载了中国一航对合肥地区两个企业的重组整合，这是大事；记载了总装备部载人航天工程专家组对气液控制台技术问题归零验收，这是要事；记载了林左鸣为江航公司题词，这是新事；记载了老红军龚德辉的逝世，这是特事。

它的文字较为简练，避免了冗长、琐碎、繁杂。如，7 月 6 日，江航公司保密、保卫工作通过了中国一航的专项检查。

江航公司的大事记经过认真筛选，注意了突出重点，所以整个篇幅控制较好。

当然，从严格意义上说，这篇大事记还有地方可以改进，如有的地方按照六要素要求表述尚有欠缺，有的地方可以按照纪事本末体进行合并。

（点评人：董平分）

后　　记

　　《修史撷英》是继《修史略要》之后的第二本修史简明实用手册，是各单位编写专业史、专题史的工作指南。

　　与《修史略要》不同的是，《修史撷英》中的大部分文章都是广大修史工作者长达两年半的工作体会和经验，为下一阶段修史工作的深入开展打下了良好的实践基础和理论基础。特别是本书节选了部分企事业单位的修史大纲、企事业史章节和大事记，可以看到广大修史工作者工作的轨迹及修史思路的形成过程，为第二阶段修史工作提供了宝贵的经验教训，使我们的修史少走弯路，甚至不走弯路，更好更快地完成修史任务。集团航史办同志还对这些资料进行了点评，有观点、有理论、有要求，这也是我们修史过程中必须了解和遵循的。

　　修史是一门学问，必须遵照马克思主义历史唯物主义的思想去做，为此我们精选了习近平总书记近期关于修史和学史方面的重要讲话和文章供大家学习。我们还编选了中国航空工业集团公司党组的文章和对航空工业史研究的署名文章，号召修史工作者在修史过程中研究航空工业发展历史上的重要事件和人物，找出规律，总结经验，作为我们今后工作的借鉴。本书可以作为航史培训班上的讲课材料，更是我们第二阶段修史工作必不可少的教材。

中国航空工业史编修办公室
2014 年 5 月 30 日